MANUAL DA NÃO CUMULATIVIDADE DO ICMS

A REGRA-MATRIZ DO DIREITO AO CRÉDITO DE ICMS E ASPECTOS DO IMPOSTO

CIP-BRASIL. CATALOGAÇÃO NA PUBLICAÇÃO
SINDICATO NACIONAL DOS EDITORES DE LIVROS, RJ

045m
2. ed.

Oliveira, André Felix Ricotta de
Manual da não cumulatividade do ICMS : a regra-matriz do direito ao crédito de ICMS / André Felix Ricotta de Oliveira. - 2. ed., rev., atual e ampl. - São Paulo : Noeses, 2023.

362 p. ; 23 cm.
Inclui bibliografia
ISBN 978-85-8310-157-4

1. Direito tributário - Brasil. 2. Imposto sobre circulação de mercadorias e serviços - Brasil. I. Título.

23-86347 CDU: 34:336.226.1(81)

Gabriela Faray Ferreira Lopes - Bibliotecária - CRB-7/6643

André Felix Ricotta de Oliveira

Doutor e Mestre em Direito Tributário pela PUC/SP. Especialista em Direito Tributário pela PUC-COGEAE. Coordenador da Pós-graduação em Direito Tributário do IBET/SJC. Coordenador do Curso de Extensão Tributação sobre o Consumo do IBET. Professor do IBET e professor convidado em diversos cursos de pós-graduação em Direito Tributário. Ex-Juiz do Tribunal de Impostos e Taxas da SEFAZ/SP. Advogado. Presidente da Comissão de Direito Tributário e Constitucional da OAB/SP, subseção Pinheiros. Membro do Conselho de Assuntos Tributários da Fecomercio/SP.

MANUAL DA NÃO CUMULATIVIDADE DO ICMS

A REGRA-MATRIZ DO DIREITO AO CRÉDITO DE ICMS E ASPECTOS DO IMPOSTO

2ª edição, revista, atualizada e ampliada

2023

editora e livraria
NOESES

Copyright © Editora Noeses 2023
Fundador e Editor-chefe: Paulo de Barros Carvalho
Gerente de Produção Editorial: Rosangela Santos
Arte e Diagramação: Renato Castro
Revisão: Georgia Evelyn Franco
Designer de Capa: Aliá3 - Marcos Duarte

2023

editora e livraria
NOESES

Editora Noeses Ltda.
Tel/fax: 55 11 3666 6055
www.editoranoeses.com.br

PREFÁCIO

"O esvaziamento dos termos pelo seu consecutivo uso obriga a redefinir os termos em cada instante do tempo e em cada ponto do pensamento e do movimento". Com esses dizeres, da lavra do filólogo português Pinharanda Gomes[1], introduzo algumas palavras sobre a obra que nesta oportunidade tenho a satisfação de prefaciar. Isso porque, muito embora a "não cumulatividade do ICMS" seja tema de há muito tratado, formando-se uma espécie de senso comum quanto ao seu significado, o jurista não deve ser dominado por tal prática. Vale lembrar as preciosas lições de Alfredo Augusto Becker[2], que nos alertam sobre os perigos da adoção de um sistema de fundamentos óbvios.

O direito não é senso comum e não se realiza por meio deste. Aquilo que se costuma chamar de "senso comum" decorre da admissão de algo como plenamente conhecido e pensado, desprezando-se a finitude da nossa possibilidade cognoscitiva: *"a razão do senso comum é a de* julgar *que a verdade está por inteiro no que parece, recusando-se a admitir que o parecente apela para a necessidade de um assente*

1. GOMES, Pinharanda. *Pensamento e movimento*. Porto: Lello & Irmãos Editores, 1974, p. 75.

2. BECKER, Alfredo Augusto. *Teoria Geral do Direito Tributário*. 6. Ed. São Paulo: Noeses, 2013.

que o garanta, justifique e suporte"[3]. Assertiva dessa natureza alinha-se aos pressupostos da Escola de Pensamento fundada por Paulo de Barros Carvalho[4] – o Constructivismo Lógico-Semântico –, pautada na indeterminabilidade da "verdade última", visto que o emprego de novos métodos de análise permite que algo antes tido como "verdade" dissolva-se em face do advento de nova teoria que construa, de modo mais convincente, outra "verdade".

Pois é exatamente o que vejo operar-se com a não cumulatividade do ICMS: trata-se de temática de profunda complexidade, fazendo-se necessária, por isso mesmo, a constante retomada de seu conteúdo significativo, estrutura e função, considerando-se a fluidez da realidade e as mutações nas atividades nas operações negociais praticadas pelos contribuintes.

Quanto à dualidade estrutura/função, é inócuo pretender identificar preponderância entre elas: estrutura e função se complementam e só podem ser compreendidas se consideradas em seu conjunto. Consciente da impossibilidade lógica de separar-se forma e conteúdo, estrutura e função, André Felix Ricotta Oliveira examina a não cumulatividade do ICMS em sua integridade constitutiva. De um lado, aborda o viés conteudístico, relacionando-o com a ideia de princípio constitucional erigido com a finalidade de evitar a superposição de cargas tributárias, impedindo a incidência de um mesmo tributo mais de uma vez sobre valor que já serviu de base à sua cobrança em fase anterior do processo econômico. Para além disso, segue no estudo estrutural da regra-matriz do direito ao crédito de ICMS, discorrendo sobre as técnicas empregadas para concretizar o fim constitucionalmente assegurado, de compensar o que for devido

---

3. GOMES, Pinharanda. Ob. cit., p. 77.

4. CARVALHO, Paulo de Barros. *Direito Tributário, Linguagem e Método*. 6. Ed. São Paulo: Noeses, 2015.

em cada operação com o montante relativo às operações anteriores, adentrando, para tanto, na controversa temática da glosa de créditos, feita unilateralmente, quanto às mercadorias advindas de unidades da Federação que concedam benefícios fiscais sem autorização do CONFAZ.

A gama de informações constantes do livro que ora a Editora Noeses publica é resultado de aprofundado estudo desenvolvido por André Felix Ricotta de Oliveira, no âmbito do Programa de Pós-Graduação em Direito da Pontifícia Universidade Católica de São Paulo (PUC/SP). O Autor, sendo advogado atuante e com vasta experiência na área, tendo atuado como Julgador do Tribunal de Impostos e Taxas do Estado de São Paulo, une aspectos fundamentais para compreensão da não cumulatividade do ICMS, conciliando muito bem a teoria e a prática.

Fazendo uso de seus dotes de professor universitário, André consegue transmitir informações de modo claro e objetivo, edificando um verdadeiro *Manual da Não Cumulatividade do ICMS*, leitura imprescindível para estudantes e operadores do direito que lidem com esse imposto estadual, buscando soluções práticas e consistentes em face das situações concretas e dos problemas do cotidiano.

Diante de tal cenário, estou convicta de que, com a publicação desta obra, a comunidade jurídica poderá contar com importante contribuição para a continuidade e o aprofundamento das reflexões sobre aspectos fundamentais do sistema tributário brasileiro.

São Paulo, 13 de novembro de 2017.

Fabiana Del Padre Tomé
Professora da PUC/SP e do IBET.

SUMÁRIO

1

INTRODUÇÃO

Aplicação prática do princípio da não cumulatividade, a compreensão de seus efeitos e incidência é muito tortuosa no dia a dia, devido ao fato da complexidade da legislação do Imposto sobre operações de circulação de mercadorias e prestação de serviços de transporte intermunicipal e interestadual e de comunicação – ICMS, bem como pela demora para o posicionamento pacífico da jurisprudência sobre os temas atinentes ao imposto.

Além da legislação densa e complexa do ICMS por ser um imposto estadual em uma República Federativa com dimensões continentais, cada Unidade Federativa em suas respectivas leis e regulamentos estabelecem restrições e abusos quanto à aplicabilidade da não cumulatividade, deixando qualquer contribuinte e intérpretes do Direito malucos.

O presente manual tem como escopo facilitar a compreensão da não cumulatividade tanto no âmbito constitucional quanto normativo e prático, utilizando os conceitos da regra-matriz de incidência tributária criados pelo Prof. Paulo de Barros Carvalho e com isso apresentar como facilitador a regra-matriz do direito ao crédito do ICMS, presente no princípio da não cumulatividade. A ideia é utilizar este instrumento metódico que seria a construção da regra-matriz do crédito do ICMS para organizar o texto bruto do direito positivo sobre o assunto, reciprocamente com uma interpretação sistemática e princípiológica das normas jurídicas, para compreender melhor a mensagem constante nessa norma constitucional ante as diversas problemáticas que envolvem o crédito do ICMS.

Sendo a não cumulatividade uma norma constitucional, primeiramente analisamos as teorias das normas jurídicas, tendo em vista que o Direito é um sistema de normas, um conjunto de normas válidas, num determinado território e em um preciso momento.

Por isso, necessário estudo da estrutura das normas jurídicas, como unidades do sistema, pois é o elemento principal do ordenamento jurídico.

As normas jurídicas são proposições prescritivas, construídas por um conjunto de palavras que geram um significado, utilizamos o Constructivismo lógico-semântico com o objetivo de analisar e discutir todos os termos do discurso positivo, em especial do positivado no subsistema do ICMS, respeitando e buscando a unidade mínima e irredutível da mensagem deôntica da norma, para evitar as ambiguidades, vaguidades e de outro lado garantir segurança jurídica aos cidadãos através do respeito do mínimo e irredutível do conteúdo semântico das proposições presentes no texto constitucional.

Como a não cumulatividade é considerada um princípio, verificamos se realmente pode ser considerada como um primado constitucional que rege toda a sistemática do ICMS, estando as quatro hipóteses de incidência do imposto sujeitas as suas determinações e nesta nova edição, aproveitamos para apresentar e analisar as novas posições do Supremo Tribunal Federal quanto ao princípio da não cumulatividade.

Analisamos seu conteúdo axiológico e se como princípio apresenta-se como valor ou como limite objetivo, quais as valorações que podem ser extraídas deste mandamento constitucional que influenciam na fisionomia e nas características do ICMS.

O ICMS é considerado como o tributo de maior arrecadação no País, sendo um imposto sobre consumo que incide sobre todas as fases de cadeia produtiva. Só para se ter uma ideia "o ICMS - imposto que responde por cerca de 90% (noventa por cento) da arrecadação estadual de impostos - recolhido pelos 27 Estados e pelo Distrito Federal avançou 3% (três por cento) no ano passado, atingindo R$ 229,35 bilhões. Para efeito de comparação, a arrecadação tributária e previdenciária da União teve um crescimento de 1,8% (um vírgula oito por cento), para R$ 698,3 bilhões".[5]

O Estado de São Paulo, que responde por 1/3 (um terço) de toda a arrecadação do tributo estadual, ficou dentro da média. Sua arrecadação de ICMS somou R$ 78,6 bilhões no ano passado, com crescimento de 2,8% (dois vírgula oito por cento) ante 2008.[6]

Segundo o Boletim de Estimativa da Carga Tributária Bruta do Governo Geral de março de 2021, o ICMS continua sendo o tributo que mais arrecada para os entes políticos. A Carga tributária brutal total, no exercício de 2020, foi de 2.356.842.000.000,00 (dois trilhões, trezentos e cinquenta e seis bilhões, oitocentos e quarenta e dois milhões de reais), sendo que, deste valor, os Estados e o Distrito Federal arrecadaram a título de ICMS a quantia de R$

5. Notícia publicada no site "folha on line" em 14 de março de 2010, sob o título "Apesar da crise, arrecadação do ICMS avança em 2009. <https://goo.gl/wxuKqw>. Acesso em: 23 maio. 2010.

6. Folha *on line* citada.

522.690.000.000,00 (quinhentos e vinte e dois bilhões, seiscentos e noventa milhões de reais)[7].

O princípio da não cumulatividade tem seu forte conteúdo axiológico advindo de interesses econômico visando a desonerar a cadeia produtiva, a circulação de mercadorias e a prestação de serviços tributáveis pelo imposto.

Em razão dos interesses econômicos envolvidos e das consequências que podem trazer na arrecadação a curto prazo, o princípio constitucional da não cumulatividade foi deturpado e interpretado de forma diversa à prevista na Constituição Federal. Não foi respeitado seu forte conteúdo axiológico, bem como o mínimo irredutível da mensagem deôntica da norma constitucional da não cumulatividade,

O forte conteúdo do princípio da não cumulatividade do ICMS não só advém de interesses econômicos, mas também tem cunho jurídico como da justiça tributária, da capacidade contributiva, da neutralidade fiscal e da uniformidade da distribuição da carga tributária.

Se as regras e limites da não cumulatividade do ICMS fossem observados não teríamos uma carga tributária tão alta, enorme pressão tributária sobra a cadeia produtiva, os custos da produção, da circulação de mercadorias e da prestação de serviços tributáveis pelo imposto seriam reduzidos, diminuindo consequentemente o custo Brasil, a tributação sobre o consumo, auxiliaria no aquecimento da economia e em uma melhor movimentação financeira.

Contudo, o presente trabalho não visa a verificar as influências do princípio da não cumulatividade do ICMS na economia, mas sim pela ótica jurídica, como construído pela Constituição Federal de 1988 e os limites objetivos estabelecidos para os Estados e o Distrito Federal.

---

7. https://sisweb.tesouro.gov.br/apex/f?p=2501:9::::9:P9_ID_PUBLICACAO:38233 . acesso em 10/11/2022

Para melhor análise e compreensão da norma constitucional da não cumulatividade e seus efeitos, utilizamos a teoria da norma do Prof. Paulo de Barros Carvalhos, adotando que normas jurídicas são fatos, vertidos em linguagem competente, que visam a normatizar as condutas humanas em determinado território.

Consideramos também que a norma jurídica é dividida pela hipótese e consequente, levando este último como sendo uma proposição relacional, que entrelaça dois ou mais sujeitos de direito em torno de uma conduta regulada como proibida, permitida ou obrigatória.

No presente estudo, foi aproveitada a regra-matriz de incidência criada pelo Prof. Paulo de Barros Carvalho, como instrumento metódico para melhor compreensão do texto constitucional, servindo como orientação para a construção da regra-matriz do direito ao crédito de ICMS e sua aplicação nas situações mais comuns e conflituosas sobre o crédito de ICMS.

Podemos verificar a exata incidência do princípio da não cumulatividade do ICMS e quando se opera, bem como funciona o momento anterior à compensação do crédito e débito do imposto, que muitos confundem com a própria não cumulatividade, porém se trata de momento e norma jurídica distintos.

Utilizando a construção de duas normas jurídicas, verificamos a aplicação prática, seus efeitos, os requisitos e critérios que devem ser observados pelo contribuinte, pelo legislador, pelo intérprete e demais operadores do direito.

Analisamos a teoria do crédito físico e do crédito financeiro diante da regra-matriz de direito ao crédito e as situações dos créditos advindos das mercadorias destinadas para uso e consumo e para o ativo imobilizado do estabelecimento do contribuinte.

Estudamos a condição da nota fiscal como requisito necessário para o contribuinte obter o crédito ICMS e também a situação da inidoneidade do fornecedor e do documento fiscal.

Analisamos a "guerra fiscal" entre as Unidades Federais, que concedem incentivos fiscais sem autorização do CONFAZ, realizam glosas unilaterais dos créditos advindos de operações interestaduais como forma de retaliação e o contribuinte fica no meio sendo bombardeado de todos os lados.

Utilizamos da regra-matriz do crédito de ICMS e da regra-matriz do direito ao crédito de ICMS para discutir a questão da autuação do contribuinte por ter se creditado indevidamente, quando possui saldo credor do imposto. Definindo assim o que realmente pode ser considerado como crédito indevido e o que é erro de forma e de escrituração de documentos fiscais.

Por fim, adaptamos a regra-matriz do crédito de ICMS e da regra-matriz do direito ao crédito de ICMS a situações atuais, práticas e as recentes decisões do Supremo Tribunal Federal sobre o tema.

2

ICMS NO SISTEMA TRIBUTÁRIO NACIONAL

O ordenamento jurídico é formado por um conjunto de normas, que se entrelaçam, se comunicam e são dispostas hierarquicamente. Sendo a Constituição a norma suprema e a Lei Fundamental do Estado, a partir dela surgem as demais normas do sistema, todas com fundamento nas normas constitucionais. Para Gomes Canotilho (1991, p. 141), a superioridade hierárquica da Constituição revela-se de três modos:

> 1) as normas do direito constitucional constituem uma *lex superior* que recolhe o fundamento de validade em si própria (autoprimazia normativa); 2) as normas de direito constitucional são normas de normas (*norma normarum*), afirmando-se como fontes de produção jurídica de outras normas (normas legais, normas regulamentares, normas estatutárias etc.); 3) a superioridade normativa das normas constitucionais implica o princípio da conformidade de todos os actos dos poderes políticos com a Constituição.

O sistema jurídico tributário brasileiro tem uma peculiaridade: sua estrutura, princípios, competências e arquétipos tributários estão previstos na Constituição Federal, por isso que se denomina sistema constitucional tributário. É uma característica da Constituição brasileira ser altamente trabalhada (prolixa) e dispor sobre diversos assuntos, que a sociedade entende relevante, serem tratados em patamares constitucionais e isso ocorreu com o direito tributário brasileiro, com grande e trabalhada previsão constitucional.

Por sistema, podemos entender o conjunto de porções que se vinculam sobre a referência de um princípio unitário ou como a composição de partes orientadas por um vetor comum. Todo conjunto de elementos relacionados entre si e aglutinados perante uma referência determinada é considerado sistema.

O sistema jurídico ou do Direito é formado pelo conjunto de normas que se relacionam segundo um princípio unificador e estas normas estão dispostas numa estrutura hierárquica, disciplinada pela fundamentação ou derivação, tanto no aspecto material quanto no formal ou processual, conferindo ao sistema a possibilidade dinâmica de autorregular sua criação e suas transformações.

O sistema do direito como tem o ponto inicial de validade a norma fundamental, traz-lhe a característica de ser um conjunto unitário e homogêneo, apesar da multiplicidade de normas.

O ordenamento jurídico brasileiro é um sistema de normas de comportamento e de estrutura para regulamentar as condutas intersubjetivas e é composto por diversos subsistemas que se cruzam em várias direções, mas que se afunilam em busca da Constituição Federal que dá seu fundamento de validade semântica.

Normas de comportamento regulam as condutas das pessoas nas relações intersubjetivas e as normas de estrutura são as que regulam os comportamentos relacionados à produção de novas unidades deôntico-jurídicas, regulando as condutas interpessoais nos órgãos, procedimentos de criação de regras, transformação ou expulsão do sistema.

As normas em geral e as proposições jurídico-normativas se expressam por intermédio do conectivo *dever-ser*.

Nas regras de estrutura para que ocorra a regulamentação das condutas são necessárias as edições de outras normas com conteúdo de disciplinar competência, a qual fará surgir a norma de conduta dela derivada, que regerá os comportamentos interpessoais.

Na Constituição Federal, há predominância das regras de estrutura, tendo em vista que é do texto constitucional que saem as linhas gerais de organização do Estado, das instituições e das competências legislativas.

A Constituição Brasileira é da categoria rígida, sendo necessário para sua alteração procedimento solene e complexo e ainda contém o sistema nacional, sistema federal, sistemas estaduais e sistemas municipais devidamente relacionados.

Sendo um sistema de proposições normativas, a Constituição Federal é composta de vários subsistemas, subclasses ou subconjuntos, entre eles o subsistema constitucional tributário, que é formado pelo conjunto das normas que versam sobre matéria tributária, em nível constitucional. Tratando sobre os princípios, regras, imunidades, competências, espécies tributárias e os arquétipos ou regras-matrizes constitucionais dos tributos, em especial dos impostos e das contribuições previdenciárias.

Nesse sentido, José Eduardo Soares de Melo e Luiz Francisco Lippo (2008, p. 20) também entendem que o sistema tributário nacional é um subsistema presente no sistema constitucional, dispondo que

> subsistema é, na verdade, um conjunto de princípios e normas constitucionais que traduzem uma autorização dada pela

> sociedade para que o Estado invada o patrimônio daquele e dali colete a receita necessária à realização dos seus objetivos. Ora, sendo um conjunto de princípios e normas jurídicas elas, em que pese representarem uma autorização para o Estado, também constituem uma limitação à autuação deste sobre o patrimônio dos contribuintes. Vale dizer, se o Estado pretender arrecadar mais do que lhe está autorizado pelo Sistema Constitucional Tributário, estará se arvorando no patrimônio das pessoas de forma confiscatória e arbitrária.

O grupo de normas que compõe o subsistema constitucional tributário é homogêneo em razão da natureza lógica do assunto que dispõe, por estarem legitimadas pela norma hipotética fundamental e terem como ponto de confluência do direito positivo, tratarem de matéria tributária. Estão no mesmo grau hierárquico. Apesar de predominarem neste subsistema as regras de estrutura, também existem as normas de conduta que prescrevem nos modais deônticos permitido, obrigatório e proibido.

A Constituição Federal não cria tributos, concede aos entes políticos competência tributária que é aptidão para instituir tributos. A instituição de tributos dá-se por lei, conforme determina o art. 150, I, da CF/88.

Importante salientar que nada impede que a Constituição Federal crie ou institua tributos, prevendo todos os elementos necessários para sua instituição. Tivemos, no nosso o ordenamento, o caso da CPMF que sua exigência foi prorrogada através da edição de emendas constitucionais.

A Contribuição Provisória sobre Movimentação ou Transmissão de Valores de Créditos e Direitos de Natureza Financeira (CPMF) foi instituída pela Lei 9.311/1996, com fundamento no art. 74 do Ato das Disposições Constitucionais Transitórias para ser cobrada por um prazo de 2 (dois) anos.

Posteriormente, por meio da Emenda Constitucional 21/1999, foi editado o art. 75 do Ato das Disposições

Constitucionais Transitórias, que prorrogou o prazo de exigência da CPMF para 36 (trinta e seis) meses.

Desta feita, a contribuição em tela seria exigida até 18 de junho de 2002, porém para que o fisco continuasse a exercer seu poder legiferante sobre as movimentações financeiras dos contribuintes, foi publicada a Emenda Constitucional 37/2002, que acrescentou o art. 84 no Ato das Disposições Constitucionais Transitórias, o qual determinou que a contribuição provisória sobre movimentação ou transmissão de valores e de créditos e direitos de natureza financeira seria cobrada até 31 de dezembro de 2004, *"in verbis"*:

> *Art. 84. A contribuição provisória sobre movimentação ou transmissão de valores e de créditos e direitos de natureza financeira, prevista nos arts. 74, 75 e 80, I, deste Ato das Disposições Constitucionais Transitórias, será cobrada até 31 de dezembro de 2004.*
>
> *§1º Fica prorrogada, até a data referida no caput deste artigo, a vigência da Lei 9.311, de 24 de outubro de 1996, e suas alterações.*
>
> *§2º Do produto da arrecadação da contribuição social de que trata este artigo será destinada a parcela correspondente à alíquota de:*
>
> *I - vinte centésimos por cento ao Fundo Nacional de Saúde, para financiamento das ações e serviços de saúde;*
>
> *II - dez centésimos por cento ao custeio da previdência social;*
>
> *III - oito centésimos por cento ao Fundo de Combate e Erradicação da Pobreza, de que tratam os arts. 80 e 81 deste Ato das Disposições Constitucionais Transitórias.*
>
> *§3º A alíquota da contribuição de que trata este artigo será de:*
>
> *I - trinta e oito centésimos por cento, nos exercícios financeiros de 2002 e 2003;*
>
> *II - oito centésimos por cento, no exercício financeiro de 2004, quando será integralmente destinada ao Fundo de Combate e Erradicação da Pobreza, de que tratam os arts. 80 e 81 deste Ato das Disposições Constitucionais Transitórias. (Revogado pela Emenda Constitucional 42, de 19.12.2003)*

Contudo, voltando à regra geral, a competência legislativa é a aptidão que as pessoas políticas têm para expedir regras jurídicas no ordenamento respeitando todo o procedimento legislativo. Devido ao princípio da legalidade, as regras jurídicas inaugurais que os entes políticos têm competência para expedir devem ser feitas através de lei em sentido *lato*, que criam direitos e deveres correlatos.

O legislador constituinte concedeu aos entes políticos o poder de editar normas de direito tributário, e esta prerrogativa legiferante de que são portadoras as pessoas políticas, consubstancia na possibilidade de legislar a produção de normas jurídicas sobre tributos denomina-se de competência tributária.

Desse modo, tem-se a competência tributária como a significação de legislar em matéria de tributo, de traçar o perfil jurídico de um tributo, o que não se confunde com capacidade tributária ativa que é ter credenciais para exigir a obrigação tributária.

A competência tributária está em um momento anterior à instituição do tributo, no plano constitucional, já a capacidade tributária ativa surge com a instituição do tributo, sendo a eleição do sujeito ativo da regra-matriz de incidência tributária. A competência tributária esgota-se com a edição da lei, após somente se fala em capacidade tributária.

É normal o ente político cumular a competência tributária e a capacidade tributária ativa, colocando-se como sujeito ativo da obrigação tributária. A competência tributária é intransferível e a capacidade tributária não pode ser indicada para qualquer pessoa. Trata-se do princípio da indelegabilidade da competência tributária, que está implícito no art. 2º da Constituição Federal. A capacidade tributária não está albergada por este princípio podendo ser transferida, esta pode ser delegada para outra pessoa jurídica de direito público.

É o que dispõe o art. 7º do CTN, que a competência tributária é indelegável, mas a capacidade tributária ativa como a atribuição das funções de arrecadar, fiscalizar e cobrar tributos nos termos da lei é delegável[8].

Apesar da norma citada estabelecer que a competência tributária é indelegável, salvo as funções de arrecadação e fiscalização, está dispondo sobre a delegabilidade da capacidade tributária ativa e determina que somente pode ser para outra pessoa jurídica de direito público, estando em consonância com as determinações do art. 119 também do CTN que prescreve: "sujeito ativo da obrigação [e a pessoa jurídica de direito público, titular da competência para exigir o seu cumprimento".

A Constituição Federal estabeleceu elementos suficientes para traçar os arquétipos dos tributos, em especial os impostos e as contribuições previdenciárias previstas na Carta Magna, que os entes políticos têm competência para instituir. Ficando assim estipulados quais os impostos de competência dos Estados, do Distrito Federal e dos municípios, e ficando estabelecido que a União Federal tem competência residual.

Ou seja, foram previstas as competências tributárias dos estados, do Distrito Federal (ICMS, IPVA e heranças e doações) e para os municípios (ISS, IPTU e transmissão intervivos), todos os demais são de competência da União Federal.

8. Art. 7º A competência tributária é indelegável, salvo atribuição das funções de arrecadar ou fiscalizar tributos, ou de executar leis, serviços, atos ou decisões administrativas em matéria tributária, conferida por uma pessoa jurídica de direito público a outra, nos termos do § 3º do artigo 18 da Constituição.
§ 1º A atribuição compreende as garantias e os privilégios processuais que competem à pessoa jurídica de direito público que a conferir.
§ 2º A atribuição pode ser revogada, a qualquer tempo, por ato unilateral da pessoa jurídica de direito público que a tenha conferido.
§ 3º Não constitui delegação de competência o cometimento, a pessoas de direito privado, do encargo ou da função de arrecadar tributos.

Porém, devido à determinação do art. 154, II, da Constituição Federal que “a União Federal poderá instituir na iminência de guerra externa, impostos extraordinários, compreendidos ou não em sua competência tributária, os quais serão suprimidos, gradativamente, cessadas as causas de sua criação”, pode se afirmar que somente a União tem impostos privativos ou competência tributária privativa e exclusiva.

Os entes políticos devem observar os limites jurídicos para exercitar a suas respectivas competências tributárias, como respeitar as normas e princípios constitucionais, legalidade, da anterioridade, do não confisco, da segurança jurídica, da capacidade contributiva etc., uma vez que não estando a norma legal em consonância com estes ditames, será considerada inconstitucional.

O professor Roque Antonio Carrazza estabeleceu seis qualidades para as competências tributárias, sendo elas: privatividade, indelegabilidade, incaducabilidade, inalterabilidade, irrenunciabilidade e facultatividade do exercício.

Privativa em razão de que só os entes políticos com poder legislativo podem instituir tributos e a Constituição aponta a competência privativa de cada pessoa política.

A competência tributária habilita a pessoa política a instituir tributo e proíbe as demais de virem a instituí-lo.

A *indelegabilidade* porque cada pessoa que recebeu a competência tributária não pode renunciá-la e nem delegar a terceiros. Assim, a *indelegabilidade* e *irrenunciabilidade* são prerrogativas inafastáveis do exercício da competência tributária, tendo em vista que a Constituição Federal foi rigorosa ao estabelecer as competências aos entes políticos para que não existissem conflitos entre as subordens jurídicas, pois não há sentido em ser rigorosa na delegação das competências para que depois o ente político a delegue o renuncie.

A *incaducabilidade* advém que a pessoa que não exerceu sua competência não fica impedida de exercer a qualquer tempo. Ademais, está relacionada ao tempo que durar a Constituição Federal, não podendo ficar as competências tributárias perecíveis conforme o interesse dos governantes e problemas da sociedade.

Inalterabilidade, pois a competência tributária não pode ser ampliada pela própria pessoa política que a detém, somente pode alterar através de emenda constitucional.

Facultatividade porque os entes políticos não estão obrigados a exercer suas competências tributárias.

Entende o professor Paulo de Barros Carvalho que a privatividade será insustentável diante das determinações do art. 154, II, da CF; conforme já abordado, no Brasil, somente se pode afirmar que os impostos federais são privativos da União Federal.

A inalterabilidade não guarda consonância com o ordenamento jurídico, pois faz parte do regime jurídico a reforma constitucional, a alterabilidade, podendo o poder constituinte derivado modificar o esquema discriminativo das competências tributárias, devendo somente respeitar os limites constitucionais do princípio da federação e da autonomia dos municípios.

A facultatividade do exercício apresenta-se como irresistível às críticas, pois a União Federal tem competência para instituir o imposto sobre grandes fortunas, porém exerceu a faculdade de não o fazer, bem como vários municípios têm a faculdade de não instituir o ISS. Os termos fiscalidade, extrafiscalidade e parafiscalidade são usualmente utilizados pela ciência do Direito para representar valores finalísticos que legislador imprime à lei tributária, contudo são poucas as referências no Direito positivo. São assim meras construções doutrinárias.

Fiscalidade seria a organização jurídica do tributo para sua instituição, está voltada exclusivamente para abastecer e angariar recursos aos cofres públicos, sem que outros interesses interfiram no direcionamento da atividade impositiva.

Independente desse caráter, o tributo sempre está consubstanciado em privilegiar outras situações tidas como sociais, políticas ou econômicas. A esta figura de manejar os elementos jurídicos dos tributos com o fim alheio ao meramente arrecadatório, denomina-se *extrafiscalidade*.

No entanto, não se pode dizer que tal tributo tem o caráter puramente fiscal ou extrafiscal, pois os dois objetivos, tanto da fiscalidade como da extrafiscalidade convivem de forma harmônica, sendo apenas legítimo que às vezes predomina um sobre o outro.

Somente a União, os Estados, o Distrito Federal e os Municípios dispõem de competência tributária, em razão de que são os únicos entes dotados de poder legislativo e exercer competência tributária é a capacidade de editar leis que instituam tributos ou regulem sua funcionabilidade.

Competência tributária pressupõe capacidade tributária ativa; o mesmo ente que institui o tributo atribui-se o poder de ser sujeito ativo da relação jurídico-tributária. Caso o legislador omita quem é o sujeito ativo da obrigação tributária fica subentendido como a pessoa jurídica de Direito público com competência tributária.

Em alguns casos, a legislação indica como sujeito ativo da obrigação tributária pessoa distinta da que tem a competência tributária. A pessoa que não é titular da competência tributária recebe as atribuições de arrecadar e fiscalizar o tributo (art. 7°, § 1°, do CTN), mas não fica com o produto arrecadado, transferindo os recursos para o ente político. Outro caso que pode ocorrer é o sujeito ativo que recebe as mesmas atribuições, mas fica com os valores arrecadados, para que os apliquem no desempenho de suas atividades específicas; nesta última hipótese, temos o fenômeno jurídico da parafiscalidade.

O exercício de a competência tributária dar-se com o processo de edição de lei em matéria tributária tanto nos planos federal, estadual e municipal. Terminado o processo legislativo e expedida a norma tributária no sistema jurídico, tem-se como exercida a competência tributária.

Quanto à *facultatividade*, o ICMS é uma exceção, em razão de seu caráter de universalidade, estando todos os Estados e o Distrito Federal obrigados a instituir o imposto, devido o seu caráter nacional.

Caso existisse uma unidade da Federação que deixasse de exigir o ICMS, quebraria a consistência do sistema, fazendo aumentar a chamada "Guerra Fiscal". Impera, no sistema do ICMS, o princípio da solidariedade nacional ou da homogeneidade de sua incidência.

O ICMS é totalmente diferente dos outros tributos, pois tem uma ordem nacional que exige sua regulamentação homogênea, fazendo parte das normas que pertencem ao sistema nacional.

Existem vários preceitos constitucionais que dispõe que o ICMS pertence ao sistema nacional e suas determinações valem indistintamente para todo território nacional. Ressalte-se que nesse imposto não existe a facultatividade para sua instituição, estão todos os Estados e o Distrito Federal obrigados a instituí-lo.

O professor Paulo de Barros Carvalho (2007, p. 234) escreveu sobre a obrigatoriedade da instituição do ICMS, em parecer jurídico sobre "ICMS – princípio da solidariedade nacional ou da equiponderância ou, ainda, da homogeneidade de sua incidência", dispondo que:

> o caráter nacional do ICMS é outra máxima que sobressai do sistema com grande vigor de juridicidade. Não se aloja na formulação expressa de qualquer dos dispositivos constitucionais tributários, mas está presente nas dobras de inúmeros preceitos, irradiando sua força por toda a extensão da geografia normativa deste imposto. Sua importância é tal que, sem atinarmos a ele, fica praticamente impossível a compreensão da regra-matriz do ICMS em sua plenitude sintática e em sua projeção semântica. Os conceitos de operação interna, interestadual e de exportação; de consumidor final, de contribuinte, de responsável e de substituição tributária; de compensação do imposto. De base de cálculo e de alíquota, bem como de isenção, estão diretamente relacionados com diplomas normativos de âmbito nacional, válidos, por mecanismo de integração, para todo território nacional.

Portanto, dentro do sistema nacional tributário, que conforme acima exposto, trata-se de um subsistema presente no sistema constitucional, existe outro subsistema que é que o subsistema do ICMS, que está previsto e bem disciplinado no art. 155 da Carta Republicana.

Conforme exposto, a Constituição Federal confere aos Estados e ao Distrito Federal, em seu art. 155, II, a competência para instituir o imposto sobre operações relativas à circulação de mercadorias e sobre prestações de serviços de transporte interestadual e intermunicipal e de comunicação, ainda que as operações e as prestações se iniciem no exterior – ICMS, *in verbis*:

> *Art. 155. Compete aos Estados e ao Distrito Federal instituir impostos sobre:*
>
> *[...]*
>
> *II - operações relativas à circulação de mercadorias e sobre prestações de serviços de transporte interestadual e intermunicipal e de comunicação, ainda que as operações e as prestações se iniciem no exterior;*
>
> *[...]*

O professor Paulo de Barros Carvalho (2008, p. 645), analisando o disposto no art. 155, II, da Constituição Federal verifica no ICMS a existência de três regras-matrizes:

> No caso do ICMS, temos três regras-matriz, o que implica admitir que existem três hipóteses de incidência e três consequências. Vejamos os três antecedentes normativos que a legislação constitucional consagra para, de seguida, tratarmos dos consequentes:
>
> a) realizar operações relativas;
>
> b) prestar serviços de comunicação, mesmo que se iniciem no exterior, prestações essas que deverão concluir-se ou ter início dentro dos limites territoriais dos Estados ou do Distrito Federal, identificadas as prestações no instante da execução, da geração ou da utilização dos serviços correspondentes;
>
> c) prestar serviços de transporte interestadual ou intermunicipal.

Já o professor Roque Antonio Carrazza (2006, p. 37) entende que:

> a sigla ICMS alberga pelo menos cinco impostos diferentes, a saber: a) impostos sobre operações mercantis (operações relativas à circulação de mercadoria), que, de algum modo, compreende o que nasce da entrada de mercadorias importadas do exterior; b) o imposto sobre serviços de transporte interestadual e intermunicipal; c) o imposto sobre serviço de comunicação; d) o imposto sobre produção, importação, circulação, distribuição ou consumo de lubrificantes e combustíveis líquidos e gasosos e de energia elétrica; e) o imposto sobre extração, circulação distribuição ou consumo de minerais. Dizemos diferentes, porque estes tributos têm hipóteses de incidência e bases de cálculo diferentes. Há, pois, pelo menos cinco núcleos distintos de incidência do ICMS.

Em nota de rodapé explicativa, ele ainda dispõe:

> Dizemos pelo menos cinco impostos diferentes, porque juridicamente nada nos impediria de considerar, v.g., o imposto sobre a produção de lubrificantes diferente do imposto sobre o consumo de energia elétrica. Neste caso seriam mais de 20 impostos diferentes (justamente por terem hipóteses de incidência e/ou base de cálculo diferentes).

> O que distingue um tributo de outro é seu binômio hipótese de incidência/base de cálculo. A base de cálculo, além de colaborar na determinação da dívida tributária, dimensionando o fato imponível, afirma o critério material da hipótese de incidência do tributo, confirmando-a. Do contrário, o tributo terá sido mal instituído e, por isso mesmo, será inexigível. Donde podemos concluir que a base de cálculo é absolutamente indispensável, para qualquer tributo. (CARRAZZA, 2006, p. 37).

Percebemos que ambos juristas utilizam formas de raciocínio semelhantes, utilizando o binômio hipótese de incidência e base de cálculo, ou hipótese e consequência para construir os arquétipos tributários ou as regras-matrizes existentes no art. 155, II, da CF/88, porém diferem na construção das normas em seus respectivos juízos hipotéticos. No entanto, o professor Paulo de Barros Carvalho faz apenas a distinção em três regras-matrizes distintas na sigla ICMS por constar apenas a diferença entre a hipótese de incidência de realizar operações mercantis com a de prestar serviço de comunicação e da prestar serviços de transporte interestadual e/ou intermunicipal.

Por sua vez, o professor Roque Antonio Carrazza faz essa distinção e a constatação de vários impostos na sigla ICMS porque operações mercantis, serviços de transporte interestadual e intermunicipal, serviço de comunicação e produção, importação, circulação, distribuição ou consumo de lubrificantes e combustíveis líquidos e gasosos e de energia elétrica, bem como de extração e circulação, distribuição ou consumo de minerais, têm hipóteses de incidência e bases de cálculos distintas.

Roque Antonio Carrazza (2006, p. 234), ao interpretar o § 2°, inc. X, e § 3°, ambos do art. 155 da CF/88, explica o motivo da incidência do ICMS sobre operações relativas à energia elétrica e sobre operações relativas a lubrificantes e combustíveis líquidos e gasosos, dispondo que:

> Esta é a conclusão a que facilmente chegamos com a só leitura do art. 155, §§2º, X, "b", e 3º, da CF:
>
> "Art. 155. (...)
>
> "(...).
>
> "§2º. O imposto previsto no inciso II atenderá o seguinte: "(...)
>
> X – não incidirá: (...) b) sobre operações que destinem a outros Estados petróleo, inclusive lubrificantes, combustíveis líquidos e gasosos dele derivados, e energia elétrica; (...);
>
> "3º. À exceção dos impostos de que tratam o inciso II do caput deste artigo e art. 153, I e II, nenhum outro tributo poderá incidir sobre operações relativas a energia elétrica, serviços de telecomunicações, derivados de petróleo, combustíveis e minerais do País.
>
> Ora, se o ICMS "não incidirá sobre operações que destinem, a outros Estados energia elétrica", segue-se, a *contratio sensu*, que incidirá em outros tipos de operações relativas à energia elétrica.

O art. 155, § 3º, da CF/88 também dispõe que somente o ICMS e os impostos de exportação e importação incidiram sobre operações relativas a minerais do país. Com isso, traça o professor Roque Antonio Carrazza a sexta hipótese de incidência no presente tributo, que seria o ICMS sobre a extração, circulação, distribuição ou consumo de minerais.

O professor Roque Antonio Carrazza entende que o imposto sobre produção, importação, circulação, distribuição ou consumo de lubrificantes e combustíveis líquidos e gasosos e de energia elétrica e o imposto sobre extração, circulação distribuição ou consumo de minerais fazem parte do ICMS – mercadoria ou operações mercantis, porém pensou em fazer essa distinção em 5 impostos, para demonstrar que aumentou a competência tributária dos estados com hipótese de incidência que na anterior Constituição era de outro ente político.

Na primeira edição desse livro, ousei discordar dos ilustres professores que tive a honra de ter aulas magníficas de Direito Tributário e os conhecer melhor no curso de mestrado e doutorado na Pontifícia Universidade Católica de São Paulo, a PUC, uma vez que pelo princípio da tipologia tributária, verificando o binômio hipótese de incidência e base de cálculo ou utilizando os critérios da regra-matriz de incidência tributária vislumbrei quatro impostos na sigla ICMS.

Ora, uma vez que operações com combustíveis, energia elétrica e minerais estariam contempladas em operações com circulações de mercadoria, ou seja, todos são considerados bens e encontrando-se em estado de mercancia são considerados mercadorias, assim o ICMS somente incide sobre combustíveis, energia elétrica e minerais, quando foram realizadas operações mercantis que envolvam estes no ato de comércio.

Desse modo, vislumbrei três regras-matrizes de incidência do ICMS na leitura do *caput* do art. 155 da CF/88, que seriam: i) realizar operações mercantis, ii) prestar serviços de comunicação, mesmo que se iniciem no exterior, (prestações essas que deverão concluir-se ou ter início dentro dos limites territoriais dos estados ou do Distrito Federal), identificadas as prestações no instante da execução, iii) da geração ou da utilização dos serviços correspondentes e prestar serviços de transporte interestadual ou intermunicipal.

A quarta regra-matriz de incidência tributária ou arquétipo constitucional do tributo existente na sigla ICMS estaria na alínea "a" do inc. IX do § 2º do art. 155 da CF/88, ou melhor, foi criada mais uma hipótese de incidência do imposto, com o advento da Emenda Constitucional nº 33/2001, que deu nova redação à norma em comento, criando o ICMS-Importação.

Atualmente, mudei meu entendimento e concordo com os meus professores da PUC/SP de que a sigla ICMS alberga apenas 3 (três) impostos; há três regras-matrizes constitucionais, não existindo a quarta que seria o ICMS-importação. Considero que o art. 155, inc. II, da Constituição Federal tem uma excelente redação, bem explicativa, deixando fácil para o intérprete que existem apenas 3 (três) regras-matrizes constitucionais de impostos previstas na sigla ICMS.

Mudei meu entendimento da própria interpretação do art. 155, II, da CF que ao dispor sobre o ICMS operação mercantil, o ICMS transporte intermunicipal e interestadual e o ICMS comunicação estabelece na sua parte final "ainda que as operações e as prestações se iniciem no exterior". Assim, a norma constitucional tipifica que as operações e prestações que se iniciarem fora do território nacional e terminarem aqui, ou seja, importações de mercadorias ou prestações de serviços estariam sujeitos ao ICMS. A norma constitucional, ao traçar as regras-matrizes constitucionais do ICMS, estabeleceu que está dentro da hipótese de incidência e base de cálculo as operações mercantis e as prestações de serviços iniciadas no exterior, ou seja, as importações.

A norma ao traçar a regra-matriz constitucional estabeleceu que incide sobre a operação e a realização de serviço de transporte interestadual e intermunicipal e de comunicação que se iniciem no exterior, contudo, não dispôs nada de que o ICMS incide sobre operação e prestações iniciadas no Brasil e finalizadas no exterior.

Sendo assim, estariam fora da hipótese de incidência do ICMS pelo princípio da tipicidade cerrada as operações mercantis e as prestações de serviços finalizados no exterior. Tem de estar previsto no arquétipo constitucional para poder ser instituído e legislado como tributo, não estando previsto, não pode ser exigido e consequentemente cobrado.

Geraldo Ataliba explica bem o princípio da tipicidade tributária e entende que como categoria jurídica, a hipótese de incidência é una e indivisível, sendo um ente lógico jurídico unitário e incindível, que é um conceito jurídico, é a descrição legal de um fato, citando Misabel Derzi que:

> "A h.i. é conceito determinado e fechado, por exigência constitucional no Brasil. Não cabe, na matéria, falar-se em tipo; é errado invocar-se o princípio da tipicidade, que não satisfaz às exigências da segurança jurídica. Demonstra-o Misabel Derzi:
>
> "A legalidade estrita, a segurança jurídica, a uniformidade e a praticidade determinam a tendência conceitual prevalecendo no Direito Tributário.
>
> Além desses princípios citados, a repartição constitucional do poder tributário, assentada, sobretudo, na competência privativa tem como pressuposto antes a forma de raciocinar por conceitos fechados do que por tipos.
>
> Os tributos são objeto de um legal exaustiva de modo que aquilo que não está na lei, inexiste juridicamente. A diferenciação entre um tributo e outro se dá através da classificação legal, esgotando conceito de tributo. Criam-se, a rigor, espécies tributárias como conceitos determinados e fechados que se distinguem umas das outras por notas fixas e irrenunciáveis".[9]

Desse modo, não está previsto como hipótese de incidência do ICMS a operação mercantil, a prestação do serviço de transporte e de comunicação internacional, iniciando no Brasil e terminando no exterior, apenas está prevista a hipótese inversa.

Passaremos a explicar de forma sucinta, pois não é objeto do trabalho debater em profundidade o imposto sobre operações relativas à circulação de mercadorias e sobre prestações de serviços de transporte interestadual e intermunicipal e de comunicação – ICMS, porém não é possível estudar e descrever sobre a não cumulatividade do imposto sem estabelecer as premissas e características do tributo.

2.1 ICMS sobre operações de circulação de mercadorias

Tratando do ICMS apenas como o imposto que incide sobre operações de circulação de mercadorias, ou

9. "Hipótese de Incidência Tributária". Ed. Malheiros. 6ª ed., p. 65

operações mercantis, nos termos do art. 155, inc. II, da Constituição Federal, "compete aos Estados e ao Distrito Federal instituir impostos sobre operações relativas à circulação de mercadorias, ainda que as operações se iniciem no exterior", tem-se como critério material da sua regra-matriz de incidência realizar operações de circulação de mercadorias.

Sempre lembrando que critério material é o elemento previsto no antecedente da regra-matriz de incidência tributária, que descreve um comportamento ou conduta humana através de um verbo seguido de seu complemento. Estes verbos podem exprimir ação, bem como estado, para através do encontro de expressões designe o comportamento humano que pode acarretar consequências tributárias.

Então, no caso, o verbo que exprime a ação é realizar e o complemento é operações de circulação de mercadorias ou operações mercantis.

O ICMS é descendente do antigo ICM e desde a época do antigo imposto discutia-se se a hipótese de incidência seria a mera circulação ou saída de mercadorias ou se era a realização de operação mercantil.

Tanto que o ministro César Asfor Rocha, ao apreciar demanda do antigo ICM entrou no debate da questão do fato gerador do imposto, citando o ministro Aliomar Baleeiro, decidindo que:

> a questão foi muito tratada pelo eg. Tribunal "a quo" e adoto, como razão de decidir, as bem lançadas fundamentações constantes do irretorquível voto do ilustre Des. Accioli Freire, cujos trechos reproduzo: "É bem verdade que o Decreto-lei 406/68, define como fato gerador do ICM, simplesmente, a saída de mercadorias do estabelecimento comercial, industrial ou produtor", mas tal saída deve ter um conteúdo econômico ou jurídico para haver subsunção desse fato à norma jurídica. Se o referido diploma legal cuida de imposto sobre "operações" relativa à circulação de mercadorias, deve-se concluir que só ocorre o fato

> gerador se a saída da mercadoria representar uma operação, ou seja, uma transferência que tenha efeitos de natureza econômica ou jurídica. Ao comentar o art. 1º do sempre citado decreto-lei, observa Aliomar Baleeiro que "a saída das mercadorias para voltar ou para outro estabelecimento do dono no mesmo local não é operação, reiterando, ao estudar o motivo jurídico da saída, que não pode ser, em nossa opinião, fato material ou físico a simples deslocação da mercadoria para fora do estabelecimento, permanecendo na propriedade e posse direta do contribuinte seja para depósito, custódia, penhor, comodato ou reparos". Se admitida interpretação contrária, diz o mestre, "até o furto da mercadoria seria fato gerador do ICM". (*Direito Tributário Brasileiro,* 10. ed. Forense, 1990, p. 219 e 223). (fls. 203/204) (IOB / jurisp 7552/1).

Só que não se pode admitir que qualquer circulação de bens realizada pelo sujeito passivo da obrigação tributária seja considerada hipótese de incidência do ICMS, como tivemos no caso do art. 1º do Decreto-lei 406/68, ou de situação mais absurdas ainda em que o legislador determinou como hipótese de incidência do ICMS o uso e consumo de matérias-primas, bens ou materiais produzidos pelo próprio contribuinte, conforme previsto no art. 2°, § 1°, II do Convênio ICMS 66/88, que fixava normas para regulamentar provisoriamente o imposto de competência dos Estados e do Distrito Federal, in verbis:

> *Artigo 2º Ocorre o fato gerador do imposto:*
>
> *I - na entrada no estabelecimento destinatário ou no recebimento pelo importador de mercadoria ou bem, importados do exterior;*
>
> *II - na entrada no estabelecimento de contribuinte de mercadoria oriunda de outro Estado, destinada a consumo ou a ativo fixo;*
>
> *III - na utilização, por contribuinte, de serviço cuja prestação se tenha iniciado em outro Estado e não esteja vinculada a operação ou prestação subsequente alcançada pela incidência do imposto;*
>
> *IV - na aquisição, em licitação, promovida pelo Poder Público, de mercadoria ou bem, importados do exterior e apreendidos;*
>
> *V - na saída de mercadoria, a qualquer título, de estabelecimento de contribuinte, ainda que para outro estabelecimento do mesmo titular;*

> *VI - na saída de mercadoria do estabelecimento extrator, produtor ou gerador, para qualquer outro estabelecimento, de idêntica titularidade ou não, localizado na mesma área ou em área contínua ou diversa, destinada a consumo ou a utilização em processo de tratamento ou de industrialização, ainda que as atividades sejam integradas;*
>
> *VII - no fornecimento de alimentação, bebidas e outras mercadorias, por qualquer estabelecimento, incluídos os serviços prestados;*
>
> *VIII - no fornecimento de mercadoria com prestação de serviços:*
>
> *a) não compreendidos na competência tributária dos municípios;*
>
> *b) compreendidos na competência tributária dos municípios e com indicação expressa de incidência do imposto de competência estadual, como definida em lei complementar;*
>
> *§ 1º Para efeito destas normas, equipara-se à saída:*
>
> *I - a transmissão de propriedade de mercadoria, quando esta não transitar pelo estabelecimento do transmitente;*
>
> *II - o consumo ou a integração no ativo fixo de mercadoria produzida pelo próprio estabelecimento ou adquirida para industrialização ou comercialização.*
>
> *[...]*

Ainda bem que neste caso o Egrégio Supremo Tribunal Federal julgou inconstitucional a incidência do ICMS sobre bens produzidos para consumo próprio e, consequentemente, foi suspensa a execução da expressão “ou a integração no ativo fixo de mercadoria produzida pelo próprio estabelecimento”, contida no inciso II do §1° do art. 2º do Convênio 66/88 pelo art. 1º da Resolução 11/2007, em razão da declaração de inconstitucionalidade em decisão definitiva do Supremo Tribunal Federal, nos autos do Recurso Extraordinário 158.834-9.Por isso, é importante entender, interpretar e respeitar o arquétipo constitucional dos tributos, bem como a unidade mínima e irredutível da mensagem deôntica da norma, em especial no caso o ICMS, sendo a regra-matriz de incidência tributária um belo instrumento para tal, justamente para evitar estas aberrações jurídicas e o desvirtuamento da hipótese de incidência traçada pela Constituição Federal.

Até porque o Sistema Constitucional Tributário é um sistema tanto dinâmico como estático, uma vez que confere competência para os entes políticos instituírem tributos, poderes às autoridades legisladoras, bem como estabelece princípios constitucionais tributários que são vetores paras as normas infraconstitucionais e ainda prescreve os arquétipos tributários ou as regras-matrizes constitucionais tributárias, dos quais se deduzem, ou melhor, impõem os conteúdos das normas que instituirão ou disciplinarão sobre os tributos.

O art. 155, inc. II, da CF/88 ao estabelecer que o ICMS incide sobre operações relativas à circulação de mercadorias, nas palavras de Marcelo Neves, está explicitando mediante processo de derivação lógico-dedutiva, qual hipótese de incidência e as circunstâncias que as normas ordinárias deverão respeitar para guardar relação de pertinência com a norma básica e serem, consequentemente, consideradas válidas.

Desse modo, passamos desenhar e analisar melhor a regra-matriz de incidência tributária do ICMS traçada pela Constituição Federal, quando determina que o imposto incide sobre operações relativas à circulação de mercadorias, não tenho dúvidas que institui como critério material (o núcleo da hipótese de incidência) realizar operações mercantis.

O professor Paulo de Barros Carvalho (2008, p. 648) explica muito bem a essência dos três vocábulos: "operações", "circulação" e "mercadorias, dentro do contexto do ICMS, dispondo que:

> "Operações", "circulação" e "mercadorias" são três elementos essenciais para a caracterização da venda de mercadorias. Tenho para mim que o vocábulo "operações", no contexto, exprime

> o sentido de atos ou negócios jurídicos hábeis para provocar a circulação de mercadorias. "Circulação", por sua vez, é a passagem das mercadorias de uma pessoa para outra, sob o manto de um título jurídico, com a consequente mudança de patrimônio. Já o adjunto adnominal "de mercadorias" indica que nem toda a circulação está abrangida no tipo proposto, mas unicamente aquelas que envolvam mercadorias.

Ora, as operações de circulação de mercadorias nada mais são do que realizar atos de comércio, mercancia com bens ou objetos. O termo mercadoria vem do Direito Comercial, como sendo bem destinado ao ato de comércio e circulação de mercadoria, ou seja, seria no sentido de transferência do bem através de ato mercantil, negócio jurídico que ocorre a mudança da propriedade devido à mercancia.

Estabelecer que o critério material da hipótese de incidência do ICMS é realizar operações mercantis advém justamente do termo mercadoria, pois somente é considerada mercadoria a coisa móvel destinada ao comércio, conforme ensina Hugo de Brito Machado (1999, p. 29):

> Mercadoria, em sentido amplo, é tudo quanto possa ser objeto de comércio. Até os imóveis cabem neste conceito. Em sentido estrito, acepção em que empregada na Constituição Federal, para fins tributários, mercadorias são coisas móveis. E destinadas ao comércio.

José Eduardo Soares de Melo (2005, p. 16) também entende que:

> mercadoria, tradicionalmente, é bem corpóreo da atividade empresarial do produtor, industrial e comerciante, tendo por objeto a sua distribuição para o consumo, compreendendo-se no estoque da empresa, distinguindo-se das coisas que tenham qualificação diversa, segundo a ciência contábil, como é o caso do ativo permanente.

Neste sentido, Roque Antonio Carraza (2006, p. 41) ensina a noção de mercadoria no contexto da hipótese de incidência do ICMS, o que copio na íntegra, pois não teria condições de explicar e fazer melhor:

> É o caso de rememorarmos que a mercadoria, nos patamares do Direito, é o bem móvel, sujeitos à mercancia. É se preferirmos, o objeto da atividade mercantil, que obedece, por isso mesmo, ao regime jurídico comercial.
>
> Não é qualquer bem móvel que é mercadoria, mas tão só aquele que se submete à mercancia. Podemos, pois, dizer que toda mercadoria é bem móvel, mas nem todo bem móvel é mercadoria. Só o bem móvel que destina à prática de operações mercantis é que assume a qualidade de mercadoria.
>
> Estamos percebendo que nada é mercadoria "pela própria natureza das coisas". De fato, como aguisadamente observa Paulo de Barros Carvalho, a natureza mercantil de um bem não deflui de suas propriedades intrínsecas, mas de sua destinação específica. Assim, um jogo de xadrez será mercadoria, se colocado à venda pelo comerciante, em seu estabelecimento, mas não o será se ele trouxer para sua casa, para seu deleite intelectual. Também uma máquina operatriz é mercadoria quando a pessoa que a fabrica a vende ao industrial, para sua empresa. Nesta, porém, a máquina passa a ser bem de capital fixo, deixando de ser mercadoria, já que, mudando de finalidade, sai da circulação na produção. Portanto, é a destinação do objeto que lhe confere, ou não, o caráter de mercadoria.
>
> Para que um bem móvel seja havido por mercadoria, é mister que ele tenha por finalidade a venda ou revenda. Em suma, a qualidade distinta entre bem móvel (gênero) e mercadoria (espécie) é extrínseca, consubstanciando-se no propósito de destinação comercial.

Hipótese de incidência do imposto que prevê a materialidade do ICMS como sendo a operação jurídica (ato jurídico mercantil), cujo objeto seja uma mercadoria, quando praticada por produtor, comerciante ou industrial que promove a circulação com transferência de propriedade e o que diferencia o bem móvel (gênero) de mercadoria (espécie) para fins de incidência do ICMS é a destinação comercial dada a ele.

Portanto, o critério material da regra-matriz de incidência tributária do ICMS é realizar operações mercantis, pois quando estão prescritas operações de circulação de mercadorias, nada mais é do que praticar atos de comércio com bens destinados à venda e revenda, onde ocorra transferência de titularidade da mercadoria, entre o comprador e o vendedor.

A transferência da titularidade da mercadoria pode ser real, através da saída do estabelecimento vendedor e a entrada no comprador, como simbólica, que tem como suporte físico apenas a documentação que garante a operação jurídica.

No entanto, apesar de a Constituição Federal estabelecer claramente a hipótese de incidência tributária do ICMS sobre operações de circulação de mercadorias, o legislador infraconstitucional elegeu situações diversas como hipótese de incidência do imposto, desrespeitando seu arquétipo tributário constitucional, como exemplo o disposto no inc. I. do art. 12 da Lei Complementar 87/1996, *in verbis*:

> Art. 12. Considera-se ocorrido o fato gerador do imposto no momento:
>
> I - da saída de mercadoria de estabelecimento de contribuinte, ainda que para outro estabelecimento do mesmo titular.
>
> [...]

Na minha humilde opinião, o fato de considerarem a simples saída de um bem, como hipótese de incidência do ICMS, ou elegerem como critério material da regra-matriz de incidência realizar saída de "mercadoria"[10] é por

10. O vocábulo está entre aspas em razão de que nada é mercadoria, o que se tem são bens, tornam-se mercadoria pela destinação e fins empregados.

interpretarem isoladamente o vocábulo "circulação", considerando como movimentação, algo semelhante, ou dando maior ênfase a este vocábulo em relação aos outros dois.

Por isso, é importante realizar uma interpretação sistemática, principiológica e buscando a unidade mínima e irredutível da mensagem deôntica da norma, para evitar as ambiguidades e vaguidades.

Respeitando o mínimo de conteúdo semântico que contém o texto prescritivo, "realizar operações de circulação de mercadorias", sempre se chegará à interpretação jurídica mais legítima e mais fiel às determinações do direito constitucional posto e que somente pode ser considerado como hipótese de incidência do ICMS as práticas de operações mercantis, evitando assim situações totalmente díspares ao arquétipo constitucional do tributo estabelecido.

Ora, o que parece claro e está implícito na Constituição Federal, o Código Tributário Nacional, que tem status da lei complementar com competência para dispor sobre normas gerais de Direito Tributário, nos termos do art. 146, III, da CF, reforça ao estabelecer em seu art. 110 que "a lei tributária não pode alterar a definição, o conteúdo e o alcance de institutos, conceitos e formas de direito privado, utilizados, expressa ou implicitamente, pela Constituição Federal, pelas Constituições do Estado, ou pelas Leis Orgânicas do Distrito Federal ou dos Municípios, para definir ou limitar competências tributárias".

Portanto, as controvérsias estabelecidas pela legislação do ICMS surgem muitas vezes por desrespeito à regra-matriz de incidência tributária prevista na Constituição Federal, que estabelece como critério material realizar operações mercantis, e se fosse respeitada a unidade mínima irredutível deste comando, dentro do contexto do imposto, estariam pacíficas as discussões sobre a transferência de "mercadorias" (estoque) entre filiais de uma mesma empresa não é fato jurídico tributável.

Também não ocorreria a impropriedade, que decorre da ficção legal, da "autonomia dos estabelecimentos" instituída pelo art. 6º, § 2º do Decreto-lei 406/68 e atualmente prevista no art. 11, § 3º, inc. II, da LC 87/96 que equipara a filial a uma empresa autônoma, *in verbis:*

> *Art. 11. O local da operação ou da prestação, para os efeitos da cobrança do imposto e definição do estabelecimento responsável, é:*
>
> *[...]*
>
> *§ 3º Para efeito desta Lei Complementar, estabelecimento é o local, privado ou público, edificado ou não, próprio ou de terceiro, onde pessoas físicas ou jurídicas exerçam suas atividades em caráter temporário ou permanente, bem como onde se encontrem armazenadas mercadorias, observado, ainda, o seguinte:*
>
> *I - na impossibilidade de determinação do estabelecimento, considera-se como tal o local em que tenha sido efetuada a operação ou prestação, encontrada a mercadoria ou constatada a prestação;*
>
> *II - é autônomo cada estabelecimento do mesmo titular.*[11]
>
> *[...]*

Importante salientar que as Fazendas dos Estados defendem a incidência do ICMS sobre a simples saída de mercadorias entre estabelecimentos do mesmo titular, para que não ocorra a "quebra" da não cumulatividade. Entendem ainda que não há prejuízo para os contribuintes a incidência do ICMS sobre saídas de mercadorias entre estabelecimentos do mesmo titular, pois no momento de pagar o imposto referente acaba dando zero a zero, pois o crédito da entrada mata o débito da saída e com isso não há imposto efetivamente a pagar, em razão de que como a mercadoria

11. O STJ no julgamento da ADC 49 julgou inconstitucional os arts. 11, §3º, II, 12, I, no trecho "ainda que para outro estabelecimento do mesmo titular", e 13, § 4º, da LC n. 87/96.

sai de um estabelecimento para entrar em outro do mesmo titular com crédito de ICMS na nota, este crédito vai ser utilizado para pagar o débito na saída subsequente.

Rebatem ainda que o contribuinte pode solucionar este problema de incidência do ICMS sobre as simples saídas entre estabelecimentos do mesmo titular, requisitando a centralização da contabilidade perante o Fisco.

Realmente resolve esse problema, mas respeitar as normas constitucionais e o arquétipo do imposto resolve também e é o correto a ser observado.

Recentemente, o Supremo Tribunal Federal pacificou de vez que o ICMS mercadorias somente incide sobre operações mercantis, que é preciso ter a mudança de propriedade através da mercantilização da mercadoria ao julgar o Agravo no Recurso Extraordinário nº 1255885, com repercussão geral reconhecida - Tema 1099, fixou a tese confirmando o entendimento pretérito que *"Não incide ICMS no deslocamento de bens de um estabelecimento para outro do mesmo contribuinte localizados em estados distintos, visto não haver a transferência da titularidade ou a realização de ato de mercancia"*. Posição reforçada com o julgamento da ADC nº 49.

Portanto, está mais do que pacificado que a hipótese de incidência do ICMS-mercadorias é a realização de operações mercantis, compra e venda de mercadorias com o intuito de mercancia e consequentemente sua base de cálculo somente pode ser o valor total da operação mercantil.

2.2 ICMS sobre prestações de serviços de transporte interestadual e intermunicipal

O ICMS como o imposto sobre serviços de transporte interestadual e intermunicipal, ainda que as prestações se iniciem no exterior, também previsto no inc. II do art. 155 da CF/88, tem como critério material regra-matriz de incidência tributária prestar serviços de transporte interestadual ou intermunicipal ainda que se iniciem no exterior.

Sendo assim, tem como hipótese de incidência um evento baseado em uma obrigação totalmente distinta do imposto mais importante da sigla ICMS, pois este último tem como hipótese de incidência realizar operações mercantis, que têm natureza jurídica de obrigação de dar, enquanto o ICMS-transportes tem como hipótese de incidência uma obrigação de fazer.

Serviço é definido como a própria obra a ser executada, ou que se executou. Constitui serviço não somente o desempenho de atividade ou de trabalho intelectual, como a execução de trabalho ou de obra material. Onde quer que haja um encargo a cumprir, obra a fazer, trabalho a realizar, empreendimento a executar, ou cumprido, feito, realizado ou executado, há um serviço há fazer ou que já se fez.

Por isso, prestar serviço de transporte interestadual ou intermunicipal é uma obrigação de fazer, sendo um encargo de transportar algo ou alguém para determinado lugar, sendo este o encargo a cumprir conforme contratado, pouco importando se o transporte for aéreo, terrestre ou marítimo. A Constituição Federal apenas estabeleceu como critério material da hipótese de incidência prestar serviços de transporte interestadual ou intermunicipal, competindo ao legislador infraconstitucional estabelecer as modalidades que pretende deste tipo de serviço tributar.

Roque Antonio Carrazza define "que o ICMS não incide sobre o simples transporte interestadual ou intermunicipal, mas sim sobre a prestação onerosa do serviço de transporte interestadual ou intermunicipal. E por "transporte" entende-se assim o realizado por via terrestre (de superfície ou subterrâneo) que levado a efeito por via área, marítima, lacustre, fluvial, hidroviária ou ferroviária. Ainda que não vinculado à circulação de por meio desse imposto".[12]

Já José Eduardo Soares de Melo ensina que "é evidente que só se pode cogitar de "prestação de serviço" quando existem duas (ou mais) pessoas (físicas ou jurídicas) nas qualidades de prestador e tomador (ou usuário) dos serviços, sendo uma heresia pensar-se em "serviço consigo mesmo, como aliás já foi pontificado pelo antigo TFR ao decretar a inconstitucionalidade do extinto ISTR (Impostos sobre Serviços de Transporte Rodoviário previsto no art. 3º, III, do Decreto-lei nº 1.438/75, com a redação do Decreto-lei nº 1.582/76), em transporte de carga própria (Arguição de Inconstitucionalidade em MS nº 89.825-RS – Rel. Min. Carlos Velloso – Revista de Direito Administrativo vol. 151, pp. 49/79)"[13].

Sendo assim, o ICMS transporte incide quando uma pessoa prestar serviço de transporte intermunicipal ou interestadual, a outrem, a título oneroso, sob o regime de contrato de direito privado, pois ser for sob regime de direito público, trata-se de serviço público de transporte, que é sujeito à cobrança de taxa, nos termos do art. 145, II, da Constituição Federal e imune aos impostos devido à imunidade recíproca prevista no art. 150, inciso VI, "a", da Carta Magna, ou seja, se fosse público, os Estados e o Distrito Federal não poderiam exigir ICMS.

Ressalta-se que Roque Antonio Carrazza esclarece que "este imposto abrange o deslocamento de pessoas, como o de qualquer objeto (sólido, líquido, gasoso ou simplesmente de conteúdo de energia)". "Alcança, pois (ou pode alcançar), os transportes de passageiros, de cargas, de valores,

---

12. "*ICMS*" (2011). Brasil: Malheiros Editores. 15ª ed. p. 192.

13. "*ICMS – Teoria e Prática*" (2005). São Paulo: Dialética. 8ª ed. p. 111

de mercadorias etc., bastando que o serviço seja objeto de contratação autonomamente considerada".

"Ademais, este serviço pode ser prestado por qualquer tipo de veículo: automóvel, caminhonete, caminhão, barco, avião, trem e, assim avante. Quando dizemos qualquer tipo de veículo, não estamos nos olvidando mesmo dos oleodutos, dos vários tipos de encanamentos (pipelines), das esteiras rolantes, dos containers, dos veículos movidos a tração animal etc"[14].

De outro lado, José Eduardo Soares de Melo também concorda que qualquer meio de transporte que realize esse serviço, a terceiro, com caráter negocial e sob a égide do Direito Privado está sujeito à incidência do ICMS, contudo, não concorda com a possibilidade da exigência sobre a transmissão de energia elétrica, lecionando que

> A transmissão de energia elétrica não pode ser considerada como "transporte" de mercadoria, para fins de incidência do ICMS, como já se verificara relativamente à cobrança pelo Paraná na transmissão de energia de Itaipú para Furnas.
>
> Assevera-se nos meios técnicos que a transmissão de energia elétrica é transporte, porque se trata da transferência da energia até locais próximos do consumo, por meio de linhas de transmissão, para ser distribuída.
>
> Em alentado estudo, o Fisco paulista (decisão normativa CAT nº 4 de 3.11.2004, DOE de 4.11.2004) assinala que uma Empresa Transmissora de Energia Elétrica, no sistema desverticalizado, colocou-se entre a Empresa Geradora e a Distribuidora, ou a Comercializadora, ou o consumidor livre, situados em qualquer lugar do Brasil, elevando a tensão do nível de transmissão, nas subestações, transmitindo a energia elétrica em alta tensão e reduzindo a tensão para níveis próximos do de consumo, geralmente entregando-as para as linhas de distribuição de outra Empresa. Enfatiza que geração, transmissão, distribuição e consumo de energia elétrica acontecem praticamente no mesmo momento (item 18).

14. *"ICMS"* (2011). Brasil: Malheiros Editores. 15ª ed. p. 193

> Esclarece que ao fluxo financeiro dos usuários para a rede básica das empresas transmissoras normalmente não corresponde uma prestação pessoal destas para com aqueles de entregar determinada energia adquirida das geradoras. Se um distribuidor de energia, ou um consumidor livre, contrata a compra de energia elétrica de um determinado gerador, então, pelas características do Sistema Elétrico Brasileiro, não se pode dizer que aquele gerador é quem vai realmente gerar a energia e quanto será transportado por qual determinada linha de transmissão. É o Operador Nacional do Sistema quem determina o que vai fisicamente ocorrer e quem vai assegurar ao comprador a energia elétrica contratada (item 23).
>
> Sublinha que não há "contrato de transporte", "negócio econômico e jurídico de caráter transeunte e precário" (Carvalho Mendonça), item 24; enfatizando que a energia elétrica não é estocada e não tem um lugar fixo no espaço. É transmitida, mas não é transportada. Energia química é estocada na gasolina, numa pila e etc.. Seu lugar é macroscopicamente determinável. Mas não a energia elétrica. Esta somente é fornecida, tanto na geração como na transmissão, na distribuição e a comercialização. Seu fornecimento, seja pela geradora, transmissora, distribuidora, comercializadora, correspondente a um fato gerador do ICMS, pela saída da mercadoria. Nunca pelo transporte. As características do Sistema Elétrico Brasileiro reforçam esse entendimento (item 32)" [15]

Apesar disto, do ICMS incidir sobre o transporte qualquer meio de transporte, ou seja, terrestre, aéreo, fluvial ou marítimo, o Egrégio Supremo Tribunal Federal declarou inconstitucional a incidência do ICMS sobre transporte aéreo de passageiros, porém foi por entenderem que existiram omissões na lei complementar sobre assuntos fundamentais para instituição e exigência da exação, *in verbis:*

> Constitucional. Tributário. Lei Complementar 87/96. ICMS e sua instituição. Arts. 150, II; 155, § 2º, VII 'a', e inciso VIII, cf. Conceitos de passageiro e de destinatário do serviço. Fato gerador. Ocorrência. Alíquotas para operações interestaduais e para as operações internas. Inaplicabilidade da fórmula constitucional de partição da receita do ICMS entre os estados. Omissão quanto

15. *"ICMS – Teoria e Prática"* (2005). São Paulo: Dialética. 8ª ed. p. 113.

a elementos necessários à instituição do ICMS sobre navegação aérea. operações de tráfego aéreo internacional. Transporte aéreo internacional de cargas. Tributação das empresas nacionais. Quanto às empresas estrangeiras, valem os acordos internacionais - Reciprocidade. Viagens nacional ou internacional - Diferença de tratamento. Ausência de normas de solução de conflitos de competência entre as unidades federadas. Âmbito de aplicação do art. 151, CF é o das relações das entidades federadas entre si. Não tem por objeto a união quando esta se apresenta na ordem externa. Não incidência sobre a prestação de serviços de transporte aéreo, de passageiros - Intermunicipal, interestadual e internacional. Inconstitucionalidade da exigência do ICMS na prestação de serviços de transporte aéreo internacional de cargas pelas empresas aéreas nacionais, enquanto persistirem os convênios de isenção de empresas estrangeiras. Ação julgada, parcialmente procedente.

(ADIn 1.600-8, Rel. p/ acórdão ministro Nelson Jobim, maioria, j. em 26.11.01., DJU de 1 de 20.06.03, p. 85)

A prestação de serviço de transporte interestadual e intermunicipal, anteriormente à Constituição Federal de 1988, era matéria tributável de competência da União Federal, que instituiu o imposto sobre serviços de transporte, sendo conhecido como ISTR – imposto sobre serviço de transporte rodoviário.

Agora, pela atual Carta Política, a competência para instituir imposto sobre prestação de serviços de transporte interestadual e intermunicipal é dos Estados e do Distrito Federal e da análise da Constituição Federal é fácil traçar todos os elementos da sua regra-matriz de incidência tributária, sendo a hipótese de incidência prestar serviços de transporte interestadual ou intermunicipal ainda que iniciado no exterior, porém está fora da hipótese de incidência quando o serviço de transporte termina no exterior, conforme dispõe a alínea "a" do inc. X do § 2° do art. 155 da CF/88.

Ou seja, incide ICMS sobre a prestação de serviço de transporte internacional de lá para cá, iniciado no exterior e finalizado aqui, e nunca de cá para lá, em razão de gozar de imunidade tributária.

Conforme já salientado, o ICMS-transporte incide sobre a prestação de serviço de transporte de cargas, pessoas ou valores, com caráter comercial ou negocial, para terceiro mesmo que se inicie no exterior. A regra geral do recolhimento do ICMS é na Unidade Federativa de origem da prestação de serviço, contudo no caso de prestação de serviço de transporte iniciado no exterior, o imposto é devido no Estado de destino ou fim do transporte.

No caso da prestação de serviço de transporte iniciar-se em território nacional e terminar no exterior, segundo as determinações da alínea "a" do inciso X do § 2º do artigo 155 da Constituição Federal seria imune ao ICMS, pois prescreve que o ICMS "não incidirá sobre operações que destinem mercadorias para o exterior, nem sobre serviços prestados a destinatários no exterior, assegurada a manutenção e o aproveitamento do montante do imposto cobrado nas operações e prestações anteriores".

Contudo, o Supremo Tribunal Federal vem decidindo que a imunidade em tela somente se aplica a operações de exportação de mercadorias, não se estendendo ao transporte das mercadorias até o Porto, conforme pode-se observar no julgamento dos Embargos de Declaração no Recurso Extraordinário nº 602.399/MG, relator Min. Roberto Barroso, "in verbis":

> EMBARGOS DE DECLARAÇÃO RECEBIDOS COMO AGRAVO REGIMENTAL EM RECURSO EXTRAORDINÁRIO COM AGRAVO. TRIBUTÁRIO. SERVIÇO UTILIZADO NO TRANSPORTE INTERESTADUAL OU INTERMUNICIPAL DE PRODUTOS INDUSTRIALIZADOS DESTINADOS AO EXTERIOR. PRETENDIDA NÃO INCIDÊNCIA DO ICMS. ART. 155, § 2º, X, A, DA CONSTITUIÇÃO FEDERAL. 1. A imunidade tributária prevista no artigo 155, § 2º, X, *a*, da Constituição Federal é benefício restrito às operações de exportação de produtos industrializados, não abrangendo o serviço utilizado no transporte

> interestadual ou intermunicipal dos referidos bens. 2. Embargos de declaração recebidos como agravo regimental a que se nega provimento. (1ª T. – por maioria – julg. 15.12.2015 – Dje 01.04.2016)

Por mais que o Supremo Tribunal Federal entenda que incide ICMS sobre prestação de serviço de transporte para exportação, mesmo assim não pode ser exigido o imposto, pois as operações mercantis e prestações de serviços de transporte para o exterior são isentos do imposto.

O art. 3°, inc. II, da Lei Complementar n° 87/96 dispõe que o ICMS não incide sobre "operações e prestações que destinem ao exterior mercadorias, inclusive produtos primários e produtos industrializados semielaborados ou serviços".

Há correta subsunção dos fatos objeto do presente trabalho com a norma acima transcrita, pois justamente se trata de prestação de serviço de transporte de mercadoria para exportação.

Estamos diante de uma norma de imunidade tributária prevista na Constituição Federal, que estabelece em seu art. 155, § 2°, inc. XII, "e" que "cabe a lei complementar excluir da incidência do imposto, nas exportações para o exterior, serviços e outros produtos além dos mencionados no inciso X, "a"".

Por sua vez, a alínea "a" do citado inciso X estabelece que não incide ICMS "sobre operações que destinem mercadorias para o exterior, nem sobre serviços prestados a destinatários no exterior, assegurada a manutenção e o aproveitamento do montante do imposto cobrado nas operações e prestações anteriores". (Redação dada pela Emenda Constitucional n° 42, de 19.12.2003).

Com efeito, a Lei Complementar n. 87/96, seguindo as determinações do art. 155, § 2°, inc. XII, "e" e do art. 146, inc. II, ambos da CF, limitou o poder dos Estados e do Distrito

Federal impedindo-os de exigir o ICMS sobre os serviços de transporte que destinem mercadorias para o exterior.

O art. 155, § 2º, inciso X, alínea "e" da Constituição Federal determina que cabe à lei complementar excluir da incidência do ICMS, nas exportações, serviços e outros produtos para o exterior, além dos mencionados no inciso X, "a". Desta feita, o art. 3º, inc. II, da Lei Complementar nº 87/96.

Insta ressaltar que parte da doutrina e da jurisprudência trata a norma jurídica de não incidência do art. 3° da LC 87/96 como de isenção heterônoma, pela qual a União Federal concede a isenção do Imposto de competência das Unidades da Federação ou dos Municípios.

Por mais que o art. 151, inciso III, da Constituição veda as isenções heterônomas, estabelecendo que "é vedado a União Federal instituir isenções de tributos de competência dos Estados, do Distrito Federa ou dos Municípios", no caso do art. 155, § 2º, inciso XII, alínea "e", trata-se de uma exceção constitucional.

O Supremo Tribunal Federal reconhece essas exceções previstas constitucionalmente, como no caso do ISS, que também tem a mesma previsão no art. 156, § 3º, incisos II e III, da Constituição Federal, "in verbis":

> O ISS é um imposto municipal. É dizer, ao Município competirá instituí-lo (CF, art. 156, III). Todavia, está ele jungido à norma de caráter geral, vale dizer, à lei complementar que definirá os serviços tributáveis, lei complementar do Congresso Nacional (CF, art. 156, III). Isto não quer dizer que a lei complementar possa definir como tributáveis pelo ISS serviços que, ontologicamente, não são serviços. No conjunto de serviços tributáveis pelo ISS, a lei complementar definirá aqueles sobre os quais poderá incidir o mencionado imposto. (...) a lei complementar, definindo os serviços sobre os quais incidirá o ISS, realiza a sua finalidade principal, que é afastar os conflitos de competência, em matéria tributária, entre as pessoas políticas (CF, art. 146, I). E isso ocorre em obséquio ao pacto federativo, princípio fundamental do Estado e da República (CF, art. 1º) (...) não adoto a doutrina

> que defende que a lista de serviços é exemplificativa. (...) Não há falar em isenção, mas, simplesmente, em exclusão de serviços praticados pelas instituições mencionadas. Trata-se, na verdade, de não incidência, motivo por que não há invocar o disposto no art. 151, III, CF.
>
> [RE 361.829, voto do rel. min. Carlos Velloso, j. 13-12-2005, 2ª T, DJ de 24-2-2006.]
>
> = AR 2.105 AgR-segundo, rel. min. Ricardo Lewandowski, j. 19-9-2013, P, DJE de 16-10-2013

> Não configurando os citados dispositivos legais, § 1º e § 3º, do DL 406/1968, isenção, não há falar em ofensa ao art. 151, III, da CF/1988. Aqui, na verdade, incide a regra do § 5º do art. 34, ADCT, porque tem-se a aplicação da legislação anterior à CF/1988, porque essa legislação não é incompatível com o sistema tributário nacional da CF/1988. Ao contrário, os dispositivos legais citados, o art. 9º e seus parágrafos seguem a regra do art. 146, III, a, da CF/1988.
>
> [RE 236.604, voto do rel. min. Carlos Velloso, j. 26-5-1999, P, DJ de 6-8-1999.]

Apesar que o Supremo Tribunal Federal dispor que a lei complementar não está tratando de isenção, e sim de não incidência, toda vez que no plano infraconstitucional, está tirando da hipótese de incidência uma situação, um ter ou um ser trata-se de isenção tributária. Também, temos que a premissa adotada pelo Supremo Tribunal Federal, dependendo da interpretação também está correto seu entendimento, pois segundo Souto Maior Borges isenção é definida como hipótese de não incidência legalmente qualificada.

Ademais, o fato é que está claro que não pode incidir ICMS sobre os serviços de transportes de mercadorias destinadas ao exterior, conforme ensinamentos de Hugo de Brito Machado:

> A Lei Complementar nº 87/96, para dar maior competitividade ao produto brasileiro no mercado internacional, ampliou a exoneração tributária nas exportações, isentando os bens não

> abrangidos pela imunidade, e os serviços de transporte de todos os bens destinados à exportação. Os elementos teleológico e sistêmico, que o intérprete não pode desconsiderar, indicam claramente que a isenção abrange o serviço de transporte ainda que o destino imediato das mercadorias ou produtos não seja o território estrangeiro (LC 87/96, art. 3° I, II e III; 4°, V; 5°, caput; 150, II e V; 151, I; 152 e 170, VII).

Neste sentido já se posicionou o E. Superior Tribunal de Justiça, que a prestação de serviços de transporte de cargas e mercadorias destinadas à exportação estão isentas de ICMS, nos termos do art. 3º, inc. II, da Lei Complementar nº 87/96, conforme as ementas abaixo transcritas:

> TRIBUTÁRIO - ICMS - SERVIÇO DE TRANSPORTE DE MERCADORIA DESTINADA AO EXTERIOR - NÃO INCIDÊNCIA.
>
> A Lei Complementar n° 87/96 prevê a não incidência do ICMS na prestação de serviços de transporte de mercadorias destinadas à exportação.
>
> Reveste-se de ilegalidade as limitações impostas pela Portaria n° 026/99 - SEFAZ - ao gozo deste benefício fiscal pelas empresas exportadoras, porquanto restringe direito resguardado por lei complementar, em flagrante ofensa ao princípio da hierarquia das leis.
>
> Recurso improvido.
>
> (Resp n. 418.957 – MT, 1ª T., Rel. Min. Garcia Vieira, v.u., j. 25.06.02, DJ 26.08.02)

> TRIBUTÁRIO – ICMS – TRANSPORTE INTERESTADUAL DE MERCADORIA DESTINADA AO EXTERIOR – ISENÇÃO – ART. 3º, II DA LC 87/96.
>
> 1. O art. 3º, II da LC 87/96 dispôs que não incide ICMS sobre operações e prestações que destinem ao exterior mercadorias, de modo que está acobertado pela isenção tributária o transporte interestadual dessas mercadorias.
>
> 2. Sob o aspecto teleológico, a finalidade da exoneração tributária é tornar o produto brasileiro mais competitivo no mercado internacional.

3. Se o transporte pago pelo exportador integra o preço do bem exportado, tributar o transporte no território nacional equivale a tributar a própria operação de exportação, o que contraria o espírito da LC 87/96 e da própria Constituição Federal.

4. Interpretação em sentido diverso implicaria em *(sic)* ofensa aos princípios da isonomia e do pacto federativo, na medida em que se privilegiaria empresas que se situam em cidades portuárias e trataria de forma desigual os diversos Estados que integram a Federação.

5. Embargos de divergência providos.

(EREes 710.260/RO, 1ª Seção do STJ, Rel. Min. Eliana Calmon, DJ 14.04.08)

Importante salientar que apesar do STF ter julgado que a Constituição Federal estabeleceu imunidade tributária do ICMS apenas quanto à remessa de mercadorias industrializadas, reconheceu que o transporte de mercadorias destinadas para o exterior é uma desoneração tributária determinada por disposição legal (infraconstitucional), qual seja, pelo art. 3º da LC nº 87/96, cabendo a pacificação sobre a matéria ao STJ, "in verbis":

> ICMS. TRANSPORTE INTERESTADUAL DE MERCADORIAS DESTINADAS AO EXTERIOR. DESONERAÇÃO RECONHECIDA POR FORÇA DE DISPOSIÇÃO INFRACONSTITUCIONAL. ACÓRDÃO RECORRIDO QUE NÃO SE VALEU DA IMUNIDADE PREVISTA NA CARTA POLÍTICA PARA AFASTAR A TRIBUTAÇÃO. 1. O entendimento da Corte é firme no sentido de que a imunidade tributária prevista no art. 155, § 2º, inciso X, alínea a, da Constituição Federal - excludente da incidência do ICMS às operações que destinem ao exterior produtos industrializados - não alcança as operações de transporte. 2. O decisum monocrático caminhou bem ao identificar que o aresto guerreado fundamentou-se na legislação infraconstitucional para excluir da incidência do ICMS o serviço de transporte de mercadorias destinadas ao exterior. 3. O Tribunal a quo baseou-se na norma do art. 3º da LC nº 87/96, entendendo que a legislação complementar criou nova hipótese de exclusão do ICMS. Não se pode olvidar de que a questão controvertida repousa unicamente no plano da legalidade. A pretensão não encontra ressonância constitucional. (RE 395.195 AgR/RO, DJ 15/10/2013).

Assim, estando prevista a desoneração tributária dos serviços de transportes de mercadorias para exportação no art. 3º, inc. II, da LC 87/96 deve ser esta reconhecida pelos Estados Federados e aplicada a partir da vigência da lei complementar.

A base de cálculo somente pode ser o valor correspondente à prestação do serviço de transporte interestadual ou intermunicipal, pois deve confirmar a hipótese de incidência do imposto. Tem que guardar relação de pertinência com o critério material da regra-matriz de incidência do imposto, assim, no transporte de passageiros, a base de cálculo só pode ser o preço da passagem e, no caso de cargas, o valor do frete.

Assim, fica evidente que não incide ICMS no caso de transporte de mercadorias ou carga por frota própria ou no autotransporte, em razão de que não existe conteúdo econômico para eleger a base de cálculo, bem como pelo fato de que ninguém presta serviço a si mesmo. Prestar serviço é sempre uma obrigação de fazer para outrem.

O sujeito passivo da obrigação tributária somente pode ser o prestador do serviço de transporte, tanto pessoa física ou jurídica, pois o imposto está subsumido unicamente na prestação do serviço de transporte.

Nesta esteira, Roque Antonio Carrazza (2006, p. 150) definiu que "a hipótese de incidência do possível do ICMS em questão é a circunstância de uma pessoa prestar, a terceiro, um serviço de transporte intermunicipal ou interestadual, com conteúdo econômico, sob o regime de Direito Privado (em caráter negocial, pois)".

E continua dispondo que:

> esta prestação de serviço só pode ser tributada, por meio de ICMS e pelo Estado em cujo território o transporte principiou (ainda que sua prestação venha a se concluir no território de outro Estado). A mesma ordem de raciocínio vale se o serviço teve

> início no Distrito Federal: ele – e mais ninguém – poderá tributá-lo por via de ICMS.

José Eduardo Soares de Melo (2005, p. 110) com a mesma maestria entende que:

> o ICMS incide sobre serviços prestados em regime de direito privado (por particular, empresas privadas, empresas públicas ou sociedades de economia mista), que não se confundem com aqueleoutros – ditos serviços públicos, submetidos, em sua prestação, a regime jurídico diverso, ou seja, a "prestação de utilidade material, fruível individualmente, sob regime de direito público" (Roque Carrazza e C.A. Bandeira de Mello). Ademais, os serviços públicos são remunerados por taxas (art. 145, II, da CF).

A Lei Complementar 87/1996 em consonância com a Constituição Federal prescreve a hipótese de incidência do imposto em seu art. 2°, inc. II, e art. 12, incs. V, VI e XIII, *in verbis*:

> *Art. 2° O imposto incide sobre:*
>
> *[...]*
>
> *II - prestações de serviços de transporte interestadual e intermunicipal, por qualquer via, de pessoas, bens, mercadorias ou valores;*
>
> *[...]*
>
> *§ 1° O imposto incide também:*
>
> *[...]*
>
> *II - sobre o serviço prestado no exterior ou cuja prestação se tenha iniciado no exterior.*
>
> *[...]*
>
> *Art. 12. Considera-se ocorrido o fato gerador do imposto no momento:*
>
> *[...]*
>
> *V - do início da prestação de serviços de transporte interestadual e intermunicipal, de qualquer natureza;*

> *VI - do ato final do transporte iniciado no exterior;*
>
> *[...]*
>
> *XIII - da utilização, por contribuinte, de serviço cuja prestação se tenha iniciado em outro Estado e não esteja vinculada a operação ou prestação subsequente.*
>
> *[...]*

Primeiramente, não posso deixar passar o absurdo jurídico contido no inc. II, do § 1º do art. 2º da LC 87/1996 que dispõe que o ICMS incide também sobre o serviço prestado no exterior, ora tal determinação fere o princípio da territorialidade e a soberania nacional dos Países, pois somente o Estado ou País em que foi prestado o serviço tem condições de tributar e pode exercitar a tributação de tal fato jurídico ocorrido em seu território.

Seguindo o que dispõe a Lei Complementar, Aroldo Gomes de Matos (2006, p. 72) confirma o disposto acima estabelecendo que:

> a incidência desses impostos (ICMS e ISS) só pode recair sobre a prestação de serviços em regime negocial de direito privado, excluídas, portanto, as hipóteses de autotransporte e de serviços públicos, mesmo que estes tenham sido autorizados, concedidos ou permitidos a empresas privadas, na forma prevista pela Constituição Federal, art. 21, incs. XI e XII, porquanto seria inadmissível o Estado tributar por si próprio.

Portanto, não há maiores dúvidas ou discussão da hipótese de incidência do ICMS sobre serviços de transportes interestadual ou intermunicipal que tem no antecedente da regra-matriz de incidência tributária como critério material prestar serviços de transporte interestadual e intermunicipal, como critério espacial no território nacional e critério temporal a efetivação do serviço de transporte, ou melhor, a entrega da pessoa ou bem ao destino contratado.

Neste sentido ensina o Paulo de Barros Carvalho (2006, p. 72) que:

> o critério espacial é qualquer lugar em que o serviço seja prestado, desde que situado sob o manto da lei estadual. O critério temporal está fixado no átimo da entrega do serviço executado. De nada adiantaria o desenvolvimento do trabalho, sem que fosse direcionado ao seu destinatário, sendo-lhe entregue. Óbvio está que na hipótese de serviço encomendado por um sujeito, mas entregue a outro, que o aceita, este último será o destinatário, constituindo-se a prestação. Restaria ao primeiro reivindicar os danos porventura ocorridos ou formular nova encomenda. Para os fins da regra-matriz, aconteceu a incidência e nasceu a obrigação tributária.

Apesar do ICMS incidir sobre serviços de transporte intermunicipal, talvez por influência do antigo imposto sobre serviço de transporte rodoviário, e a ideia de que para ir de um município ao outro pegasse estrada rodoviária, pelo menos para mim que sou nascido e bem criado no interior de São Paulo, na cidade de São José dos Campos, toda vez que íamos para outro município somente era possível através de estradas de rodagem.

No entanto, com o crescimento das cidades, das regiões metropolitanas, não existindo mais divisas perceptíveis entre os municípios, estando muitos interligados, unidos, formando uma região só surgindo as regiões metropolitanas ou formando uma região urbana só também denominado de região conturbada ou conturbação que surge devido à unificação da malha urbana de duas ou mais cidades, em decorrência do crescimento geográfico e demográfico.

Desse modo, neste tipo de região, o transporte intermunicipal perde sua característica e se assemelha ao serviço de transporte urbano, como se estivesse transitando e prestando o serviço de transporte de passageiros pelo mesmo conglomerado urbano, não existindo mais as distinções anteriores.

Por isso, para o serviço de transporte intermunicipal de passageiros, nessas regiões conturbadas, o CONFAZ, nos termos do art. 155, § 2º, alínea "g", da CF/88, autorizou os Estados e o Distrito Federal a concederem isenção do imposto na prestação de serviços de transporte de passageiros com características de transporte urbano ou metropolitano, com a edição do Convênio ICMS 37/89, *in verbis*:

> CONVÊNIO ICMS 37/89
>
> Autoriza os Estados e o Distrito Federal a conceder isenção do ICMS na prestação de serviços de transporte de passageiros com características de transporte urbano ou metropolitano.
>
> O Ministro da Fazenda e os Secretários de Fazenda ou Finanças dos Estados e do Distrito Federal, na 55ª Reunião Ordinária do Conselho de Política Fazendária, realizada em Brasília, DF, no dia 24 de abril de 1989, tendo em vista o disposto na Lei Complementar 24, de 07 de janeiro de 1975, resolvem celebrar o seguinte:
>
> Cláusula primeira Ficam os Estados e o Distrito Federal autorizados a conceder isenção do ICMS, até 31 de dezembro de 1989, nas prestações de serviços de transporte de passageiros, desde que com características de transporte urbano ou metropolitano, conforme estabelecido em legislação estadual.
>
> Cláusula segunda Este Convênio entra em vigor na data da publicação de sua ratificação nacional, retroagindo seus efeitos a 1º de maio de 1989.
>
> Brasília, DF, 24 de abril de 1989.

Importante salientar que este convênio foi prorrogado por tempo indeterminado pelo Convênio ICMS CONFAZ 151/94.

2.2.1 Crédito outorgado de ICMS para empresas de transporte

Crédito outorgado é benefício fiscal concedido pelo Sujeito Ativo (as Fazendas Estaduais) para o contribuinte compensar com seus débitos do ICMS. Utilizando o

Regulamento do ICMS de São Paulo para explicar o benefício em questão, nos termos do seu art. 62 do RICMS/2000, estabelece que "constituirão, também, crédito do imposto os valores indicados no Anexo III, nas hipóteses ali indicadas" (Lei 6.374/89, art. 44).

Então, o Regulamento do ICMS estabelece mais possibilidade de crédito para compensação do ICMS devido, através da outorga de créditos, que seria ficções jurídicas criadas por lei, que estabelecem um percentual de créditos de ICMS, independente das aquisições de mercadorias e prestações de serviços sujeitas à incidência do imposto, para abater com o débito do imposto em tela.

Seria um benefício legal para as empresas e contribuintes, os quais os objetos sociais de suas atividades econômicas não geram muitos créditos de ICMS para compensar ou abater com o débito do imposto no momento da apuração.

Desse modo, as Fazendas Estaduais concedem esse tipo de benefício ou incentivo fiscal, concedendo créditos presumidos ou outorgados do ICMS para as empresas prestadoras de transporte.

O Anexo III do RICMS/20000 trata dos créditos outorgados pela Fazenda do Estado de São Paulo aos seus contribuintes para compensar com seus débitos de ICMS.

O art. 11 do Anexo III do RICMS/2000 concede às empresas prestadoras de serviço de transporte a opção de aproveitar crédito outorgado correspondente a 20% (vinte por cento) do valor do ICMS devido na prestação do serviço de transporte, "in verbis":

> Artigo 11 (TRANSPORTE) - O estabelecimento prestador de serviço de transporte, exceto o aéreo, poderá creditar-se da importância correspondente a 20% (vinte por cento) do valor do imposto devido na prestação (Convênio ICMS-106/96, com alteração do Convênio ICMS-95/99).

> § 1º - O benefício previsto neste artigo é opcional, devendo alcançar todos os estabelecimentos do contribuinte localizados no território nacional e sua adoção implicará vedação ao aproveitamento de quaisquer outros créditos.
>
> § 2º - O contribuinte declarará a opção em termo lavrado no livro Registro de Utilização de Documentos Fiscais e Termos de Ocorrências, devendo a renúncia a ela ser objeto de novo termo, termos esses que produzirão efeitos a partir do primeiro dia do mês subsequente ao da sua lavratura.
>
> 3º - Na hipótese de o prestador de serviço não estar obrigado à inscrever-se no Cadastro de Contribuintes deste Estado ou à escrituração fiscal, o crédito concedido nos termos deste artigo poderá ser apropriado na guia de recolhimento, observado o disposto no § 3º do artigo 115 (Convênio ICMS-106/96, cláusula primeira, § 3º, acrescentado pelo Convênio ICMS-85/03).(Parágrafo acrescentado pelo Decreto 48.294, de 02-12-2003; DOE 03-12-2003; efeitos a partir de 03-11-2003)

Sendo assim, a empresa de transporte, exceto aéreo, tem a opção de renunciar a seus créditos e utilizar o crédito outorgado correspondente a 20% (vinte por cento) do ICMS devido e somente arcar com 80% (oitenta por cento) do imposto devido.

Importante salientar que o § 1º do art. 11 do Anexo III do RICMS/2000 é claro em dispor que o contribuinte que optar pelo crédito outorgado está proibido de aproveitar-se de quaisquer outros créditos. Com efeito, como optante do crédito outorgado pela Fazenda do Estado para as empresas de transporte, de forma alguma pode aproveitar-se de quaisquer créditos para compensar com o ICMS devido, assim não exercendo a faculdade de utilizar do princípio da não cumulatividade do ICMS para abater seus débitos do imposto, somente podendo se utilizar do benefício em tela.

2.3 ICMS sobre serviços de comunicação

O ICMS sobre serviços de comunicação tem seu arquétipo constitucional traçado no art. 155, inc. II, da CF/88 que estabelece que "compete aos Estados e ao Distrito Federal instituir imposto sobre (...) prestações de serviços de comunicação, ainda que as prestações se iniciem no exterior".

Da interpretação do texto constitucional extrai-se como critério material da regra-matriz de incidência tributária prestar serviços de comunicação. Ainda é possível estabelecer como critério espacial as prestações realizadas em território nacional, mesmo que se iniciem no exterior, prestações essas que deverão concluir-se ou ter início dentro dos limites territoriais dos Estados ou do Distrito Federal, e como critério temporal, o momento da execução, da geração ou da utilização dos serviços correspondentes à comunicação.

Comunicação é o ato de transmitir e receber mensagens por meio de método ou processos convencionados, quer através de linguagem falada ou escrita, quer por outros sinais, signos ou símbolos, aparelhamento técnico especializado, sonoro ou visual.

O critério material da hipótese de incidência deixa claro que o ICMS que não incide sobre comunicação, mas sim sobre a prestação de serviço de comunicação.

Nas palavras do professor Paulo de Barros Carvalho (2008, p. 660),

> prestação de serviço de comunicação, por seu turno, consiste na atividade de colocar à disposição do usuário os meios e modos necessários à transmissão e recepção de mensagens, distinguindo-se, nessa medida, da singela realização do fato comunicacional. "Comunicação" e "prestação de serviços de comunicação" são realidades distintas.

Como consequente da norma tributária, têm-se, no critério quantitativo da regra-matriz, a base de cálculo e a alíquota, sendo que o primeiro tem o dever de confirmar o critério material e estar em consonância com o mesmo, por isso somente pode ser o preço pactuado da prestação do serviço de comunicação.

No critério pessoal da regra-matriz de incidência tributária, tem-se como sujeito passivo da prestação do serviço de comunicação é o prestador e como sujeito ativo os Estados e o Distrito Federal.

Por isso que não incide ICMS sobre serviço de comunicação gratuita, como rádio e televisão dita aberta, uma vez que são serviços gratuitos de comunicação, que os prestadores obtêm receitas através de publicidade, marketing ou vendendo horário das grades de transmissão e não com a venda ou recebimento de preços pela prestação de serviço de comunicação, com efeito, não há base de cálculo para se exigir o tributo, faltando um dos elementos da regra-matriz de incidência tributária.

Apesar de não existir possibilidade de ser exigido ICMS sobre serviços de comunicação de transmissão gratuita, a Constituição Federal esclarece o óbvio dispondo em seu art. 155, § 2º, X, alínea "d", que o imposto "não incidirá nas prestações de serviço de comunicação e nas modalidades de radiofusão sonora e de sons e imagens de recepção livre e gratuita".

Sendo assim, o ICMS sobre prestação de serviço de comunicação tem como hipótese de incidência, o contrato a título oneroso que o prestador coloca à disposição de terceiros, condições para que haja comunicação entre ambos e o imposto incide quando ocorrem as condições de comunicação efetiva, quando o serviço foi prestado e não sobre a simples contratação.

Roque Antonio Carrazza (2006, p. 169) explica bem:

> que a comunicação se complete, porque, afinal, o que se tributa, no caso, não é a simples contratação do serviço. De fato, o ICMS sobre serviços de comunicação – como, de resto, qualquer imposto nasce da prestação de serviços (v.g. o ISS) – só incide

> depois da concreta (real, efetiva) prestação do serviço. Serviço potencial de comunicação não permite tributação por meio de ICMS. O que faz nascer o dever de recolher este tributo é a concreta (real, efetiva) prestação do serviço comunicacional.

Como no caso de ligações telefônicas, que o ICMS incide sempre quando uma pessoa liga e a outra atende a chamada, pois as condições para estabelecer a comunicação foram atendidas e o serviço foi realizado ou executado.

Neste sentido, mandou bem o legislador complementar ao dispor no art. 2º, inc. III, da LC 87/96 que "o imposto incide sobre prestações onerosas de serviços de comunicação, por qualquer meio, inclusive a geração, a emissão, a recepção, a transmissão, a retransmissão, a repetição e a ampliação de comunicação de qualquer natureza".

A LC 87/96 define em seu art. 12, inc. VII, a hipótese de incidência do ICMS-serviço de comunicação, dispondo que "*considera ocorrido o fato gerador do imposto no momento das prestações onerosas de serviços de comunicação, feita por qualquer meio, inclusive a geração, a emissão, a recepção e a ampliação de comunicação de qualquer natureza*".

Desse modo, a norma supra deixa claro que o critério material da hipótese de incidência do ICMS não incide sobre comunicação, mas sim sobre a prestação efetiva de serviço de comunicação.

Portanto, resta claro que o ICMS sobre a prestação de serviços de comunicação incide sobre as atividades que somente ocorrem quando a relação comunicacional é estabelecida por qualquer meio, quando um terceiro realiza o serviço de comunicação para que duas ou mais pessoas tenham a possibilidade de trocar e receber mensagens. Contudo, as atividades-meio para consecução do serviço de comunicação não são tributáveis pela ICMS-comunicação, repita-se, somente a prestação efetiva do serviço de comunicação que é tributável.

É de bom tom trazer a sábia lição do professor Paulo de Barros Carvalho (2008, p. 661):

> a prestação de serviço de comunicação só se verificará quando houver a junção simultânea dos elementos constitutivos da prestação de serviço, de um lado, e do processo comunicacional, do outro, de tal forma que a atividade exercida pelo prestador tenha por objetivo realizar a comunicação entre o tomador do serviço e a terceira pessoa, mediante pagamento de um valor. Pode falar-se em prestação de serviço de comunicação quando o emissor da mensagem aparece como tomador do serviço, que, mediante pagamento de remuneração, contrata o prestador para que este exerça a função de canal, proporcionando meios que tornem possível a transmissão de mensagens ao destinatário.

Colocar à disposição materiais e meios para a realização do serviço de comunicação não se enquadra na hipótese de incidência do ICMS sobre a prestação do serviço de comunicação.

Desse feita, os serviços preparatórios para que se estabeleça a prestação de serviço de comunicação e a locação de equipamentos para que haja ou se mantenha a prestação de serviço de comunicação, não estão na hipótese de incidência do ICMS sobre serviço de comunicação.

O ICMS sobre prestação de serviço de comunicação tem como hipótese de incidência, o contrato a título oneroso que o prestador coloca à disposição de terceiros, condições para que haja comunicação entre ambos e o imposto incide quando ocorrem as condições de comunicação efetiva, quando o serviço foi prestado e não sobre a simples contratação.

Neste sentido, dispõe o art. 2º, inc. III, da LC 87/96 que "o imposto incide sobre prestações onerosas de serviços de comunicação, por qualquer meio, inclusive a geração, a emissão, a recepção, a transmissão, a retransmissão, a repetição e a ampliação de comunicação de qualquer natureza".

O art. 13, inc. III, da LC 87/96, ao eleger, como base de cálculo do ICMS serviço de comunicação, o preço do serviço, confirma e afirma o critério material da hipótese de incidência do imposto.

Com efeito, não pode a legislação estadual alterar a base de cálculo do ICMS serviço de comunicação estabelecendo conteúdos que não são o próprio serviço de comunicação.

Corrobora este entendimento o Egrégio Superior Tribunal de Justiça que pacificou que não incide ICMS sobre os serviços-meio para a atividade de prestação de serviço de comunicação, *in verbis*:

> PROCESSUAL CIVIL. RECURSO ESPECIAL INTERPOSTO CONTRA ACÓRDÃO QUE APRECIOU A APELAÇÃO. TRIBUTÁRIO. ICMS SOBRE HABILITAÇÃO, LOCAÇÃO DE APARELHOS CELULARES E ASSINATURA (ENQUANTO CONTRATAÇÃO DO SERVIÇO). SERVIÇOS SUPLEMENTARES AO SERVIÇO DE COMUNICAÇÃO. ATIVIDADE-MEIO. NÃO INCIDÊNCIA. PRECEDENTES JURISPRUDENCIAIS. "FACILIDADES ADICIONAIS" DE TELEFONIA MÓVEL CELULAR. SÚMULA 07 DO STJ. VIOLAÇÃO DO ART. 535 DO CPC. INOCORRÊNCIA.
>
> 1. Os serviços de habilitação e locação de telefones móveis celulares e de assinatura (enquanto sinônimo de contratação do serviço de comunicação) não sofrem a incidência do ICMS. (Precedentes: REsp 666.679/MT, Rel. Ministro Teori Zavascki, DJe 17/12/2008; REsp 909.995/RJ, Rel. Ministra Eliana Calmon, DJe 25/11/2008; REsp 1022257/RS, Rel. Ministro Castro Meira, DJe 17/03/2008) REsp 703695/PR, Rel. Min. Luiz Fux, DJ 20/09/2005; REsp 622208/RJ, Rel. Min. Castro Meira, DJ 17/05/2006; REsp 418594/PR, Rel. Min. Teori Zavascki, DJ 21/03/2005; RMS 11368 - MT, Relator Ministro Francisco Falcão, DJ 09/02/2005).
>
> 2. Deveras, apreciando a questão relativa à legitimidade da cobrança do ICMS sobre o procedimento de habilitação de telefonia móvel celular, ambas as Turmas integrantes da 1ª Seção firmaram entendimento no sentido da inexigibilidade do tributo, à consideração de que a atividade de habilitação não se incluía na descrição de serviço de telecomunicação constante do art. 2º, III, da Lei Complementar 87/96, por corresponder a "procedimento tipicamente protocolar, (...) cuja finalidade prende-se ao

aspecto preparatório e estrutural da prestação do serviço", serviços "meramente acessórios ou preparatórios à comunicação propriamente dita", "meios de viabilidade ou de acesso aos serviços de comunicação" (RESP 402.047/MG, 1ª Turma, Min. Humberto Gomes de Barros, DJ de 09.12.2003 e do EDcl no AgRg no RESP 330.130/DF, 2ª Turma, Min. Castro Meira, DJ de 16.11.2004).

3. Outrossim, a própria 1ª Seção no RMS 11.368/MT consagrou o entendimento no sentido de que:

[...]

I - No ato de habilitação de aparelho móvel celular inocorre qualquer serviço efetivo de telecomunicação, senão de disponibilização do serviço, de modo a assegurar ao usuário a possibilidade de fruição do serviço de telecomunicações.

II - O ICMS incide, tão somente, na atividade final, que é o serviço de telecomunicação propriamente dito, e não sobre o ato de habilitação do telefone celular, que se afigura como atividade meramente intermediária.

III - O Convênio ICMS 69/98, ao determinar a incidência do ICMS sobre a habilitação de aparelho móvel celular, empreendeu verdadeira analogia extensiva do âmbito material de incidência do tributo, em flagrante violação ao art. 108, §1° do CTN.

[...]

(RMS 11368/MT, Rel. Ministro Francisco Falcão, Primeira Seção, julgado em 13/12/2004, DJ 09/02/2005 p. 182)

4. A doutrina do tema assenta que:

a) "o tributo em tela incide sobre a prestação dos serviços de comunicação (atividade-fim); não sobre os atos que a ela conduzem (atividades-meio). A simples disponibilização, para os usuários, dos meios materiais necessários à comunicação entre eles ainda não tipifica a prestação do serviço em exame, mas simples etapa necessária à sua implementação";

b) "a Constituição autoriza sejam tributadas as prestações de serviços de comunicação, não é dado, nem ao legislador, nem muito menos ao intérprete e ao aplicador, estender a incidência do ICMS às atividades que as antecedem e viabilizam";

c) "a série de atos que colocam à disposição dos usuários os meios e modos aptos à prestação dos serviços de comunicação é etapa propedêutica, que não deve ser confundida com a própria prestação destes serviços. Não tipificando o fato imponível do ICMS-Comunicação, está, pois, fora de seu campo de incidência.

De outro lado, é importante termos presente que estas atividades-meio são levadas a efeito em benefício da própria pessoa que realiza o serviço. Têm por escopo, apenas, possibilitar as atividades-fim, que, estas sim - aproveitam a terceiros."

5. O Convênio ICMS 69/98 dilargou o campo de incidência do ICMS ao incluir em seu âmbito as atividades-meio ao serviço de comunicação, sendo certo que referida inclusão não tem respaldo em Lei Complementar, forma exclusiva de normação do *thema iudicandum.*

6. Destarte, em recentes decisões, concluiu o Egrégio STJ:

"RECURSO ESPECIAL. TRIBUTÁRIO. ICMS. CONVÊNIO 69/98. SERVIÇO DE INSTALAÇÃO DE LINHA TELEFÔNICA FIXA. SERVIÇO INTERMEDIÁRIO AO SERVIÇO DE TELECOMUNICAÇÃO. LEI KANDIR. LEI DAS TELECOMUNICAÇÕES. NÃO INCIDÊNCIA DE ICMS. INEXISTÊNCIA DE LEI. IMPOSSIBILIDADE DE PREVISÃO PELO CONVÊNIO. RECURSO ESPECIAL INTERPOSTO APENAS PELA FAZENDA ESTADUAL. DECISÃO CONFORME A JURISPRUDÊNCIA DESTA CORTE. *REFORMATIO IN PEJUS* INDEVIDA. RECURSO ESPECIAL DESPROVIDO.

1. Este Superior Tribunal de Justiça, ao analisar o Convênio 69, de 19.6.1998, concluiu, em síntese, que: (a) a interpretação conjunta dos arts. 2º, III, e 12, VI, da Lei Complementar 87/96 (Lei Kandir) leva ao entendimento de que o ICMS somente pode incidir sobre os serviços de comunicação propriamente ditos, no momento em que são prestados, ou seja, apenas pode incidir sobre a atividade-fim, que é o serviço de comunicação, e não sobre a atividade-meio ou intermediária, que é, por exemplo, a habilitação, a instalação, a disponibilidade, a assinatura, o cadastro de usuário e de equipamento, entre outros serviços. Isso porque, nesse caso, o serviço é considerado preparatório para a consumação do ato de comunicação; (b) o serviço de comunicação propriamente dito, consoante previsto no art. 60 da Lei 9.472/97 (Lei Geral de Telecomunicações), para fins de incidência de ICMS, é aquele que transmite mensagens, ideias, de modo oneroso; (c) o Direito Tributário consagra o princípio da tipicidade fechada, de maneira que, sem lei expressa, não se pode ampliar os elementos que formam o fato gerador, sob pena de violar o disposto no art. 108, §1º, do CTN. Assim, não pode o Convênio 69/98 aumentar o campo de incidência do ICMS, porquanto isso somente poderia ser realizado por meio de lei complementar.

2. Os serviços de instalação de linha telefônica fixa não são considerados serviços de comunicação propriamente ditos, nos termos da Lei Kandir e da Lei Geral de Telecomunicações, mas serviços de natureza intermediária. Não deve, portanto, incidir ICMS sobre essa atividade, pois não há previsão legal nesse sentido, existindo apenas o Convênio 69/98 que disciplina a matéria, no entanto, de forma indevida.

3. É inviável reformar o acórdão recorrido a favor da parte que não interpôs recurso especial, a fim de que, nos termos da jurisprudência deste Tribunal Superior, seja considerada indevida a incidência de ICMS sobre os serviços de instalação de telefone fixo, pois, na espécie, estar-se-ia promovendo *reformatio in pejus* contra a parte recorrente.

4. Se apenas uma das partes interpõe recurso especial, é vedado ao Tribunal agravar sua situação.

5. Recurso especial desprovido."(REsp 601.056/BA, Rel. Min. Denise Arruda, DJ de 03.04.2006).

PROCESSUAL CIVIL E TRIBUTÁRIO. ART. 1º DA LEI 1.533/51. REEXAME DE PROVA. SÚMULA 7/STJ. ICMS. TELEFONIA MÓVEL CELULAR. ATIVIDADES MERAMENTE PREPARATÓRIAS OU DE ACESSO AOS SERVIÇOS DE COMUNICAÇÃO. CONVÊNIO 69/98, CLÁUSULA PRIMEIRA. ILEGALIDADE.

(omissis)

2. As atividades meramente preparatórias ou de acesso aos serviços de comunicação não podem ser entendidas como "serviço de telecomunicação" propriamente dito, de modo que estão fora da incidência tributária do ICMS. Não tem amparo, portanto, na Lei Complementar 87/96 a cláusula primeira do Convênio 69/98, que inclui as referidas atividades preparatórias na base de cálculo do ICMS-comunicação. Precedentes.

3. Recurso especial conhecido em parte e, nessa parte, improvido. (REsp 622208/RJ, 2ª Turma, Rel. Min. Castro Meira, DJ 17/05/2006).

7. O Convênio do ICMS 69/88, antes da LC 87/96, na visão do E. STF, representava instrumento normativo provisório, sucedâneo da lei complementar referida pela Constituição em seu art. 146, III, "a", nos termos do art. 34, § 8º, do ADCT/98. Consequentemente, após esse período, o campo do convênio não se confunde com o da Lei Complementar mas, antes, a ela deve subsumir-se, reservando-se a esses atos normativos secundários, as

estratégias que evitem o confronto fiscal entre os Estados, como revela a vontade constitucional, fator influente na exegese, no dizer de Peter Häberle, segundo o qual a Constituição tem uma vontade, que é a vontade constitucional, e qualquer interpretação de norma jurídica tem que partir, necessariamente, desse escopo constitucional e de seus princípios.

8. À míngua de detalhamento, *in casu*, pelas decisões prolatadas na instância de origem, sobre os serviços que estariam inseridos no amplo conceito de "facilidades adicionais", não cabe a este Tribunal Superior o exame da questão, porquanto escapa à competência do E. STJ averiguar os serviços propriamente ditos que se encaixam no conceito pressuposto de comunicação, por que a isso equivaleria a análise fática, vedada pela Súmula 07 do STJ, sem prejuízo de a vagueza do pleito descaracterizar o direito líquido e certo. (Precedente: REsp 1022257/RS, Rel. Ministro CASTRO MEIRA, SEGUNDA TURMA, julgado em 04/03/2008, DJe 17/03/2008).

9. O art. 535 do CPC resta incólume se o Tribunal de origem, embora sucintamente, pronuncia-se de forma clara e suficiente sobre a questão posta nos autos. Ademais, o magistrado não está obrigado a rebater, um a um, os argumentos trazidos pela parte, desde que os fundamentos utilizados tenham sido suficientes para embasar a decisão.

10. Recurso especial interposto contra acórdão da apelação parcialmente conhecido e, nesta parte, provido, *para afastar a incidência do ICMS sobre as atividades de habilitação, locação de aparelhos celulares, e de assinatura (contratação do serviço),* nos termos da fundamentação expendida.

PROCESSO CIVIL. RECURSO ESPECIAL INTERPOSTO CONTRA ACÓRDÃO DO AGRAVO REGIMENTAL. LEVANTAMENTO OU CONVERSÃO DO DEPÓSITO EM RENDA. NECESSIDADE DO TRÂNSITO EM JULGADO DA DECISÃO. AUSÊNCIA DE PREQUESTIONAMENTO. SÚMULAS 282 E 283 DO STF. DISSÍDIO JURISPRUDENCIAL NÃO COMPROVADO.

1. A garantia prevista no art. 151, II, do CTN tem natureza dúplice, porquanto, ao tempo em que impede a propositura da execução fiscal, a fluência dos juros e a imposição de multa, também acautela os interesses do Fisco em receber o crédito tributário com maior brevidade, permanecendo indisponível até o trânsito em julgado da sentença e tendo seu destino estritamente vinculado ao resultado da demanda em cujos autos se efetivou.

(Precedentes: REsp 862.711/RJ, DJ 14/12/2006; REsp 767328/RS, DJ 13/11/2006; REsp 252.432/SP, DJ 28/11/2005; EREsp 270083/SP, DJ 02/09/2002)

2. *In casu*, o acórdão prolatado em sede de apelação em mandado de segurança - que objetiva discutir a incidência do ICMS sobre a habilitação, a assinatura, a locação de linhas e aparelhos celulares e outros serviços suplementares prestados pela empresa de telefonia móvel celular - não transitou em julgado, porquanto ambos os apelos estão sendo julgados conjuntamente, sendo certo que o montante depositado e pretendido levantar é estimado em R$ 60.000.000,00 (sessenta milhões de reais).

3. A divergência jurisprudencial, ensejadora de conhecimento do recurso especial, deve ser devidamente demonstrada, conforme as exigências do parágrafo único do art. 541 do CPC, c/c o art. 255 e seus parágrafos, do RISTJ, o que não ocorreu *in casu*.

4. O requisito do prequestionamento é indispensável, por isso que inviável a apreciação, em sede de recurso especial, de matéria sobre a qual não se pronunciou o Tribunal de origem, incidindo, por analogia, o óbice das Súmulas 282 e 356 do STF. É que a alegação acerca da ausência de publicação dos despachos autorizadores do levantamento, pela Fazenda Pública, dos depósitos efetuados com o escopo de suspender a exigibilidade do crédito tributário, não foi objeto de análise pelo acórdão recorrido, nem foram opostos embargos declaratórios com a finalidade de prequestioná-la.

5. Recurso especial interposto contra acórdão do agravo regimental no agravo de instrumento (art. 522 do CPC) parcialmente conhecido e, nesta parte, provido.

(REsp 945.037. 1ª Seção. Rel Min. Luiz Fux. v.u. julg. 24.06.09)

Em razão deste fundamento jurídico, o Egrégio Superior Tribunal de Justiça sumulou que o ICMS não incide no serviço de provedores da internet e sobre o serviço de habilitação de telefone celular, tendo em vista serem atividades-meio para a realização da prestação de serviço de comunicação, nos termos das súmulas 334 e 350, *in verbis*:

Súmula 334. O ICMS não incide no serviço dos provedores de acesso à Internet.

> *Súmula 350. O ICMS não incide sobre o serviço de habilitação de telefone celular.*

Desse modo, colocar à disposição materiais e meios para a realização do serviço de comunicação não se enquadra na hipótese de incidência do ICMS sobre a prestação do serviço de comunicação.

2.4 ICMS sobre Importação

Apesar de termos mudado nosso entendimento, que somente existem três regras-matrizes constitucionais ou arquétipos tributários na sigla ICMS, tendo em vista que todas admitem a incidência do imposto ainda que iniciado no exterior, ou seja, a importação está dentro do campo de incidência dos três impostos presentes no ICMS (ICMS--mercadoria, ICMS-transporte e ICMS-comunicação). Para fins didáticos e compreensão da situação, manteremos a análise do ICMS sobre importação.

A alínea "a" do inc. IX do § 2º do art. 155 da CF/88, estabeleceu mais uma hipótese de incidência do imposto, com o advento da Emenda Constitucional 33/2001, que deu nova redação à norma em comento, criando o ICMS-importação, em razão do disposto:

> *IX - incidirá também:*
>
> *a) sobre a entrada de bem ou mercadoria importados do exterior por pessoa física ou jurídica, ainda que não seja contribuinte habitual do imposto, qualquer que seja a sua finalidade, assim como sobre o serviço prestado no exterior, cabendo o imposto ao Estado onde estiver situado o domicílio ou o estabelecimento do destinatário da mercadoria, bem ou serviço.*

Digo que foi criada uma nova hipótese de incidência do ICMS que seria entrar bem ou mercadoria importada, e pela redação original da alínea "a" do inc. IX do § 2º do art. 155 da CF/88 o ICMS sobre importação somente incidia sobre a entrada de mercadoria importada, *in verbis*:

> Redação anterior: "a) sobre a entrada de mercadoria importada do exterior, ainda quando se tratar de bem destinado a consumo ou ativo fixo do estabelecimento, assim como sobre serviço prestado no exterior, cabendo o imposto ao Estado onde estiver situado o estabelecimento destinatário da mercadoria ou do serviço;"

Na redação original da alínea "a" do inc. IX do §2 º do art. 155 da CF/88, o critério material da regra-matriz de incidência tributária era importar mercadoria, ou combinado com a parte final do inc. II do art. 155 da CF/88 seria a operação mercantil iniciada no exterior, ocorrendo a hipótese de incidência do ICMS quando a mercadoria importada do exterior entrava no território nacional, sendo devido o imposto no Estado onde está localizado o destinatário final da mesma.

Vemos que o ICMS-importação tinha como cunho a importação da mercadoria com o fito de entrar para revenda no mercado interno ou ainda para consumo ou integração do ativo fixo do estabelecimento industrializar.

Pela redação anterior, a Emenda Constitucional 33/2001, já poder-se-ia dizer que na sigla ICMS alberga quatro regras-matriz distintas de incidência tributárias distintas, tendo em vista que o critério material era importar mercadoria, sendo distinto da hipótese de incidência realizar operações mercantis ou operações de circulação de mercadoria, sendo que importar mercadoria pode ser considerado uma das espécies de circulação de mercadorias, pois para que ocorra a importação é necessária a transação mercantil entre o vendedor do exterior e o comprador brasileiro.

O cunho mercantil estava claro na redação original tanto que instituía que o imposto era devido na Unidade da Federação onde o estabelecimento importador estivesse localizado, ou seja, estabelecimento tem o mínimo de conteúdo semântico que somente tem estabelecimento quem comercializa ou realiza atividades mercantis; com efeito, admitia como sujeito passivo da obrigação tributária somente o contribuinte do ICMS, quem possuía estabelecimento.

Neste sentido, entende o professor Roque Antonio Carrazza (2006, p. 61) que

> este ICMS é sobre operações mercantis, já que sua hipótese de incidência é importar, sendo comerciante, industrial ou produtor, uma mercadoria ou um bem destinado a consumo ou ativo fixo do estabelecimento. Não se trata de um mero adicional estadual do imposto sobre a importação, mas de um tributo que só nasce quando a importação tem por escopo atividades mercantis. Daí ele se conectar, como antecipamos no início do capítulo, com o próprio ICMS incidente sobre operações mercantis.

Tanto que o Egrégio Supremo Tribunal Federal editou a Súmula 660 que dispunha:

> *Súmula 660 do STF*
>
> *Não incide ICMS na importação de bens por pessoa física ou jurídica que não seja contribuinte do imposto.*

Com a edição da Emenda Constitucional 33/2001, ocorreram alterações no arquétipo constitucional, tentando afastar o cunho comercial ou mercantil da hipótese de incidência do ICMS-importação, estabelecendo que o imposto incide sobre a entrada de bem ou mercadoria importada por pessoa física ou jurídica e que o tributo é devido ao Estado onde estiver situado o domicílio ou estabelecimento do destinatário.

Foi ainda acrescentado que o imposto incide sobre o serviço iniciado no exterior, no caso o transporte internacional e o serviço de comunicação, cabendo o imposto ao Estado em que está situado o destinatário do serviço.

Interessante estabelecer que o signo importar não está relacionado simplesmente a bens ou mercadorias, mas também serviços e usado corriqueiramente para outras situações, como bem explicado nos dicionários *Michaelis* e *Houaiss*, respectivamente:

> **importar**
>
> im.por.tar
>
> (*lat importare*) *vtd* **1** Mandar vir ou trazer de país estranho; introduzir: *Importaram para o nosso idioma grande número de termos e expressões estrangeiras. vtd* e *vti* **2** Dar em resultado, ter como consequência: *Isso importa um sacrifício de consciência. Seu mau proceder importou em expulsão da escola. vti* e *vint* **3** Convir, ter importância ou interesse: *Isso pouco me importa. O que vai ser não importa. vti* **4** Atingir ou subir a tal preço, chegar a tal quantia; ter importância: *As despesas importaram em milhares de cruzeiros. vpr* **5** Dar importância, fazer caso, ter em consideração: *Eles nem se importaram. Só se importa com os filhos. Não se importou da injustiça que lhe fizeram. vti* e *vint* **6** Ser conveniente, ser necessário: *Direi tudo que importar à sua defesa. Falemos apenas do que importa. vtd* **7** *Inform* Trazer alguma coisa de fora de um sistema: *Importamos tabelas da planilha para o processador de texto.* **8** *Inform* Converter um arquivo gravado num formato para um formato pré-definido usado por um programa.
>
> ▪ verbo transitivo direto e transitivo indireto
>
> **1** ter como consequência ou resultado; causar, implicar Ex.: <a dissidência de uns poucos importou a discórdia geral> <as provocações do amigo importaram numa inimizade definitiva entre ambos> transitivo direto **2** trazer em si; envolver, implicar Ex.: o trabalho seduz quando importa um grande desafio à inteligência transitivo indireto **3** (sXVI) montar a ou atingir determinada quantia Ex.: o total dos gastos importou em mil reais intransitivo e transitivo indireto **4** (sXVI) ter utilidade ou proveito para (alguém ou para si mesmo); interessar(-se) Ex.: importa(-me) saber o que está acontecendo pronominal **5** dar importância a; fazer caso de Ex.: não se importa com nada transitivo indireto **6** ter importância para (alguém); interessar Ex.: afinal, que te importa o julgamento dela? transitivo direto e intransitivo **7**

(1813) trazer de fora (esp. de fora do país, mas também de outro estado ou município) Ex.: <i. mercadorias, mão de obra, artistas, ideias etc.> <o governo queria i. menos e exportar mais> transitivo direto **8** Rubrica: informática. Regionalismo: Brasil. alterar as características referentes ao formato de (um arquivo de dados gerado por outro aplicativo), visando permitir que ele seja aberto e editado pelo aplicativo que está sendo us. ▪ fraseologia

Etimologia

lat. *impórtó,ás,ávi,átum,áre* 'trazer para dentro, importar', fig. 'introduzir, trazer para si, causar, suscitar'; ver *port(a)-*; f.hist. 1501 *importar*, 1531 *ymportar.*

Portanto, importar é um processo comercial e fiscal que consiste em trazer um bem, mercadoria ou serviço, do exterior para o país de referência. O procedimento deve ser efetuado via nacionalização do produto ou serviço, que ocorre a partir de procedimentos burocráticos ligados à Receita Federal ou da alfândega do país de destino durante o descarregamento, o desembaraço aduaneiro e a entrega, que pode ser tanto por via de transporte aéreo, transporte marítimo, transporte rodoviário bem como transporte ferroviário. Quando há mais de um tipo de transporte envolvido e utilizado para entrega, denomina-se de transporte multimodal.

Assim tanto pelo mínimo de conteúdo semântico presente na palavra importar como pelo *a priori* cultural admite-se ou possibilita a construção do raciocínio que importar pode ser para bens, objetos e serviços.

Com isso, ressaltamos que a EC 33/2001 estabeleceu enunciados prescritivos para afastar as características mercantis existentes e enraizadas no imposto, para alargar a hipótese de incidência e base de cálculo estabelecendo como critério material simplesmente importar bens ou serviços.

O ICMS-importação, apesar de ter distinção entre imposto de importação de competência da União Federal, previsto no art. 153, I, da CF, no imposto estadual, o critério material estabelecido pela regra-matriz é o mesmo, ou seja, realizar importação ou importar bens ou serviços.

Sempre lembrando que segundo os ensinamentos do professor Paulo de Barros Carvalho, o critério material é o elemento previsto no antecedente da regra-matriz de incidência tributária que descreve um comportamento ou conduta humana através de um verbo seguido de seu complemento. Estes verbos podem exprimem ação, bem como estado, para através do encontro de expressões designe o comportamento humano que pode acarretar consequências tributárias.

Por isso, visualizava na edição anterior quatro regras-matrizes de incidência tributária traçadas pela Constituição Federal para o ICMS, uma vez que existem quatro critérios materiais diferentes estabelecendo comportamento e condutas distintas que acarretarão como consequência a exigência do imposto estadual.

Existem algumas modalidades de importação à disposição dos contribuintes, como a importação por conta própria, por conta e ordem e por encomenda. Devido ao pacto federativo e à guerra fiscal dos portos, podem trazer algumas discussões jurídicas para os importadores. Passamos a dispor sobre.

A importação por conta própria consiste na operação de exterior promovida pelo importador como único responsável por toda operação de importação, adquirindo com recursos próprios, mercadoria do exterior, não tendo nenhum intermediário ou intermediação no processo.

O importador sendo o único responsável por todo o procedimento da operação de importação, desde a negociação junto ao fornecedor de origem, pela documentação, conferência, desembaraço aduaneiro, responsabiliza-se pela nacionalização dos produtos importados, recolhimentos de todos os tributos aduaneiros devidos e incidentes sobre a importação. Ainda, o importador fica responsável pela logística das mercadorias, custos de transporte e armazenagem.

A importação por encomenda[16] consiste em operação de comércio exterior promovida por pessoa jurídica importadora (*trading* ou comercial importadora) que adquire, com recursos próprios, mercadoria no exterior, promove seu despacho aduaneiro e a revende ao encomendante predeterminado, em razão de contrato previamente firmado com essa finalidade.

Para que seja considerada uma importação por encomenda, é necessário que a operação de compra no exterior seja realizada integralmente com recursos da *trading*, pois, do contrário, pode vir a ser considerada como uma operação de importação por conta e ordem[17].

Diferentemente do que ocorre na importação por conta e ordem, na importação por encomenda, o desembaraço é feito em nome da própria *trading*, que assume todos os custos inerentes a tal operação, inclusive recolhendo os tributos incidentes em seu nome e com recursos próprios.

Por conta disso e por falta de previsão expressa no Regulamento do Mercado de Câmbio e Capitais Internacionais - RMCCI, que tratou somente da importação por conta e ordem, o fechamento do câmbio da importação deve ser exclusivamente realizado pela *trading*.

Dessa forma, a *trading* é a adquirente jurídica do bem importado, o que fica claramente evidenciado em seus registros contábeis e fiscais.

16. Instituída pelo§ 1º do art. 11 da Lei 11.281/2006.

17. Para caracterizar uma importação por encomenda não pode haver a utilização de recursos, ainda que parcialmente, do encomendante, conforme entendimento do Tribunal de Impostos e Taxas da SEFAZ/SP.

Vale dizer, a mercadoria adquirida é contabilizada em seu estoque (ativo) e escriturada em seu Livro Registro de Entradas, haja vista que é a *trading* quem efetivamente a adquire, com a finalidade de revendê-la, assumindo os riscos inerentes ao negócio.

Consequentemente, as operações subsequentes à importação devem receber o tratamento fiscal autônomo, como no caso da revenda de mercadorias no mercado doméstico, porquanto são duas operações mercantis bem distintas, uma internacional (entre exportador e trading) e outra de venda doméstica (entre *trading* e seu cliente nacional).

Na importação por encomenda, para que a operação seja efetivada, tanto a *trading* como o adquirente das mercadorias (IMPORTADORA) devem ser habilitados a operar no Sistema Integrado de Comércio Exterior (SISCOMEX), nos termos da IN RFB 1.861/2018[18].

Além disso, no que concerne ao ICMS, o fato de existirem duas operações de compra e venda perfeitamente autônomas e individualizadas minimiza o risco de o Estado de SP exigir o ICMS devido na importação.

A importação por conta e ordem[19] é a operação pela qual uma empresa contratada, geralmente uma *trading*, promove, em seu nome, o despacho aduaneiro de importação de

18. Art. 4º O adquirente de mercadoria importada por sua conta e ordem e o encomendante predeterminado deverão, previamente ao registro da DI, estar:
I - habilitados para operar no Sistema Integrado de Comércio Exterior (Siscomex), nos termos da Instrução Normativa RFB nº 1.984, de 2020; e (Redação dada pelo(a) Instrução Normativa RFB nº 2101, de 09 de setembro de 2022) (Vide Instrução Normativa RFB nº 2101, de 09 de setembro de 2022) II - vinculados no Portal Único do Comércio Exterior (Pucomex) à pessoa jurídica importadora que promoverá a importação.
Parágrafo único. O disposto neste artigo não se aplica caso o adquirente da mercadoria importada por sua conta e ordem ou o encomendante predeterminado seja pessoa física. (Incluído(a) pelo(a) Instrução Normativa RFB nº 2101, de 09 de setembro de 2022) (Vide Instrução Normativa RFB nº 2101, de 09 de setembro de 2022)

19. A menção legal sobre a importação por conta e ordem ocorreu por meio da MP 2.158-35/01.

mercadoria adquirida por outra pessoa jurídica ("PJ") em razão de contato previamente firmado.

Nos termos da ADI nº 07/02 e IN RFB 1.861/2018, alterada pela IN RFB nº 2.101/2022[20], para que uma importação seja caracterizada por conta e ordem, é necessário o atendimento de certos requisitos impostos pela legislação federal. São eles:

- deve ser firmado contrato prévio entre a *trading* e a adquirente das mercadorias importadas, específico para a importação por conta e ordem;
- não pode haver aquisição da propriedade das mercadorias pela *trading*, o que se caracterizaria pela ocorrência de uma das seguintes hipóteses:

  (i) conste como adquirente no contrato de câmbio;

  (ii) conste como adquirente na fatura internacional (Invoice);

  (iii) emita NF de entrada/saída a título de compra ou venda; ou

  (iv) contabilize em estoque a entrada/saída da mercadoria importada como compra ou venda.

---

20. Art. 2º Considera-se operação de importação por conta e ordem de terceiro aquela em que a pessoa jurídica importadora é contratada para promover, em seu nome, o despacho aduaneiro de importação de mercadoria estrangeira, adquirida no exterior por outra pessoa jurídica.
§ 1º Considera-se adquirente de mercadoria estrangeira importada por sua conta e ordem a pessoa jurídica que realiza transação comercial de compra e venda da mercadoria no exterior, em seu nome e com recursos próprios, e contrata o importador por conta e ordem referido no caput para promover o despacho aduaneiro de importação.
§ 2º O objeto principal da relação jurídica de que trata este artigo é a prestação do serviço de promoção do despacho aduaneiro de importação, realizada pelo importador por conta e ordem de terceiro a pedido do adquirente de mercadoria importada por sua conta e ordem, em razão de contrato previamente firmado, que poderá compreender, ainda, outros serviços relacionados com a operação de importação, como a realização de cotação de preços, a intermediação comercial e o pagamento ao fornecedor estrangeiro.

- os registros contábeis e fiscais da *trading* devem evidenciar que se trata de mercadoria de propriedade de terceiros;
- a NF de remessa da *trading* deve ser emitida pelo mesmo valor constante da NF de Entrada, acrescida dos tributos incidentes na importação;
- deve ser adiantado à *trading* todo o numerário necessário para o pagamento dos tributos aduaneiros e das demais despesas.

Não podemos olvidar que o (i) contrato é requisito para que a Declaração de Importação (DI) seja registrada no SISCOMEX e (ii) requerimento de vinculação apresentado à RFB deve conter:

- o nome empresarial e número de inscrição do importador no Cadastro Nacional de Pessoas Jurídicas (CNPJ);
- o prazo ou operações para os quais o importador foi contratado;
- quaisquer alterações destas informações deverão ser comunicadas à RFB por meio de requerimento.

Diante do exposto, observamos que as operações por conta e ordem são aplicáveis tão somente nas hipóteses em que a *trading* atua como mera prestadora de serviços, isto é, intermediadora das importações. Em decorrência desta condição, como já afirmado, a importadora por conta e ordem não pode, em qualquer situação, adquirir a propriedade das mercadorias importadas.

Sendo assim, na importação por conta e ordem de terceiros, a remessa da mercadoria da *trading* para seus clientes não configura uma operação de venda, mas sim uma mera remessa de mercadorias.

O faturamento da *trading* é realizado em paralelo e abrange apenas o montante atinente aos serviços prestados, os quais constam da NF de Serviços, também emitida pela importadora por conta e ordem.

Destarte, diante do fato de que a *trading* atua na operação como mera prestadora de serviços, a pessoa do importador é representada pelo adquirente da encomenda, ou seja, seu cliente.

Além disso, na importação por conta e ordem de terceiros, assim como na importação por encomenda como explicitado acima, é necessário que as empresas atuantes (importadora e adquirente) estejam devidamente habilitadas para atuar no comércio exterior e operar o SISCOMEX, nos termos da Instrução Normativa SRF nº 1.861/2018.

Por fim, é importante ressaltar que tanto no caso da importação por conta e ordem como na importação por encomenda existirá responsabilidade solidária entre a contratante e a *trading*, nos termos do art. 124 do CTN , pois em ambos os casos tais empresas encontram-se vinculadas à operação de importação.

Outra questão importante está prevista no art. 155, § 2º, X, "a", da CF/88, que estabelece que, nas importações, o ICMS é devido ao Estado "onde estiver localizado o estabelecimento destinatário da mercadoria ou serviço importado".

O legislador complementar, ao tratar do tema no art. 11 da LC nº 87/96, assim se manifestou:

> Art. 11. O local da operação ou da prestação, para os efeitos da cobrança do imposto e definição do estabelecimento responsável, é:
>
> I - tratando-se de mercadoria ou bem:
>
> (...) d) importado do exterior, o do estabelecimento onde ocorrer à entrada física;

Do confronto entre o dispositivo constitucional e a legislação complementar, temos que o ICMS-importação é devido ao Estado onde se localiza o destinatário jurídico da importação, sendo irrelevante o local do desembaraço das mercadorias (apesar de alguns Estados pretenderem cobrar o ICMS-importação pelo simples fato do desembaraço aduaneiro ocorrer em seus territórios).

Esta linha pauta-se no entendimento de que, à luz do art. 155 da CF/88, a operação (leia-se negócio jurídico mercantil), nos casos de importação, é a compra e venda entre o fornecedor estrangeiro e a parte brasileira que com este contratou.

Dessa forma, o destinatário jurídico das operações de importação é o sujeito que realiza o negócio jurídico mercantil internacional, ou seja, aquele que celebra o contrato de compra e venda com o exportador no exterior. Este contrato é formalizado de acordo com as práticas mercantis adotadas nesse tipo de operação, figurando o comprador como importador e sujeito passivo do ICMS, pouco importando onde ocorre o desembaraço aduaneiro e a circulação física da mercadoria.

Corrobora este entendimento o magistério de José Eduardo Soares de Melo:

> Certamente, o ICMS não incide sobre a mera entrada de bem no país, e não se torna devido pela simples liberação aduaneira, sendo correto que a titularidade do imposto ("sujeito ativo da relação jurídico-fiscal") não cabe singelamente ao Estado onde ocorreu o mero ato físico do desembaraço aduaneiro, mas ao Estado onde se localiza o sujeito passivo do tributo, isto é, aquele que juridicamente promoveu o ingresso dos bens estrangeiros no país, e para onde se destinam.

Nesse sentido, o entendimento adotado pelo Egrégio Supremo Tribunal Federal, no julgamento do Recurso Extraordinário nº 405.457/SP, Relator Ministro Joaquim

Barbosa, de que o ICMS na importação deve ser recolhido ao Estado em que se situa o importador, não sendo necessário averiguar se a mercadoria foi desembaraçada em Vitória e entregue posteriormente ao estabelecimento paulista, "in verbis":

> CONSTITUCIONAL. TRIBUTÁRIO. IMPOSTO SOBRE A CIRCULAÇÃO DE MERCADORIAS - ICMS. IMPORTAÇÃO. SUJEITO ATIVO. ESTADO EM QUE LOCALIZADO O DESTINATÁRIO JURÍDICO OU ESTADO EM QUE LOCALIZADO O DESTINATÁRIO FINAL DA OPERAÇÃO (ESTABELECIMENTO ONDE HAVERÁ A ENTRADA DO BEM). ART. 155, § 2°, IX, A, DA CONSTITUIÇÃO. Nas operações das quais resultem a importação de bem do exterior, o Imposto sobre Circulação de Mercadorias e Serviços - ICMS é devido ao estado onde estiver situado o domicílio ou o estabelecimento do destinatário jurídico do bem, pouco importando se o desembaraço ocorreu por meio de ente federativo diverso. Recurso extraordinário conhecido e provido.

Do voto proferido pelo E. Ministro Relator, Dr Joaquim Barbosa, fica clara a interpretação que o STF dá ao art. 155, § 2°, inc. IX, alínea "a", definindo que o sujeito passivo do ICMS é o destinatário jurídico quando não há mero intermediário na operação, "in verbis":

> A parte final do artigo transcrito estabelece a competência para a arrecadação do ICMS incidente sobre as operações de importação com base no princípio da territorialidade, cabendo interpretar a expressão destinatário da mercadoria, bem ou serviços. Como a hipótese de incidência do ICMS, nessa modalidade, é a operação de circulação de bem amparado por importação, o destinatário a que alude o art. 155, § 2°, IX, *a*, da Constituição é o jurídico, isto é, o destinatário legal da operação da qual resulta a transferência de propriedade do bem, o importador-adquirente. A noção se contrapõe à ideia do destinatário da mera remessa física do bem.
>
> (...) Reputo que tanto o desembaraço aduaneiro quanto a ausência de circulação da mercadoria no território do estado onde está localizado o importador são irrelevantes para, pessoa efetivamente responsável pelo negócio jurídico que subsidiou a

> operação que trouxe os produtos ao território nacional. Assim, a entrada física dos bens e estabelecimento da pessoa jurídica ou física não é o critério decisivo na identificação do sujeito ativo, ao contrário do que sugerido pelo acórdão recorrido.
>
> As operações de importação foram realizadas pelo estabelecimento da recorrente localizado no Estado do Paraná (fls. 160). Não há identificação de que tenha autuado como mero intermediário da operação ou consignatário das mercadorias, critério utilizado pela Primeira Turma desta Corte, por ocasião do julgamento do RE 268.586 (rel. Min. Marco Aurélio, DJ de 24.05.2005) para reconhecer que o destinatário da mercadoria não era a empresa importadora.
>
> O risco de violação ao pacto federativo fica arrefecido diante do afirmado, e não contestado, destaque do imposto devido em razão de operação interestadual.
>
> Ademais não se indicou a existência de política de concessão intensa de benefícios fiscais de duvidosa legalidade que justificassem a evasão fiscal ou elisão tida por ilícito atípico.

Assim, se o desembaraço ocorre fisicamente no Estado "A" e o importador jurídico se encontra no Estado "B", entendemos que o Estado "B" é competente para exigir o ICMS-importação. Vejamos, neste passo, o posicionamento do STF:

> RECURSO EXTRAORDINÁRIO. TRIBUTÁRIO. IMPOSTO SOBRE CIRCULAÇÃO DE MERCADORIAS E SERVIÇOS. ICMS. IMPORTAÇÃO. SUJEITO ATIVO. (...). ESTABELECIMENTO JURÍDICO DO IMPORTADOR. O sujeito ativo da relação jurídico-tributária do ICMS é o Estado onde estiver situado o domicílio ou o estabelecimento do destinatário jurídico da mercadoria (alínea "a" do inciso IX do parágrafo 2º do artigo 155 da Carta de Outubro); pouco importando se o desembaraço aduaneiro ocorreu por meio de ente federativo diverso. Recurso extraordinário desprovido.

Voto do Ministro Carlos Britto:

> (...) Empresa sediada no Estado de Pernambuco realizou a importação de álcool anidrido – produto isento do referido imposto naquela localidade – para vendê-lo à Petrobras, com sede no

> Estado do Rio de Janeiro. Porém, visando à economia e praticidade, preferiu que a mercadoria fosse entregue, diretamente, à Petrobrás de Duque de Caxias (RJ), local onde ocorreu o desembaraço aduaneiro.
>
> 5. Isso assentado, o Estado do Rio de Janeiro sustenta que o ICMS pertence a ele, tendo em vista ser o Rio de Janeiro a localidade do estabelecimento destinatário do produto. (...) 8. O ICMS, incidente na importação de mercadoria, não tem como sujeito ativo da relação jurídico-tributária o Estado onde ocorreu o desembaraço aduaneiro - momento do fato gerador, mas o Estado onde se localiza o sujeito passivo do tributo, ou seja, aquele que promoveu juridicamente o ingresso do produto. No presente caso, o Estado de Pernambuco. 9. De mais a mais, o dispositivo constitucional, ao se referir a "estabelecimento destinatário", não especifica o tipo de estabelecimento: se é final, ou se não é. 10. Desta forma, quando a operação se inicia no Exterior, o ICMS é devido ao Estado em que está localizado o estabelecimento destinatário jurídico do bem, isto é, o importador.

Voto do Ministro Marco Aurélio:

> Impossível é valorizar-se o desembarque de modo a se afastar do cenário jurídico a norma constitucional definidora do Estado titular do tributo. (RE 299.079-5 – Rio de Janeiro. 1º Turma DJ 16-06-2006)

Recentemente, o Egrégio Supremo Tribunal Federal reconheceu que o ICMS importação é devido à Unidade da Federação que está situado o destinatário jurídico da importação, em sede de repercussão geral, no ARE 665.134/MG, declarou a inconstitucionalidade parcial do art. 11, I, alínea "d" da LC 87/96, que estabelecia que o sujeito passivo do ICMS incidente sobre a importação era o estabelecimento importador, sendo este o destinatário físico da mercadoria e fixou o tema 520:

> O sujeito ativo da obrigação tributária de ICMS incidente sobre mercadoria importada é o Estado-membro no qual está domiciliado ou estabelecido o destinatário legal da operação que deu causa à circulação da mercadoria, com a transferência de domínio.

No mundo atual e com o dinamismo que ocorrem os negócios, não há motivo para não se admitir o destinatário jurídico como o contribuinte do ICMS importação, tanto que o Estado de São Paulo reconhece as operações realizadas por importador paulista que ao desembaraçar as mercadorias importadas já as remete para outra pessoa jurídica, sem passar as mercadorias importadas pelo estabelecimento do importador paulista, exemplo são as operações que a mercadoria é enviada direto para armazém alfandegário como entrada ficta e por isso o ICMS é devido aqui, conforme resposta consulta nº 277/98, "in verbis":

> Conclui-se, assim, que, nas operações ocorridas neste Estado, de importação seguida de revenda da mercadoria para adquirente de outro Estado, sem que ocorra o seu ingresso físico no estabelecimento do importador, aqui são aperfeiçoados dois fatos geradores: o desembaraço aduaneiro da mercadoria, com sua entrada simbólica naquele estabelecimento, para em seguida, ensejar sua saída ficta, em operação interestadual, iniciada no local onde se encontra depositada a mercadoria, ou seja, a repartição alfandegária ou o armazém geral.

Por sua vez, a 1ª Turma do STF, em julgado no qual analisa a importação realizada por empresa Fundapeana que atua como consignatária, sendo reembolsada em todos os seus dispêndios, entendeu que esta age como mera intermediária prestadora de serviço, e que a real destinatária jurídica das mercadorias é a empresa contratante, localizada em SP. Consequentemente, entendeu que o ICMS-importação é devido a SP, dado que o importador jurídico se encontra em seu território, como se depreende dos trechos do acórdão, abaixo transcritos:

> ICMS - MERCADORIA IMPORTADA – INTERMEDIAÇÃO – TITULARIDADE DO TRIBUTO. O Imposto sobre Circulação de Mercadorias e Serviços cabe ao Estado em que localizado o porto de desembarque e o destinatário da mercadoria, não prevalecendo à forma sobre o conteúdo, no que procedida à importação

> por terceiro consignatário situado em outro Estado e beneficiário de sistema tributário mais favorável. (...)

Ficando claro tal posicionamento no voto proferido pelo Ministro Marco Aurélio:

> No acordo, previu-se que a importadora figuraria nas operações de importação dele objeto como consignatária, o que implica dizer que não atuaria como senhora, em si, de importação de mercadorias para posterior venda, mas como simples intermediária, vindo a ser reembolsada em tudo o que despendesse, (...).

Ministro César Peluso, ao proferir seu voto, também entendeu que o importador e destinatário da mercadoria é quem figura como contratante da operação que dá origem à importação:

> Ou seja, destinatário da mercadoria é quem figura como contraente no negócio jurídico que dá origem à operação material de importação, seja esta realizada diretamente, seja por intermédio de terceiro, como, p.ex., de prestador de serviço, *Trading*, etc.
>
> Debaixo do ato material da importação, devem discernir-se, pelo menos, duas situações ou hipóteses: i) o importador é o próprio destinatário da importação, porque, como figurante do negócio jurídico subjacente, compra para uso próprio ou para revenda; ou ii) o importador é contratado, mediante outro negócio jurídico, apenas para intermediar e facilitar a celebração do negócio jurídico de compra e venda entre o adquirente, que é o destinatário da mercadoria, e o vendedor, estabelecido no estrangeiro.
>
> (...) O decisivo é saber a que, segundo o teor do negócio jurídico subjacente ao ato material da importação, é destinada a mercadoria que o próprio adquirente ou, por ele, terceiro traz do exterior. Isto é, quem adquire a mercadoria à importação. (...)
>
> O destinatário é, pois, sem sombra de dúvidas, para efeitos de incidência do ICMS na importação, a ora recorrente. A emissão de notas fiscais de saída pela empresa importadora OCEANIA IMPORTAÇÃO E EXPORTAÇÃO LTDA. e o errôneo recolhimento do imposto ao Estado do Espírito Santo não desnaturam o negócio jurídico realizado entre a recorrente e o exportador. A

> importadora foi só intermediária na aquisição, não destinatária da mercadoria.
>
> 6. O Estado de São Paulo, ora recorrido, tem, portanto, legitimidade constitucional para exigir o ICMS incidente na importação, razão por que nego provimento ao recurso. (RE 268.586/SP, 1ª Turma do STF, DJU 18.11.05)

Por esses julgados, fica nítida a compreensão de que não importa o local do desembaraço aduaneiro. O que interessa para a incidência do ICMS-importação é a identificação do importador/adquirente jurídico da mercadoria, i.e., a pessoa que adquire a titularidade da mercadoria, mesmo que a destinação física seja para estabelecimento de outrem. Em outro julgado do STF, a Min. Ellen Gracie concedeu efeito suspensivo ao Recurso Extraordinário interposto por contribuinte que realizou importação por Trading Fundapeana, com o seguinte fundamento:

> 2. O sujeito ativo do ICMS é o Estado onde estiver localizado o estabelecimento do destinatário jurídico da mercadoria importada, ou seja, o estabelecimento importador (AC –MC-QC 1292 – MG)

Dessa forma, é possível perceber coerência nos citados julgados do STF, já que eles demonstram o entendimento de que o Estado ao qual é devido o ICMS-importação é aquele onde se encontra o destinatário jurídico da mercadoria, que, a depender da modalidade de importação, pode coincidir com o destinatário físico, hipótese em que as mercadorias seguem fisicamente para o estabelecimento do adquirente, como no caso do julgado acima transcrito.

2.5 Do subsistema nacional do ICMS

O ICMS, por ser um imposto de âmbito nacional de competência de todas as unidades da Federação, conforme já salientado, tem uma série de conteúdos normativos que pertencem ao sistema tributário previsto na Constituição Federal e na legislação complementar e que valem para todos os Estados e para o Distrito Federal, para que haja uma integração tributária e uma uniformização jurídica sobre os assuntos que repercutem na Federação referente a este tributo.

Por isso, a Constituição Federal trata e disciplina rigidamente o ICMS em 4 parágrafos e em 12 incisos em seu art. 155, para que seja uniforme em todas as unidades da Federação e para manter o Pacto Federativo, tendo as seguintes características, *in verbis*:

> *Art. 155. Compete aos Estados e ao Distrito Federal instituir impostos sobre:*
>
> *[...]*
>
> *II - operações relativas à circulação de mercadorias e sobre prestações de serviços de transporte interestadual e intermunicipal e de comunicação, ainda que as operações e as prestações se iniciem no exterior;*
>
> *[...]*
>
> *§ 2º O imposto previsto no inciso II atenderá ao seguinte:*
>
> *I - será não cumulativo, compensando-se o que for devido em cada operação relativa à circulação de mercadorias ou prestação de serviços com o montante cobrado nas anteriores pelo mesmo ou outro Estado ou pelo Distrito Federal;*
>
> *II - a isenção ou não incidência, salvo determinação em contrário da legislação:*
>
> *a) não implicará crédito para compensação com o montante devido nas operações ou prestações seguintes;*
>
> *b) acarretará a anulação do crédito relativo às operações anteriores;*
>
> *III - poderá ser seletivo, em função da essencialidade das mercadorias e dos serviços;*
>
> *IV - resolução do Senado Federal, de iniciativa do Presidente da República ou de um terço dos Senadores, aprovada pela maioria absoluta de seus membros, estabelecerá as alíquotas aplicáveis às operações e prestações, interestaduais e de exportação;*

V - é facultado ao Senado Federal:

a) estabelecer alíquotas mínimas nas operações internas, mediante resolução de iniciativa de um terço e aprovada pela maioria absoluta de seus membros;

b) fixar alíquotas máximas nas mesmas operações para resolver conflito específico que envolva interesse de Estados, mediante resolução de iniciativa da maioria absoluta e aprovada por dois terços de seus membros;

VI - salvo deliberação em contrário dos Estados e do Distrito Federal, nos termos do disposto no inciso XII, g, as alíquotas internas, nas operações relativas à circulação de mercadorias e nas prestações de serviços, não poderão ser inferiores às previstas para as operações interestaduais;

VII - nas operações e prestações que destinem bens e serviços a consumidor final, contribuinte ou não do imposto, localizado em outro Estado, adotar-se-á a alíquota interestadual e caberá ao Estado de localização do destinatário o imposto correspondente à diferença entre a alíquota interna do Estado destinatário e a alíquota interestadual; (Redação dada pela Emenda Constitucional 87, de 2015)

a) (revogada); (Redação dada pela Emenda Constitucional 87, de 2015)

b) (revogada); (Redação dada pela Emenda Constitucional 87, de 2015)

VIII - a responsabilidade pelo recolhimento do imposto correspondente à diferença entre a alíquota interna e a interestadual de que trata o inciso VII será atribuída: (Redação dada pela Emenda Constitucional 87, de 2015)

a) ao destinatário, quando este for contribuinte do imposto; (Incluído pela Emenda Constitucional 87, de 2015)

b) ao remetente, quando o destinatário não for contribuinte do imposto; (Incluído pela Emenda Constitucional 87, de 2015)

IX - incidirá também:

a) sobre a entrada de bem ou mercadoria importados do exterior por pessoa física ou jurídica, ainda que não seja contribuinte habitual do imposto, qualquer que seja a sua finalidade, assim como sobre o serviço prestado no exterior, cabendo o imposto ao Estado onde estiver situado o domicílio ou o estabelecimento do destinatário da mercadoria, bem ou serviço;

b) sobre o valor total da operação, quando mercadorias forem fornecidas com serviços não compreendidos na competência tributária dos Municípios;

X - não incidirá:

a) sobre operações que destinem mercadorias para o exterior, nem sobre serviços prestados a destinatários no exterior, assegurada a manutenção e o aproveitamento do montante do imposto cobrado nas operações e prestações anteriores;

b) sobre operações que destinem a outros Estados petróleo, inclusive lubrificantes, combustíveis líquidos e gasosos dele derivados, e energia elétrica;

c) sobre o ouro, nas hipóteses definidas no artigo 153, § 5º;

d) nas prestações de serviço de comunicação nas modalidades de radiodifusão sonora e de sons e imagens de recepção gratuita;

XI - não compreenderá, em sua base de cálculo, o montante do imposto sobre produtos industrializados, quando a operação, realizada entre contribuintes e relativa a produto destinado à industrialização ou à comercialização, configure fato gerador dos dois impostos;

XII - cabe à lei complementar:

a) definir seus contribuintes;

b) dispor sobre substituição tributária;

c) disciplinar o regime de compensação do imposto;

d) fixar, para efeito de sua cobrança e definição do estabelecimento responsável, o local das operações relativas à circulação de mercadorias e das prestações de serviços;

e) excluir da incidência do imposto, nas exportações para o exterior, serviços e outros produtos além dos mencionados no inciso X, a;

f) prever casos de manutenção de crédito, relativamente à remessa para outro Estado e exportação para o exterior, de serviços e de mercadorias;

g) regular a forma como, mediante deliberação dos Estados e do Distrito Federal, isenções, incentivos e benefícios fiscais serão concedidos e revogados.

h) definir os combustíveis e lubrificantes sobre os quais o imposto incidirá uma única vez, qualquer que seja a sua finalidade, hipótese em que não se aplicará o disposto no inciso X, b;

> *i) fixar a base de cálculo, de modo que o montante do imposto a integre, também na importação do exterior de bem, mercadoria ou serviço.*
>
> *§ 3º À exceção dos impostos de que tratam o inciso II do caput deste artigo e o art. 153, I e II, nenhum outro imposto poderá incidir sobre operações relativas a energia elétrica, serviços de telecomunicações, derivados de petróleo, combustíveis e minerais do País.*
>
> *§ 4º Na hipótese do inciso XII, h, observar-se-á o seguinte:*
>
> *I - nas operações com os lubrificantes e combustíveis derivados de petróleo, o imposto caberá ao Estado onde ocorrer o consumo;*
>
> *II - nas operações interestaduais, entre contribuintes, com gás natural e seus derivados, e lubrificantes e combustíveis não incluídos no inciso I deste parágrafo, o imposto será repartido entre os Estados de origem e de destino, mantendo-se a mesma proporcionalidade que ocorre nas operações com as demais mercadorias;*
>
> *III - nas operações interestaduais com gás natural e seus derivados, e lubrificantes e combustíveis não incluídos no inciso I deste parágrafo, destinadas a não contribuinte, o imposto caberá ao Estado de origem;*
>
> *IV - as alíquotas do imposto serão definidas mediante deliberação dos Estados e Distrito Federal, nos termos do § 2º, XII, g, observando-se o seguinte:*
>
> *a) serão uniformes em todo o território nacional, podendo ser diferenciadas por produto;*
>
> *b) poderão ser específicas, por unidade de medida adotada, ou ad valorem, incidindo sobre o valor da operação ou sobre o preço que o produto ou seu similar alcançaria em uma venda em condições de livre concorrência;*
>
> *c) poderão ser reduzidas e restabelecidas, não se lhes aplicando o disposto no art. 150, III, b.*
>
> *§5º As regras necessárias à aplicação do disposto no §4º, inclusive as relativas à apuração e à destinação do imposto, serão estabelecidas mediante deliberação dos Estados e do Distrito Federal, nos termos do §2º, XII, g.*
>
> *[...]*

Apesar de constar três hipóteses de incidências e três regras-matrizes constitucionais diferentes na sigla ICMS e até mesmo dentro do subsistema do ICMS na Constituição

Federal, existem os aspectos comuns determinados pela Carta Magna a todos os impostos contidos neste subsistema.

As três regras-matrizes de incidência tributária do ICMS têm como aspectos comuns que todas devem ser não cumulativas (CF, 155, § 2º, I), anulando-se os créditos das operações anteriores em casos de isenção e não incidência, salvo disposição legal em contrário (CF, 155, § 2º, II); podem ser seletivos em função da essencialidade dos produtos e serviços (CF, 155, §2º, III); as alíquotas das operações e prestações, interestaduais e de exportação, são fixadas pelo Senado Federal, por resolução (CF, 155, § 2º, IV); nas operações e prestações que destinem bens e serviços a consumidor localizado, contribuinte ou não do imposto, localizado em outro Estado, será adotada a alíquota interestadual e caberá ao Estado de localização do destinatário o correspondente à diferença entre a alíquota interna do Estado destinatário e a alíquota interestadual (CF, 155, § 2º, VII); incidirá sobre o total da operação quando mercadorias forem fornecidas com serviços não compreendidos na competência dos municípios (CF, 155, § 2º, IX, *b*); não incidirão sobre exportação de mercadorias de serviços a destinatário no exterior, assegurado, entretanto, crédito do imposto cobrado nas operações anteriores (CF, 155, §2º, X, *a*); o ICMS não incidirá sobre operações interestaduais com petróleo, combustíveis e energia elétrica (CF, 155, § 2º, X, *b*), bem como, sobre o ouro quando definido em lei como ativo financeiro ou instrumento cambial (CF, 155, § 2º, X, *c*); não compreenderá, em sua base de cálculo, o montante do IPI, quando a operação realizada entre contribuintes e relativa a produto destinado à industrialização ou à comercialização, configure a hipótese de incidência dos dois impostos (CF, 155, § 2º, XI); a lei complementar *definirá* seus contribuintes, *regulará* a substituição tributária, *disciplinará* o regime de compensação, *fixará* o local das operações e prestações de serviço (para efeito de sua cobrança e definição do estabelecimento responsável), *preverá* os casos de manutenção de crédito com relação às operações e prestações para outro estado, *regulará* a forma como concessão de isenções e benefícios fiscais serão concedidos, por deliberação dos estados e Distrito Federal, *definirá* os combustíveis e lubrificantes incidirá uma única vez, *fixará* a base de cálculo, de modo que o montante do imposto a integre, inclusive nas importações (CF, 155, § 2º, XII, *a* a *i*); e por fim, é facultado ainda ao Senado Federal fixar alíquotas mínimas para as operações internas e fixar alíquotas máximas também para as operações internas, para resolver conflito específico que envolva interesse de Estados.

Antes de adentrar no cerne do trabalho que é a regra-matriz do direito ao crédito de ICMS, extraída do princípio da não cumulatividade, faz-se necessário dispor sobre o tratamento que a Constituição Federal deu para o ICMS, analisando o princípio da seletividade e as matérias que foram determinadas como de competência do legislador nacional, para serem tratadas mediante lei complementar.

2.5.1 Do princípio da seletividade e do estabelecimento das alíquotas

Apesar de todo tributo ter como finalidade a fiscalização e arrecadação, o mandamento constitucional caracterizou o ICMS como um imposto extrafiscal, para ser utilizado na tributação dos produtos industrializados incentivando e amenizando a carga tributária conforme a essencialidade do bem, sempre levando em consideração a seletividade do produto no momento de tributação.

Disciplina o inciso III do § 2º do art. 155 da CF/88 que o ICMS "poderá ser seletivo em função da essencialidade das mercadorias e dos serviços". Logo, da leitura da norma em comento verifica-se distinção ao princípio da seletividade também aplicado ao IPI, previsto no inc. I do § 3º do art. 153 da CF/88, que dispõe que o imposto "será seletivo, em função da essencialidade do produto".

Roque Antonio Carraza (2006, p. 150) não faz distinção entre o "poderá" na aplicabilidade as seletividades no ICMS e o "será" presente no mandamento constitucional do IPI:

> O atual ICMS, pelo contrário, deve ser um instrumento de extrafiscalidade, porquanto, a teor do art. 155, par. 2°, III, da CF, "poderá ser seletivo, em função da essencialidade das mercadorias e dos serviços". Convém salientarmos, desde logo, que, a nosso ver, este singelo "poderá equivale, na verdade, a um peremptório 'deverá'". Não se está aí, diante de uma mera faculdade do legislador, mas de uma norma cogente, de observância obrigatória.
>
> Ademais, quando a Constituição confere a uma pessoa política um "poder", ela, *ipso facto*, lhe impõe um "dever". É por isso que se costuma falar que as pessoas políticas têm poderes deveres (Celso Antônio Bandeira de Mello).

De outro lado, José Eduardo Soares de Melo (2005, p. 279) não entende que a seletividade do ICMS seja obrigatória, e, sim, permitida e facultativa, porém não pode ser usado como mero critério de conveniência e oportunidade:

> Note-se que a essencialidade consiste na distinção entre cargas tributárias, em razão de diferentes produtos, mercadorias e serviços, traduzidos basicamente em alíquotas descoincidentes.
>
> Embora permitida (e não obrigatória), penso que a seletividade do ICMS também deverá obedecer às diretrizes constitucionais que nortearão o IPI. As únicas diferenças de tributação consistirão no elemento espacial (território nacional, como unidade; e território estaduais e distritais isoladamente), e no tipo de coisa (produtos industrializados e mercadorias/serviços).
>
> Conquanto a facultatividade constitua elemento impulsionador da edição do ICMS seletivo, não poderá haver, propriamente, mero critério de conveniência e oportunidade, porque impõe-se obediência a inúmeros postulados constitucionais (como já apontado para o IPI).

Independentemente da aplicação da seletividade no ICMS ser obrigatória ou facultativa, o que vemos que é totalmente desrespeitada e distorcida pelo legislador, e negada a eficácia pelo Poder Judiciário, tornando o princípio letra morta no nosso ordenamento.

Quando a seletividade é aplicada somente pode ser feita em razão da essencialidade das mercadorias e dos serviços para a sociedade, o fato de a Constituição Federal estabelecer que no caso do ICMS, o imposto poderá ser seletivo, não quer dizer que o legislador tem poderes de estabelecer alíquotas diferenciadas aos produtos e serviços como bem entender.

Repita-se adotando o critério de diferencial de alíquotas dos produtos e serviços, este somente pode e deve ser feito em respeito ao princípio da seletividade e observando a essencialidade das mercadorias e serviços, com isso estabelece uma tributação inversamente proporcional à essencialidade do produto e do serviço, sendo que quanto mais essencial o produto ou o serviço, menor deve ser sua alíquota em relação aos demais e em compensação, quanto mais supérfluo for o produto, maior deverá ser sua alíquota.

Hugo de Brito Machado (*RDDT* 155/48) reforça este entendimento estabelecendo que "a seletividade é facultativa para o ICMS, mas o critério desta, uma vez adotada, só pode ser o da essencialidade das mercadorias ou dos serviços sobre os quais esse imposto incide".

Segundo os ensinamentos do professor José Eduardo Soares de Melo (1991, p. 83),

> é de se compreender que a seletividade constitui um superior princípio constitucional tributário a ser rigorosamente obedecido pelo legislador federal, não traduzindo mera recomendação. E a essencialidade decorre dos valores captados pelo legislador constitucional e inseridos na Constituição, como é o caso do salário-mínimo que toma em consideração as necessidades vitais básicas como moradia, alimentação, educação, saúde, lazer, vestuário, higiene, transporte e previdência (art. 7º, IV, da CF/88).

Por sua vez, o festejado Roque Antonio Carrazza (2007, p. 87) leciona que o princípio da seletividade deve ser sempre observado e respeitado pelo legislador, *in verbis*:

> O IPI e o ICMS, pelo contrário, devem necessariamente ser instrumentos de extrafiscalidade, a teor dos já citados arts. 153, § 3º, I, e 155, § 2º, III, da CF. Salientamos que estas normas constitucionais, mandando que tais impostos sejam seletivos, não estão dando uma mera faculdade ao legislador, mas, pelo contrário, estão lhe impondo um inarredável dever, de cujo cumprimento ele não se pode faturar.
>
> (...)
>
> Evidentemente, o princípio da seletividade tem por escopo favorecer os consumidores finais que são os que, de fato, suportam a carga econômica do IPI e do ICMS. Daí ser imperioso que sobre produtos. Mercadorias e serviços essenciais haja tratamento fiscal mais brando, quando não total exoneração tributária, já que em relação a eles o adquirente, em rigor, não tem liberdade de escolha.
>
> Do exposto podemos concluir que toda e qualquer manipulação do IPI e do ICMS que importe modificação ou variação do valor a pagar (*quantum debeatur*) deve, sob pena de irremissível inconstitucionalidade, ser direcionada de modo a garantir-lhes o caráter de imposto seletivos, em função da essencialidade dos produtos industrializados (no caso do IPI) ou da essencialidade das mercadorias ou serviços (no caso do ICMS). Qualquer outro objetivo visado pelo legislador ordinário que importe descaracterização do IPI ou do ICMS como impostos seletivos viola esta diretriz constitucional obrigatória.

Portanto, resta claro que o princípio da seletividade, conforme a essencialidade do produto é uma obrigação do legislador e sempre deve ser observado, em razão de que o princípio constitucional é o vetor na incidência do imposto.

Porém, conforme salientamos na prática, o princípio da seletividade não é observado pelo legislador, por exemplo o estado de São Paulo, em que a alíquota interna é de 18% (dezoito por cento), porém a energia elétrica pode ter a alíquota até de 25% (vinte e cinco por cento), conforme dispõe o inc. V do art. 52 do RICMS/2000:

> *Art. 52. - As alíquotas do imposto, salvo exceções previstas nos artigos 53, 54, 55 e 56-B, são: (Lei 6.374/89, art. 34, caput, com alterações da Lei 10.619/00, arts. 1º, XVIII, e 2º, IV, § 1º, 4, e § 4º, Lei 6.556/89, art. 1º, Lei 10.706/00, art. 1º, Resoluções do Senado Federal 22, de 19-05-89 e 95, de 13-12-96 e Lei Complementar 123/06):*
>
> *[...]*
>
> *V - Nas operações com energia elétrica, no que respeita aos fornecimentos adiante indicados:*
>
> *a) 12% (doze por cento), em relação à conta residencial que apresentar consumo mensal de até 200 (duzentos) kWh;*
>
> *b) 25% (vinte e cinco por cento), em relação à conta residencial que apresentar consumo mensal acima de 200 (duzentos) kWh;*
>
> *c) 12% (doze por cento), quando utilizada no transporte público eletrificado de passageiros;*
>
> *d) 12% (doze por cento), nas operações com energia elétrica utilizada em propriedade rural, assim considerada a que efetivamente mantiver exploração agrícola ou pastoril e estiver inscrita no Cadastro de Contribuintes do ICMS.*
>
> *(...).*

Outro desrespeito ao princípio da seletividade encontra-se na tributação do ICMS sobre o serviço de comunicação, em que é aplicada a alíquota de 25% (vinte e cinco por cento), a mesma utilizada para a tributação do fumo e para bebida alcoólica, nos termos do art. 55, do RICMS/2000:

> *Art. 55. Aplica-se a alíquota de 25% (vinte e cinco por cento) nas operações ou prestações internas com os produtos e serviços adiante indicados, ainda que se tiverem iniciado no exterior, observada a classificação segundo a Nomenclatura Brasileira de Mercadorias - Sistema Harmonizado - NBM/SH vigente em 31 de dezembro de 1996 (Lei 6.374/89, art. 34, §1º, itens 1 e 8, este acrescentado pela Lei 7646/91, art. 4º, I, e § 5º, com alteração da Lei 9.399/96, art. 1º, VII, Lei 6556/89, art. 2º, e Lei 7646/91, art. 4º, II):*
>
> *I - nas prestações onerosas de serviço de comunicação;*
>
> *II - bebidas alcoólicas, classificadas nas posições 2204, 2205 e 2208, exceto os código 2208.40.0200 e 2208.40.0300;*

III - fumo e seus sucedâneos manufaturados, classificados no capítulo 24;

IV - perfumes e cosméticos, classificados nas posições 3303, 3304, 3305 e 3307, exceto as posições 3305.10 e 3307.20, os códigos 3307.10.0100 e 3307.90.0500, as preparações antissolares e os bronzeadores, ambos classificados na posição 3304;

V - peleteria e suas obras e peleteria artificial, classificadas nos códigos 4303.10.9900 e 4303.90.9900;

VI -motocicletas de cilindrada superior a 250 centímetros cúbicos, classificadas nos códigos 8711.30 a 8711.50;

VII - asas-delta, balões e dirigíveis, classificados nos códigos 8801.10.0200 e 8801.90.0100;

VIII - embarcações de esporte e de recreio, classificadas na posição 8903;

IX - armas e munições, suas partes e acessórios, classificados no capítulo 93;

X - fogos de artifício, classificados na posição 3604.10;

XI - trituradores domésticos de lixo, classificados na posição 8509.30;

XII - aparelhos de sauna elétricos, classificados no código 8516.79.0800;

XIII - aparelhos transmissores e receptores (do tipo "walkie-talkie"), classificados no código 8525.20.0104;

XIV - binóculos, classificados na posição 9005.10;

XV - jogos eletrônicos de vídeo (vídeo-jogo), classificados no código 9504.10.0100;

XVI - bolas e tacos de bilhar, classificados no código 9504.20.0202;

XVII - cartas para jogar, classificadas na posição 9504.40;XVIII - confetes e serpentinas, classificados no código 9505.90.0100;

XIX - raquetes de tênis, classificadas na posição 9506.51;

XX - bolas de tênis, classificadas na posição 9506.61;

XXI - esquis aquáticos, classificados no código 9506.29.0200;

XXII - tacos para golfe, classificados na posição 9506.31;

XXIII - bolas para golfe, classificadas na posição 9506.32;

XXIV - cachimbos, classificados na posição 9614.20;

XXV - piteiras, classificadas na subposição 9614.90; (Lei 6.374/89, art.34, §5º, item 24, com alteração da Lei 12.294/06, art. 1º, V);

XXVI - etanol anidro combustível - EAC, classificado no código 2207.10.0100, querosene de aviação classificado no código 2710.00.0401, exceto na hipótese prevista no inciso XX do artigo 54, e gasolina classificada nos códigos 2710.00.0301, 2710.00.0302, 2710.00.0303 e 2710.00.0399;(Redação dada ao inciso pelo Decreto 65.253, de 15-10-2020, DOE 16-10-2020; efeitos a partir de 15 de janeiro de 2021)

As Unidades da Federação sempre utilizaram alíquotas maiores do ICMS sobre os produtos e serviços que representavam maiores valores de negócios e com isso aumentava indevidamente a arrecadação, ou seja de forma discricionária estipulavam as alíquotas do ICMS sobre as mercadorias e serviços sujeitos ao imposto, em total desrespeito ao princípio da seletividade.

Em 18 de dezembro de 2021, o Supremo Tribunal Federal ao julgar o Recurso Extraordinário 714.139/SC, em sede de repercussão geral, decidiu que os Estados e o Distrito Federal devem respeitar o princípio da seletividade ao estabelecerem as alíquotas dos bem e serviços, fixando a tese para o tema nº 745 que estabelece "Adotada pelo legislador estadual a técnica da seletividade em relação ao Imposto sobre Circulação de Mercadorias e Serviços (ICMS), discrepam do figurino constitucional alíquotas sobre as operações de energia elétrica e serviços de telecomunicação em patamar superior ao das operações em geral, considerada a essencialidade dos bens e serviços", "verbis":

Recurso extraordinário. Repercussão geral. Tema nº 745. Direito tributário. ICMS. Seletividade. Ausência de obrigatoriedade. Quando adotada a seletividade, há necessidade de se observar o critério da essencialidade e de se ponderarem as características intrínsecas do bem ou do serviço com outros elementos. Energia elétrica e serviços de telecomunicação. Itens essenciais. Impossibilidade de adoção de alíquota superior àquela que onera as operações em geral. Eficácia negativa da seletividade. 1. O

> dimensionamento do ICMS, quando presente sua seletividade em função da essencialidade da mercadoria ou do serviço, pode levar em conta outros elementos além da qualidade intrínseca da mercadoria ou do serviço. 2. A Constituição Federal não obriga os entes competentes a adotar a seletividade no ICMS. Não obstante, é evidente a preocupação do constituinte de que, uma vez adotada a seletividade, haja a ponderação criteriosa das características intrínsecas do bem ou serviço em razão de sua essencialidade com outros elementos, tais como a capacidade econômica do consumidor final, a destinação do bem ou serviço e, ao cabo, a justiça fiscal, tendente à menor regressividade desse tributo indireto. O estado que adotar a seletividade no ICMS terá de conferir efetividade a esse preceito em sua eficácia positiva, sem deixar de observar, contudo, sua eficácia negativa. 3. A energia elétrica é item essencial, seja qual for seu consumidor ou mesmo a quantidade consumida, não podendo ela, em razão da eficácia negativa da seletividade, quando adotada, ser submetida a alíquota de ICMS superior àquela incidente sobre as operações em geral. A observância da eficácia positiva da seletividade – como, por exemplo, por meio da instituição de benefícios em prol de classe de consumidores com pequena capacidade econômica ou em relação a pequenas faixas de consumo –, por si só, não afasta eventual constatação de violação da eficácia negativa da seletividade. 4. Os serviços de telecomunicação, que no passado eram contratados por pessoas com grande capacidade econômica, foram se popularizando de tal forma que as pessoas com menor capacidade contributiva também passaram a contratá-los. A lei editada no passado, a qual não se ateve a essa evolução econômico-social para efeito do dimensionamento do ICMS, se tornou, com o passar do tempo, inconstitucional. 5. Foi fixada a seguinte tese para o Tema nº 745: Adotada pelo legislador estadual a técnica da seletividade em relação ao Imposto sobre Circulação de Mercadorias e Serviços (ICMS), discrepam do figurino constitucional alíquotas sobre as operações de energia elétrica e serviços de telecomunicação em patamar superior ao das operações em geral, considerada a essencialidade dos bens e serviços. 6. Recurso extraordinário parcialmente provido. 7. Modulação dos efeitos da decisão, estipulando-se que ela produza efeitos a partir do exercício financeiro de 2024, ressalvando-se as ações ajuizadas até a data do início do julgamento do mérito (5/2/21).

Assim, ao julgar as alíquotas incidentes sobre a Energia Elétrica e a prestação de serviço de telecomunicação do

Estado de Santa Catarina, o STF entendeu que os Estados não estão obrigados a aplicar a seletividade, mas a partir do momento que utilizaram devem ter como elemento a essencialidade do bem ou serviço, por isso não poderiam a energia elétrica e o serviço de telecomunicação terem alíquotas de ICMS superiores à alíquota interna, ou seja sobre a alíquota incidente sobre as operações em geral. No entanto, modulou os efeitos da decisão para ser aplicada a partir do exercício de 2024.

Foi editada a Lei Complementar nº 194/22 que basicamente reproduz o julgamento do STF em questão, objetivando antecipar a aplicabilidade do princípio da seletividade e adicionando gás natural, serviço de transporte coletivo e combustíveis com bens essenciais, acrescentando o art. 18-A[21] ao Código Tributário Nacional e o art. 32-A à Lei Complementar nº 87/96[22].Algumas Unidades da Federação acataram

---

21. "Art. 18-A. Para fins da incidência do imposto de que trata o inciso II do *caput* do art. 155 da Constituição Federal, os combustíveis, o gás natural, a energia elétrica, as comunicações e o transporte coletivo são considerados bens e serviços essenciais e indispensáveis, que não podem ser tratados como supérfluos.
Parágrafo único. Para efeito do disposto neste artigo:
I - é vedada a fixação de alíquotas sobre as operações referidas no *caput* deste artigo em patamar superior ao das operações em geral, considerada a essencialidade dos bens e serviços;
II - é facultada ao ente federativo competente a aplicação de alíquotas reduzidas em relação aos bens referidos no *caput* deste artigo, como forma de beneficiar os consumidores em geral; e
III - é vedada a fixação de alíquotas reduzidas de que trata o inciso II deste parágrafo, para os combustíveis, a energia elétrica e o gás natural, em percentual superior ao da alíquota vigente por ocasião da publicação deste artigo."

22. "Art. 32-A. As operações relativas aos combustíveis, ao gás natural, à energia elétrica, às comunicações e ao transporte coletivo, para fins de incidência de imposto de que trata esta Lei Complementar, são consideradas operações de bens e serviços essenciais e indispensáveis, que não podem ser tratados como supérfluos.
§ 1º Para efeito do disposto neste artigo:
I - é vedada a fixação de alíquotas sobre as operações referidas no *caput* deste artigo em patamar superior ao das operações em geral, considerada a essencialidade dos bens e serviços;
II - é facultada ao ente federativo competente a aplicação de alíquotas reduzidas em relação aos bens referidos no *caput* deste artigo, como forma de beneficiar os consumidores em geral; e

o disposto na lei complementar e reduziram as alíquotas dos produtos e serviços descritos como essenciais para fins de incidência do ICMS, com fundamento no § 4° do art. 24 da Constituição Federal, que estabelece que "*a superveniência de lei federal sobre norma gerais suspende a eficácia da lei estadual, no que lhe for contrário*".

De outro lado, foi proposta a Ação Direta de Inconstitucionalide - ADI nº 7191 e a Arguição de Descumprimento de Preceito Fundamental – ADPF nº 984 , Relator Ministro Gilmar Mendes, as quais tiveram com objeto a constitucionalidade ou não das Leis Complementares nºs 192 e 194/2022, sendo firmado acordo entre os Estados e a União Federal:

> Acordo em Ação Direta de Inconstitucionalidade e Arguição de Descumprimento de Preceito Fundamental. 2. Discussão sobre a constitucionalidade das Leis Complementares 192/2022 e 194/2022, diante do art. 155, §§ 2º, 4º, IV, e 5º, da Constituição Federal, entre outros. 3. ADI 7.191. Monofasia, uniformidade e alíquota ad rem do ICMS sobre combustíveis (art. 3º, inciso V, "a", "b" e "c"; art. 6º, §§ 4º e 5º; art. 7º; art. 8º, todos da Lei Complementar 192/2022) 4. ADPF 984. Debate sobre a essencialidade de combustíveis, energia elétrica, telecomunicações e transporte para fins de cobrança do ICMS, nas leis estaduais e distrital das 27 (vinte e sete) unidades federativas. 5. Comissão Especial, como técnica autocompositiva de mediação e conciliação, formada nos autos. Proposta de solução para o impasse federativo. Possibilidade de realização de acordo em parte. 6. Acordo referendado formalmente pela União e por todos os Entes Estaduais e Distrital. Homologação judicial, com explicitações e condicionantes. 7. Encaminhamento ao Congresso Nacional para as deliberações cabíveis. 8. Acompanhamento do cumprimento a cargo desta Corte.

III - é vedada a fixação de alíquotas reduzidas de que trata o inciso II deste parágrafo, para os combustíveis, a energia elétrica e o gás natural, em percentual superior ao da alíquota vigente por ocasião da publicação deste artigo.
§ 2º No que se refere aos combustíveis, a alíquota definida conforme o disposto no § 1º deste artigo servirá como limite máximo para a definição das alíquotas específicas (*ad rem*) a que se refere a alínea *b* do inciso V do *caput* do art. 3º da Lei Complementar nº 192, de 11 de março de 2022. (Incluído pela Lei Complementar nº 194, de 2022)

Foi firmado acordo para encaminhamento "ao Congresso Nacional para as providências cabíveis acerca do aperfeiçoamento legislativo nas Leis Complementares 192/2022 e 194/2022, devendo a União apresentar o correspondente PLP".

2.5.2 Das matérias de competência da legislação complementar de caráter nacional

Dispõe a Constituição Federal que, no caso do ICMS, compete à lei complementar definir seus contribuintes, regular a substituição tributária, disciplinar o regime de compensação, fixar o local das operações e prestações de serviço (para efeito de sua cobrança e definição do estabelecimento responsável), prever os casos de manutenção de crédito com relação às operações e prestações para outro estado, regular a forma como concessão de isenções e benefícios fiscais serão concedidos, por deliberação dos Estados e Distrito Federal, definir os combustíveis e lubrificantes que incidirá uma única vez, fixar a base de cálculo, de modo que o montante do imposto a integre, inclusive nas importações, tudo nos termo do art. 155, § 2º, XII, da CF/88.

Assim, além das questões de competência da legislação complementar prevista no art. 146 da Constituição Federal que determina que cabe à lei complementar três funções: 1 – dispor sobre conflitos de competências entre as entidades tributantes; 2 – regular as limitações constitucionais ao poder de tributar; e 3 – estabelecer normas gerais de direito tributário.

Na terceira função da legislação complementar existem quatro alíneas no inciso III do art. 146, que dão o tom de esclarecimento para dispor que além das normas gerais de direito tributário, competiria à lei complementar disciplinar sobre: a) a definição de tributos e de suas espécies, bem como, em relação aos impostos discriminados na Constituição, a dos respectivos fatos gerados, bases de cálculo e contribuintes; b) obrigação, crédito, prescrição e decadência tributária; c) adequado tratamento tributário ao ato cooperativo praticado pelas sociedades cooperativas; e d) definição de tratamento diferenciado e favorecido para as microempresas e para as empresas de pequeno porte, inclusive regimes especiais ou simplificados no caso do imposto previsto no art. 155, II, das contribuições previstas no art. 195, I e §§ 12 e 13, e da contribuição a que se refere o art. 239.

Nestes termos preceituou o legislador constitucional que toda matéria de direito tributário está contida no âmbito da legislação complementar. Desse modo, o que não estaria no campo da especificidade, seria generalidade e competiria à legislação complementar dispor sobre o assunto.

Portanto, no caso do ICMS além de competir à legislação complementar tratar das questões gerais, cabíveis a quaisquer tributos previstos na Constituição Federal, também compete a este diploma legal dispor sobre questões específicas deste imposto justamente para que uma legislação de caráter nacional trate do tributo de maneira uniforme para todas as unidades da Federação, a fim de manter uma unidade no sistema jurídico do ICMS e uma segurança para o contribuinte, para não ser surpreendido com legislações muito díspares em cada estado ou no Distrito Federal, conforme previsto no art. 155, § 2º, XII, da Constituição Federal.

3

O PRINCÍPIO DA NÃO CUMULATIVIDADE DO ICMS

3.1 A não cumulatividade como princípio

Os incisos I e II do § 2º do art. 155 da CF/88 dispõem sobre o instituto da não cumulatividade do ICMS, dispondo, no inc. I, que o imposto "será não cumulativo, compensando-se o que for devido em cada operação relativa à circulação de mercadorias ou prestação de serviços com o montante cobrado nas anteriores pelo mesmo ou outro Estado ou pelo Distrito Federal".

O inciso II, alíneas "a" e "b', da norma supracitada determinam que "a isenção ou não incidência, salvo determinação em contrário da legislação, (a) não implicará crédito para compensação com o montante devido nas operações ou prestações seguintes, e (b) acarretará a anulação do crédito relativo às operações anteriores".

Por fim, a alínea "c" do inc. XII do § 2º do art. 155 da CF estabelece que a não cumulatividade do ICMS será tratada por lei complementar, dispondo que "cabe à lei complementar disciplinar o regime de compensação do imposto".

Diante dessas disposições constitucionais, seria a não cumulatividade um princípio para o Sistema Tributário Nacional, devendo ser um norteador para a instituição e exigência do ICMS, sendo um direito e garantia do contribuinte?

Apesar de a Constituição Federal ser a norma fundamental, ou melhor, suprema, na própria Carta Magna, existem normas mais importantes que outras, uma vez que umas têm maior grau de relevância que outras.

As normas constitucionais de maior relevância são os princípios, os quais norteiam e dão as diretrizes do ordenamento jurídico.

Princípio é o ponto de partida, o fundamento é o feixe do sistema jurídico, e José Eduardo Soares de Melo e Luiz Francisco Lippo, citando Celso Antônio Bandeira de Mello, entendem que:

> a partir deles é que ficam definidas a estrutura das instituições e a estrutura do Governo de um País. Eles inauguram integralmente o Estado, e, por isto mesmo, não podem jamais ser violados. Princípio é, palavras de Celso Antônio Bandeira de Mello, "mandamento nuclear de um sistema, verdadeiro alicerce dele, disposição fundamental que se irradia sobre diferentes normas, compondo-lhes o espírito e servindo de critério para sua exata compreensão e inteligência, exatamente por definir a lógica e a racionalidade do sistema normativo, no que lhe confere a tônica e lhe dá sentido harmônico. É o conhecimento dos princípios que preside a intelecção das diferentes partes componentes do todo unitário que há por nome sistema jurídico positivo.

Para Roque Antonio Carrazza (2007, p. 33), "princípio jurídico é um enunciado lógico, implícito ou explicito, que por sua grande generalidade, ocupa posição de preeminência nos vastos quadrantes do Direito e, por isso mesmo, vincula, de modo inexorável, o entendimento e a aplicação das normas jurídicas que com ele se conectam".

Paulo de Barros Carvalho (*RDT* 55) define que "princípios são normas jurídicas carregadas de forte conotação axiológica. É o nome que se dá a regras do direito positivo que introduzem valores relevantes para o sistema, influindo vigorosamente sobre a orientação de setores da ordem jurídica".

A importância do princípio vai depender do seu âmbito de abrangência e não pelo fato de estar implícito ou explícito. Importante salientar que os princípios estão em todo o ordenamento jurídico e não apenas na Constituição Federal. Assim, existem os princípios constitucionais, legais e infralegais.

Os princípios constitucionais decorrem de normas constitucionais ou de desdobramentos dos fundamentos constitucionais, e existe uma hierarquia entre estes. Essa hierarquia entre os princípios constitucionais considera os valores propostos pelos legisladores constituintes, reivindicados, através de uma evolução histórica, reconhecidos pela sociedade e pela comunidade jurídica.

O Estado de Direito está fundamentado, unificado nos princípios e nas garantias constitucionais como os maiores valores do ordenamento jurídico, como a República Federativa do Brasil, disciplinada pela Constituição Federal de 1988, está consubstanciada no Pacto Federativo, Estado Democrático de Direito, na soberania, na cidadania, na dignidade da pessoa humana, nos valores sociais do trabalho e da livre-iniciativa, nos pluralismo político, conforme dispõe o art. 1º da Carta Magna, e nos princípios da justiça, igualdade, legalidade, liberdade e segurança jurídica, entre outros.

Princípios, além de serem vetores e unificadores do sistema jurídico, tendem a ser claros para evitar ambiguidades na sua aplicação e para manter uma coerência e harmonia no ordenamento jurídico, para incidência e aplicação das normas jurídicas até serem efetivamente concretizadas.

Desse modo, princípios são normas jurídicas impregnadas com forte valor, e que seu componente axiológico exerce significativa influência sobre as demais normas do sistema, sendo verdadeiros vetores de compreensão do ordenamento jurídico.

Conforme já salientado, os princípios têm quatro usos distintos, quais sejam: como norma de posição privilegiada e portadora de valor expressivo; como norma jurídica em plano hierárquico superior que estipula limites objetivos; como os valores presentes em normas jurídicas de posição privilegiada, mas considerados independentemente das estruturas normativas; e como o limite estipulado em regras de forte hierarquia.

Nos dois primeiros os princípios encontram-se como norma e nos dois últimos como "valor" ou como "critério objetivo" ou "limite objetivo".

Segundo Paulo de Barros Carvalho, valores têm como característica a bipolaridade, pois onde houver um valor, haverá como contraponto o desvalor; a implicação de valores positivos e negativos mutuamente; a referibilidade, pois sempre importa em uma tomada de posição do ser humano perante a que está referido; a preferibilidade, pois apontam uma direção determinada; incomensuráveis; graduação hierárquica, pois exprimem a inclinação de se acomodarem em ordem escalonada; e objetividade; historicidade; inexauribilidade, pois os valores sempre excedem os bens em que se objetivam.

Valores sempre estão no campo da subjetividade, que se entrelaçam formando redes cada vez mais complexas que dificultam a percepção hierárquica.

Limites objetivos são regras metas e fins, de forma clara e objetiva, estabelecendo regras e condutas que devem ser observadas.

Portanto, os princípios aparecem ora como valores ora como limites objetivos, mas sempre como linhas diretivas que iluminam a compreensão de setores normativos, imputando-lhes caráter de unidade relativa e servindo de fator de agregação num dado feixe de normas. Atraem em torno de si regras jurídicas influenciadas pela sua presença. Nesta seara, os princípios podem estar explícitos, de forma clara e determinada, ou implícitos, que precisam de esforço de deito indutivo para percebê-los. Não há supremacia entre os princípios implícitos e explícitos. A supremacia entre os princípios existe, em razão do conteúdo intrínseco que representam para a ideologia do intérprete.

No entanto, por qual motivo a não cumulatividade seria um princípio ou introduz um valor relevante para a sistemática do ICMS, influindo vigorosamente sobre as normas que tratam do imposto? Não está escrito na Constituição "artigo 155, § 2º, estabelece o princípio da não cumulatividade".

José Eduardo Soares de Melo e Luiz Francisco Lippo (2008, p. 99) consideram que a regra da não cumulatividade um princípio em razão de que:

> os princípios constitucionais são vetores, são balizas, são regras de conduta constituídas de forte conteúdo axiológico. Tem origem na evolução cultural, social, econômica e jurídica do povo. Sendo essenciais, a sua supressão do texto inevitavelmente causaria um sério e enorme abalo em toda a estrutura do Estado. No caso da não cumulatividade, a sua supressão abalaria de maneira profunda a estrutura econômica sobre a qual foi organizado o Estado. Constituindo-se num sistema operacional destinado a minimizar o impacto do tributo sobre o preço de bens e serviços de transportes e de comunicação, a sua eliminação os tornariam artificialmente mais onerosos.

E continuam que:

> a não cumulatividade tributária, de fato, é um princípio jurídico constitucional. É um comando normativo repleto de valores extraídos dos anseios da sociedade constituída e permeado de forte conteúdo axiológico. Foi a partir da vontade do povo brasileiro que o legislador constituinte encontrou argumentos necessários para disciplinar a *instituição de tributos cuja característica essencial para a apuração do "quantum debeatur" deve ser o confronto matemático entre a soma dos montantes do imposto registrado em cada relação correspondente as mercadorias, produtos e serviços adquiridos pelo mesmo contribuinte, em um dado período. (p. 100)*

Quem estabelece se o princípio da não cumulatividade é um princípio são os intérpretes do direito, a jurisprudência, os cidadãos, comunidades e grupos envolvidos com a vigência e eficácia da norma, verificando o forte conteúdo axiológico da norma constitucional e a influência que tem no sistema tributário, no caso o subsistema do ICMS.

Esta linha de raciocínio advém tanto do constructivismo lógico- semântico, bem como da concretização constitucional citada pelo professor Marcelo Neves (2007, p. 83, 85, 91) utilizando os ensinamentos de Müller e Härberle:

> Portanto, a concretização da norma jurídica, sobretudo da norma constitucional, não pode ser reduzida à "interpretação aplicadora" do texto normativo, o qual oferece diversas possibilidades de compreensão e constitui apenas um aspecto parcial do programa normativo; ela inclui, além do programa normativo, o âmbito normativo como "o conjunto dos dados reais normativamente relevantes para a concretização individual.
>
> (...)
>
> Com a perspectiva de Müller, "referente à matéria", compatibiliza-se a orientação de Härberle, "relativa a pessoas e grupos". Através do ensaio "A Sociedade Aberta dos Interpretes da Constituição", Härberle, além de indagar os fins e métodos da interpretação constitucional, levanta sobre tudo a "questão dos participantes", para propor a tese: "Nos processos de interpretação da Constituição, estão potencialmente envolvidos todos os órgãos estatais, todos os poderes públicos, todos os cidadãos e grupos.

> (...)
>
> Parte-se aqui do pressuposto da metódica jurídica normativo-estruturante (Müller) de que "do texto normativo mesmo – ao contrário da opinião dominante – não resulta nenhuma normatividade". Por outro lado, não faço uma distinção entre realização e concretização constitucionais. Tal distinção só teria sentido se não incluíssemos no processo concretizador todos os órgãos estatais, cidadãos e organizações privadas, restringindo-o à construção de norma jurídica e da norma de decisão pelos órgãos encarregados estritamente da "interpretação-aplicação" normativa. A concretização constitucional abrange, contudo, tanto os participantes diretos do procedimento de interpretação-aplicação da Constituição quanto o "público". Nesse sentido, ela envolve o conceito de realização constitucional. Mas não se trata simplesmente de um conceito sociológico, relevante apenas em uma perspectiva externa, pois tem implicações internas, ou seja, do ponto de vista da auto-observação do sistema jurídico. E pode-se afirmar que a falta generalizada de concretização das normas constitucionais, como no caso da constitucionalização simbólica pode significar a própria impossibilidade de uma distinção entre abordagens internas e externas.

Nesta linha de raciocínio, também apontam Klaus Tipke e Joachim Lang (2008, p. 170), dispondo que:

> desenvolve-se apenas com base em valorações ajustadas ao caso um sistema jurídico justo, aceito em geral pela comunidade jurídica, ou sejam valorações, que por um lado dão expressão ao consenso ético-jurídico da comunidade jurídica e por outras ajustadas à lógica material do objeto do regramento, por isso referidas ou adequadas ao caso. Quanto ao objeto da regulamentação econômica da tributação, a racionalidade econômica é um fator significativo da justiça do caso concreto.

E continuam os citados tributaristas germânicos que:

> princípios jurídicos dessa ordem ou máximas jurídicas, também conhecidas por pensamento jurídico (geral), expressões da ideia jurídica, necessitam, sem exceção, de concretização, eles não prescrevem nenhuma consequência jurídica, por esse modo

> distinguem-se das valorações e disposições jurídicas (normas, regras). (p. 171)

Se a norma jurídica é o juízo hipotético que o intérprete ou aplicador do direito faz ou tem quando da leitura do texto jurídico e através da construção dos sentidos dos enunciados prescritivos, fazendo significações estruturadas, diante da compreensão dos textos legais, ou no plano da contextualização ou concretização da norma jurídica.

O princípio também está no juízo do intérprete, no entanto, é mais complexo, pois o princípio não surge somente do juízo da leitura do texto legal em nosso espírito; existe todo contexto para sua verificação e significação, sendo necessária a interpretação dada também por todos envolvidos: os poderes públicos, a comunidade jurídica, os aplicadores do Direito, cidadãos e setores da economia.

Verificam-se o conteúdo axiológico, os valores impregnados e a influência que exercem no sistema jurídico como vetor deste, como instrumento do cidadão contra o Estado e existindo esse reconhecimento pelos envolvidos na interpretação constitucional, encontra-se o princípio.

Hugo de Brito Machado (2007, p. 33), ao dispor sobre princípios jurídicos tributários, trata-os mais como limites objetivos, ensinando que "princípios existem para proteger o cidadão contra os abusos do Poder. Em face do elemento teleológico, portanto, o intérprete, que tem consciência dessa finalidade, busca nesses princípios a efetiva proteção do contribuinte".

E continua, que pelas belas palavras faço questão de transcrever: "aliás, o Direito é um instrumento de defesa contra o arbítrio, e a supremacia constitucional, que alberga os mais importantes princípios jurídicos é por excelência um instrumento do cidadão contra o Estado. Não pode ser invocado pelo Estado contra o cidadão" (MACHADO, 2007, p. 33).

O Egrégio Supremo Tribunal Federal já se pronunciou neste sentido, que os princípios constitucionais são garantias dos contribuintes e servem para limitar o poder do Estado, no caso o de tributar, conforme julgamento da Ação Direta de Inconstitucionalidade 712-DF, relator Ministro Celso de Melo:

> Os princípios constitucionais tributários, assim, sobre representarem importante conquista político-jurídica dos contribuintes, constituem expressão fundamental dos direitos individuais outorgados aos particulares pelo ordenamento estatal. Desde que existem para impor limitações ao poder de tributar do Estado, esses postulados têm por destinatário exclusivo o poder estatal, que se submete à imperatividade de suas restrições.
>
> (Pleno - STF, julg. 07.10.1992, DJU 19.02.1993, p. 2032)

Nesta esteira, entendemos que a não cumulatividade é um princípio que estabelece limites, que devido ao seu forte valor axiológico é um mandamento nuclear do subsistema do ICMS, limitando o poder de tributar do fisco ao estabelecer que o imposto não incide sobre cascata e garante ao contribuinte o direito de compensar o imposto incidente nas operações anteriores com o devido na posterior.

Exerce forte influência no subsistema do ICMS estabelecendo que a incidência plurifásica do imposto não tributa duas vezes o mesmo valor, assim não aumentando o custo da cadeia produtiva e o preço final ao consumidor.

A norma da não cumulatividade é reconhecida como princípio por toda a comunidade jurídica, sua influência sobre o ICMS no caso e seu forte conteúdo axiológico para traçar a fisionomia e estabelecer características do imposto de competência estadual e do Distrito Federal é pacifica na jurisprudência e no posicionamento do Supremo Tribunal Federal, *in verbis*:

Agravo regimental em recurso extraordinário. Constitucional. Tributário. Prestador de serviços. Exigência de pagamento do ICMS por ocasião do desembaraço aduaneiro. Impossibilidade. 1. A incidência do ICMS na importação de mercadoria tem como fato gerador operação de natureza mercantil ou assemelhada. Inexigibilidade do imposto quando se tratar de bem importado por pessoa física ou por entidade prestadora de serviço. 2. Princípio da não cumulatividade do ICMS. Importação de bens realizada por entidade que, sendo prestadora de serviço, não é não contribuinte do tributo. Inocorrência do fato gerador do tributo e, consequentemente, inexigibilidade da exação. 3. Hipótese anterior à promulgação EC 33/2001, que, embora tenha previsto a possibilidade de cobrança do ICMS na importação nas operações efetuadas por quem não seja contribuinte habitual do imposto, não prescinde de integração legislativa para disciplinar a realização da compensação do tributo, de modo a conferir efetividade ao princípio constitucional da não cumulatividade da exação. Agravo regimental não provido.

(AgR RE 401.552/SP - 1ª T. – Rel. Min. Eros Grau – v.u. – julg. 21.09.2004 – DJ 15.10.2004 – p. 12)

Tributário. ICMS. Estado do Rio Grande do Sul. Pretendida correção dos créditos acumulados, em homenagem aos princípios da isonomia e da não cumulatividade. O sistema de créditos e débitos, por meio do qual se apura o ICMS devido, tem por base valores certos, correspondentes ao tributo incidente sobre as diversas operações mercantis, ativas e passivas realizadas no período considerado, razão pela qual tais valores, justamente com vista à observância do princípio da não cumulatividade, são insuscetíveis de alteração em face de quaisquer fatores econômicos ou financeiros. De ter-se em conta, ainda, que não há falar, no caso, em aplicação do princípio da isonomia, posto não configurar obrigação do Estado, muito menos sujeita a efeitos moratórios, eventual saldo escritural favorável ao contribuinte, situação reveladora, tão somente, de ausência de débito fiscal, este sim sujeito a juros e correção monetária, em caso de não recolhimento no prazo estabelecido. Recurso não conhecido.

(RE 195.643/RS - 1ª T. – Rel. Min. Ilmar Galvão – v.u. – julg. 24.04.1998 – DJ 21.08.1998 – pag. 16)

ICMS - Princípio da não cumulatividade - Mercadoria usada - Base de incidência menor - Proibição de crédito - Inconstitucionalidade. Conflita com o princípio da não cumulatividade norma vedadora da compensação do valor recolhido na operação

> anterior. O fato de ter-se a diminuição valorativa da base de incidência não autoriza, sob o ângulo constitucional, tal proibição. Os preceitos das alíneas "a" e "b" do inciso II do § 2º do artigo 155 da Constituição Federal somente têm pertinência em caso de isenção ou não incidência, no que voltadas à totalidade do tributo, institutos inconfundíveis com o benefício fiscal em questão.
>
> (RE 161.031/MG - Pleno. - Rel. Min. Marco Aurélio - por maioria - julg. 24.03.1997 - DJ 06.06.1997 - pag. 24881)

Portanto, há consenso na comunidade jurídica, da sociedade e todos envolvidos que a não cumulatividade influencia a sistemática do ICMS, com seu forte conteúdo axiológico, limitando o poder de tributar dos entes competentes, garantindo uma desoneração do imposto sobre operações de circulação de mercadorias, transporte interestadual e intermunicipal e no serviço de comunicação.

3.2 Princípio da não cumulatividade

Apesar do princípio da não cumulatividade ter forte valor axiológico advindo de interesses econômicos para não elevar o custo da cadeia produtiva e das mercadorias, como também assevera Paulo Celso Bergstrom Bonilha (1979, p. 140), que "assegura, portanto, a diretriz da não cumulatividade fins precipuamente econômicos, traduzindo se em normas que constituem diretrizes da política fiscal".

Interessa-nos apenas analisar o princípio da não cumulatividade sob a ótica jurídica, como ensinaram Geraldo Ataliba e Cléber Giardino (RDT 29), dispondo que:

> no estudo da não cumulatividade típica do ICM – tal como construída pela Constituição brasileira – é, portanto, não só inconveniente como censurável à invocação de raciocínios e terminologia econômica, como ainda a adoção de elaborações decorrentes do direito comparado. De nada serve recorrer à experiência legislativa, jurisprudencial ou doutrinária estrangeira a esse respeito. Para o intérprete, o direito comparado, no caso, é exclusivo fator comprometedor de uma límpida exegese jurídica.

O princípio constitucional da não cumulatividade, previsto no art. 155, § 2º, inc. I e II da CF, assegura ao contribuinte o direito de abatimento do imposto que incidiu na aquisição das mercadorias ou prestações de serviços de transportes interestadual e intermunicipal ou de comunicação com o imposto devido nas operações ou prestações de serviços realizadas pelo sujeito passivo do imposto.

A norma constitucional garante ao Contribuinte o direito de creditar-se do montante do imposto devido nas operações anteriores com o montante devido nas operações posteriores ou futuras.

Ao princípio da não cumulatividade aplicável ao ICMS, a Constituição Federal deu especial tratamento, dispondo sobre nos incisos I e II, na alínea "a" do inc. X e na alínea "c" do inc. XII, todos do § 2º do art. 155 da CF/88, *in verbis*:

> *Art. 155. [...]*
>
> *[...]*
>
> *§2º O imposto previsto no inciso II atenderá ao seguinte:*
>
> *I - será não cumulativo, compensando-se o que for devido em cada operação relativa à circulação de mercadorias ou prestação de serviços com o montante cobrado nas anteriores pelo mesmo ou outro Estado ou pelo Distrito Federal;*
>
> *II - a isenção ou não incidência, salvo determinação em contrário da legislação:*
>
> *a) não implicará crédito para compensação com o montante devido nas operações ou prestações seguintes;*
>
> *b) acarretará a anulação do crédito relativo às operações anteriores;*
>
> *[...]*
>
> *X - não incidirá:*
>
> *a) sobre operações que destinem mercadorias para o exterior, nem sobre serviços prestados a destinatários no exterior, assegurada a manutenção e o aproveitamento do montante do imposto cobrado nas operações e prestações anteriores; (redação dada pela Emenda Constitucional 42/03)*

> *[...]*
>
> *XII - cabe à lei complementar:*
>
> *[...]*
>
> *c) disciplinar o regime de compensação do imposto.*
>
> *[...]*

Pelo inciso I, do § 2º do art. 155 da CF, o princípio da não cumulatividade cria o sistema de crédito e débito no ICMS, estabelecendo o direito subjetivo para o contribuinte ou sujeito passivo da obrigação tributária aproveitar o imposto que incidiu na aquisição de mercadorias e serviços de transporte e comunicação, com o devido nas operações de venda ou serviços tributáveis pelo ICMS, bem como determinando uma obrigação do Estado observá-lo e respeitá-lo.

Com a maestria que lhe é peculiar, Paulo de Barros Carvalho (no prelo, p. 377) também entende que:

> o primado da não cumulatividade é uma determinação constitucional que deve ser cumprida, assim por aqueles que dela se beneficiam, como pelos próprios agentes da Administração Pública. E tanto é verdade, que a prática reiterada pela aplicação cotidiana do plexo de normas relativas ao ICM e ao IPI consagra a obrigatoriedade do funcionário, encarregado de apurar a quantia devida pelo "contribuinte", de considerar-lhe os créditos, ainda que contra a sua vontade.

E estabelece também que apesar de seu forte valor advindo da justiça tributária ou fiscal, da capacidade contributiva e da uniformidade da distribuição da carga tributária, é um limite objetivo que visa a diminuir o impacto da repercussão tributária e o efeito da incidência em cascata:

> O princípio da não cumulatividade dista de ser um valor. É um "limite objetivo", mas que se volta, mediante, à realização de certos valores, como o da justiça da tributação, o do respeito à

> capacidade contributiva do administrado, o da uniformidade na distribuição da carga tributária.
>
> Apresenta-se como técnica que opera sobre o conjunto das operações sobre o conjunto das operações econômicas entre os vários setores da vida social, para que o impacto da percussão tributária não provoque certas distorções já conhecidas pela experiência histórica, como a tributação em cascata, com efeitos danosos na apuração dos preços e crescimentos estimulados na acelaração inflacionária. E entre as possibilidades de disciplina jurídicas neutralizadoras daqueles desvios de natureza econômica, nosso constituinte adotou determinado caminho, mediante a estipulação de um verdadeiro limite objetivo. (CARVALHO, *RDDT* 33)

Alcides Jorge Costa (1978, p. 155) comunga do mesmo entendimento de que quem adquire algo com a incidência do ICMS, adquire o direito de levar em conta o crédito e aproveitar na apuração do imposto, ao dispor que "por fim, quem recebe a mercadoria não adquire, por isso, qualquer direito de crédito contra o Estado. Adquire, isto sim, o direito de levar em conta, no cálculo do imposto que vier a dever, o montante do ICM relativo às operações anteriores".

E neste sentido também leciona José Eduardo Soares de Melo (2005, p. 225), expondo que: "a cláusula da "não cumulatividade" não consubstancia mera norma programática, nem traduz recomendação, sequer apresenta cunho didático ou ilustrativo, caracterizando, na realidade, "diretriz constitucional imperativa". E continua: "trata-se de uma autêntica obrigação a ser cumprida tanto pelo Poder Público, como pelo contribuinte".

A não cumulatividade cria a sistemática da compensação do ICMS que o contribuinte pode (direito subjetivo) compensar o montante do imposto que incidiu nas operações com o imposto devido nas operações posteriores.

Assim, o princípio da não cumulatividade estabelece limite objetivo ao poder de tributar do Estado, somente podendo exigir o ICMS sobre a apuração do crédito e débito ao poder de tributar.

Roque Antonio Carrazza (2006, p. 302) disciplina que "facilmente podemos perceber, tal princípio está todo voltado contra os Estados e o Distrito Federal, porquanto a incidência do ICMS em cada operação ou prestação determina o surgimento de uma relação de crédito, em favor dos contribuintes". E explica que:

> a dicção constitucional "compensando-se o que for devido" confere, de modo direto, ao sujeito passivo do ICMS o direito de abatimento, oponível, *ipso facto*, ao Poder Público no caso de este agir de modo inconstitucional, seja na instituição (providência legislativa), seja na cobrança (atividade administrativa) do tributo.(p. 302)

Percebe-se que o princípio da não cumulatividade previsto para o ICMS objetiva o encontro de contas entre a diferença do imposto devido na saída de mercadorias ou dos serviços tributáveis pelo imposto em comento e o pago na entrada de produtos e serviços no estabelecimento.

Ou seja, tem como corolário abater no momento da apuração do imposto devido, o montante pago a título de imposto na aquisição ou entrada de bens, do quanto é incidente na saída de bens produzidos ou comercializados pelo contribuinte, por isso se diz que a sistemática da não cumulatividade do ICMS é "imposto contra imposto".

Nesta esteira, concorda Paulo Celso Bergstrom Bonilha (1979, p. 146) ao estabelecer que:

> quanto à forma de cálculo do valor acrescido, também não houve alteração no sistema escolhido pela legislação do antigo imposto de consumo. Remanesce o método baseado na variante imposto sobre imposto (cálculo sobre a base financeira), sistema que se afigura obrigatório, por força da redação atribuída aos dispositivos constitucionais que consagram o princípio da não cumulatividade.

O princípio da não cumulatividade estabelece a sistemática de "imposto contra imposto" que reflete no quanto de imposto incidiu na aquisição de mercadorias e serviços com o quanto devido de ICMS nas saídas de mercadorias ou realização de serviços em determinado período.

Cleber Giardino e Geraldo Ataliba (*RDT* 46) simplificam a sistemática da não cumulatividade aplicável ao ICMS:

> O esquema constitucional, portanto, ao mencionar constitucional, o montante do ICM devido é o "minuendo" e o montante do ICM anteriormente cobrado é o "subtraendo". Não é de surpreender, assim, que tenham prosperado as expressões "débito", "crédito", "conta corrente" etc. para indicar este fenômeno, todas elas tradutoras, numa linguagem leiga, do procedimento jurídico da compensação.

Segundo os autores, "o próprio texto constitucional que outorgou ao Estado o poder de exigir o ICM deu ao contribuinte o direito de abatimento."

A sistemática da não cumulatividade estabelece o direito subjetivo do contribuinte oponível contra o Estado de abater do imposto devido o montante do ICMS que incidiu na aquisição de mercadorias e serviços tributáveis pelo imposto, instituindo a relação crédito e débito.

O professor Roque Antonio Carrazza (2006, p. 302) com sua peculiar expertise definiu que:

> o ICMS deve necessariamente sujeitar-se ao princípio da não cumulatividade, que tendo sido considerado, pela Constituição, um dos traços característicos deste tributo, não de ter seu alcance nem diminuído nem, muito menos, anulado por normas infraconstitucionais. (...) tal princípio está todo voltado contra os Estados e o Distrito Federal, porquanto a incidência do ICMS em cada operação ou prestação determina o surgimento de uma relação de crédito, em favor dos contribuintes.

Receberam a denominação de crédito os valores referentes ao ICMS que incidiram nas operações de entrada de mercadorias ou prestações de serviços contratados pelo contribuinte e assim utilizados corriqueiramente até que a Constituição Federal reconheceu ou recepcionou o termo, uma vez que o inciso II, alíneas "a" e "b", do § 2º do art. 155 da CF/88, com essa denominação "crédito" intitulou o montante do imposto "cobrado" nas operações ou prestações anteriores, como podemos perceber quando a expressão é utilizada no texto constitucional que "não implicará crédito para compensação com o montante devido nas operações ou prestações seguintes", e "acarretará a anulação do crédito relativo às operações anteriores".

Gera uma pequena confusão com a figura do crédito tributário, porém este é uma figura distinta que nasce no exato momento que surge a obrigação tributária, relatada em linguagem competente para a identificar o quanto é devido a título da relação jurídico tributária entre o fisco e o contribuinte.

O crédito tributário corresponde ao direito subjetivo do sujeito ativo (fisco) de exigir o objeto da obrigação tributária, que tem de outro lado o dever jurídico do sujeito passivo (contribuinte) de pagar.

Já o crédito do ICMS advém da aquisição de mercadorias e serviços que sofreram a incidência do imposto, são as entradas que fazem nascer o crédito, que poderá ser abatido quando o sujeito passivo realizar seu dever jurídico de pagar o ICMS, que é denominado débito.

Alcides Jorge Costa (1978, p. 154) reconhece a impropriedade na utilização do termo crédito, ao dispor que:

> na verdade, o vocábulo "crédito" é usado em sentido impróprio porque a entrada de mercadoria no estabelecimento não cria, para o contribuinte nenhum direito de crédito contra o fisco. O chamado "crédito" de ICM é, como foi demonstrado, apenas um

> elemento a considerar no cálculo do montante de ICM a pagar. Crédito propriamente, o contribuinte só o adquire quando se verificam as condições previstas em lei, como, por exemplo, a interrupção do fluxo dos diferimentos.

Ricardo Lobo Torres (2007, p. 300) também entende que o termo crédito é controvertido, mas são infrutíferas as críticas, porque a palavra crédito já ganhou prestígio na linguagem técnica e prática e explica a origem da expressão:

> A utilização do termo crédito é controvertida. Nem as normas constitucionais anteriores, nem o Código Tributário Nacional o empregavam; a legislação do IPI, as leis estaduais do ICMS e os Convênios é que consagraram; finalmente ingressou na CF 88 (art. 155, § 2º, II). Alcides Jorge Costa critica o emprego do vocábulo, afirmando ser o crédito apenas um elemento a considerar no cálculo do montante de ICMS a pagar. Berliri, entretanto, considera adequada a expressão 'credito d´imposta', explicando que, no direito italiano, a palavra crédito ingressou através dos impostos diretos, nos quais servia para reduzir do imposto devido o que se pagava antecipadamente; daí passou a ser empregada nos impostos não cumulativos, para nominar o benefício correspondente aos incentivos à exportação; chegou, finalmente, a ser empregada no imposto não cumulativo, com referência ao montante pago nas operações anteriores, pois tal pagamento importaria numa antecipação e, por analogia com os impostos diretos, num crédito.

Com efeito, créditos do ICMS decorrem da incidência do imposto sobre operações anteriores. São créditos que gozam da prerrogativa constitucional de constituírem moeda de pagamento do imposto devido na operação subsequente e os fatos jurídicos que lhes dão legitimidade são as operações de circulação de mercadorias ou prestações de serviços tributáveis pelo ICMS anteriores, noticiadas pelos enunciados na condição de antecedente de norma individual e concreta, posto que previstos em norma geral e abstrata.

No entanto, o direito ao crédito somente é verificado no momento da apuração do ICMS ou no dito creditamento e conforme as condições previstas na Constituição de 1988.

Aroldo Gomes de Mattos define muito bem a natureza do crédito do ICMS utilizando-se da lição de Alcides Jorge Costa (2006, p. 284):

> Todavia, Alcides Jorge Costa contesta, com inteira razão, que o crédito do ICMS seja "meramente escritural", com os seguintes argumentos:
>
> "Este entendimento equivocado leva a outra afirmação também destituída de qualquer fundamento: a de que o crédito do contribuinte é meramente escritural ou é moeda escritural. Como diz De Plácido e Silva e, seu Vocabulário Jurídico (Ed. Forense, Rio de Janeiro, 1963, vol. II, vb. Escrituração): 'Escrituração, derivado de escrever, quer significar o processo pelo qual se promove o registro sistemático e metódico de todos os fatos ocorridos em uma organização, a fim de que se fixem permanentemente, e possam, a qualquer momento, fornecer os dados que se tornem necessários para qualquer verificação a respeito deles'. Não há nada meramente escritural, uma vez que a escrituração registra fatos econômicos, portanto não se pode falar em créditos meramente escriturais."
>
> Assim, o crédito do ICMS tem natureza econômica, mais precisamente financeira, como também, jurídica, porquanto consiste em direito do contribuinte oponível à obrigação tributária devida à Fazenda Estadual. Não sendo, pois, "meramente escritural", diz-se, em linguagem contábil, que, como qualquer outro, é crédito escriturável.

Neste sentido, também o entendimento de Roque Antonio Carrazza (2006, p. 302) de que:

> o contribuinte tem o direito incontornável de lançar em sua escrita fiscal o "crédito financeiro" decorrente das aquisições de mercadorias, bens ou serviços tributados (ou tributáveis) pelo ICMS para, no momento oportuno (em geral, a cada trintas dias), utilizá-lo como "moeda de pagamento" deste tributo.

O Crédito do ICMS é uma moeda[23] que o contribuinte pode utilizar para se debitar do imposto devido, utilizando sua escrita fiscal. Lançando seus créditos e débitos na chamada "conta gráfica", sendo esta uma conta corrente do ICMS, em que no seu livro registro de entradas o contribuinte escritura todas as notas fiscais de compra com destaque do crédito de ICMS e no seu livro registro de saídas, escritura as notas fiscais de operações que tiveram débito do ICMS, e no final do período de apuração, que geralmente é mensal, faz o encontro dos créditos e débitos no livro registro de Apuração do ICMS, e no final recolhendo o imposto no prazo correspondente se o débito for maior que o crédito.

Caso ocorra dos créditos de ICMS serem superiores ao débito no final do exercício mensal de apuração, o contribuinte transporta este saldo para o período seguinte e assim subsequentemente sempre que isso ocorrer. Este saldo é denominado de saldo credor, o acumulo de créditos maiores que os débitos, que geralmente ocorre quando o contribuinte tem estoque enorme de mercadorias, as entradas foram maiores que as saídas ou, por exemplo, por ter realizado exportações de mercadorias com a não incidência do imposto, mas com a manutenção do crédito do ICMS, nos termos do art. 155, § 2º, inc. X, alínea "a", da CF/88.

Desse modo, o princípio da não cumulatividade como vetor influente no subsistema do ICMS, ao estabelecer a compensação, através do crédito e débito, possibilita ao contribuinte o direito subjetivo de pagar o ICMS apenas sobre a diferença entre seus créditos e débitos, ou somente

---

23. Apesar da doutrina reconhecer a natureza financeira do crédito do ICMS, o STF posicionou-se no sentido de que estes créditos têm natureza meramente contábil, quando analisou a questão da correção monetária dos créditos, conforme julgamento do RE nº 238.116-0/RS - 1ª T. – Rel. Min. Moreira Alves – j. 13.04.99 – DJU de 06.08.98 e RE nº 234.917-8/RS - 2ª T. – Rel. Min. Maurício Corrêa – j. 21.9.98 – DJU 1 de 04.12.98, PP. 32 2 33.

com seus créditos do imposto, caso estes sejam maiores que os débitos.

Raciocínio similar tem o sempre citado Roque Antonio Carrazza (2006, p. 302), estabelecendo que:

> Registramos que o pagamento do ICMS é habitualmente feito parte em créditos, parte em moeda. Nada impede, porém, seja feito só em créditos (quando estes equivalem ou excedem os débitos nascidos no mesmo período de apuração) ou só em moeda (quando não há créditos de ICMS provenientes de operações ou prestações anteriores).
>
> De qualquer modo, havendo créditos de operações ou prestações anteriores, o direito de abatimento é inafastável, sendo inconstitucionais as leis (complementares ou ordinárias) ou os atos administrativos que dispuserem em sentido diverso.
>
> (...)
>
> Em suma, o princípio da não cumulatividade operacionaliza-se por meio da compensação, feita pelo próprio contribuinte, entre débitos e créditos, na escrituração fiscal. Aceitar que o fisco é que vai disciplinar o desfrute deste direito, implica reconhecer, equivocadamente, que a Administração Pública pode moldar, a seu gosto, o princípio da não cumulatividade do ICMS.

No entanto, entendo que o fisco, quando está realizando sua atividade de fiscalização e constituindo o crédito tributário pelo lançamento, ou seja, estabelecendo seu direito subjetivo de exigir o valor devido, ou seja, a obrigação tributária, ao verificar que o contribuinte deixou de pagar o ICMS, somente deve analisar a ocorrência do fato jurídico tributário e constituir o crédito do imposto que lhe é devido.

Está obrigado apenas a exercer seu direito subjetivo de exigir o imposto que lhe é devido, não está obrigado a fazer apuração do crédito e débito do contribuinte, pois o princípio da não cumulatividade estabelece uma faculdade o para contribuinte abater o crédito da entrada das mercadorias e serviços do imposto devido na saída.

Não desrespeita o princípio da não cumulatividade o fato do fisco não apurar os créditos que o contribuinte tem direito, quando realiza o lançamento do imposto que entende devido, a uma, porque não está anulando o direito a crédito de ICMS do contribuinte que poderá utilizar na apuração mensal do imposto, a duas, o direito a crédito do ICMS é um direito subjetivo do contribuinte, não é automático e objetivo, o fisco somente deve observá-lo quando o contribuinte exercer seu direto de abater o crédito com o débito.

Portanto, o fisco, ao lavrar autos de infrações por falta de pagamento de ICMS não necessita observar as contas correntes dos contribuintes e realizar antes do lançamento a compensação do crédito e débito, sendo esta uma atividade do contribuinte que a realiza e apresenta contra o Estado.

Sendo assim, o princípio da não cumulatividade estabelece o método de apuração do imposto a pagar (o débito) em determinado período de apuração (geralmente mensal), concedendo ao contribuinte o direito de compensar o crédito advindo da entrada de mercadorias e serviços com o débito, sendo oponível ao fisco, quando apresentada esta sistemática pelo contribuinte nos termos da lei, quais seja, através dos devidos registros contábeis, lançamento em GIA – Guia de Informação e Apuração do ICMS[24] e o recolhimento da diferença apurada no prazo correspondente.

Apesar de Roque Antonio Carrazza (2006, p. 313) não concordar expressamente com este raciocínio, suas palavras ajudam o nosso entendimento, *in verbis*:

> A compensação em tela efetiva-se por meio de simples operações de encontro de contas de crédito/débito.
>
> Conforme já acenamos, o princípio da não cumulatividade outorga ao contribuinte o direito público subjetivo de pagar, à guisa

24. No caso do Estado de São Paulo.

de ICMS, apenas a diferença apurada, no encerramento do período, entre seus créditos e débitos.

De fato, a compensação a que estamos aludindo efetiva-se por intermédio da chamada "conta corrente fiscal", em que o saldo, se devedor, é pago pelo contribuinte e, se credor, é transferido para aproveitamento em períodos subsequentes.

O contribuinte tem o direito incontornável de lançar em sua escrita fiscal o "crédito fiscal" decorrente das aquisições de mercadorias, bens ou serviços tributados (ou tributáveis) pelo ICMS para, no momento oportuno (em geral, a cada trinta dias), utilizá-lo como "moeda de pagamento".

3.3 A regra-matriz do direito ao crédito do ICMS

Tem-se também que do fato jurídico tributário do ICMS, nasce o crédito do ICMS e o direito à compensação ou abatimento do imposto devido ou também denominado direito ao crédito ou ao creditamento, que surgem em momentos distintos.

Conforme já salientamos, existem três regras-matrizes de incidência no ICMS, que seriam realizar operações mercantis, prestar serviços de transportes interestadual ou intermunicipal e prestar serviço de comunicação e ainda que iniciadas no exterior, devidamente previstas no art. 155, II, da CF/88.

A partir do momento que é vertido em linguagem competente uma das três hipóteses de incidência do ICMS surge a obrigação tributária, na qual o vendedor da mercadoria, o prestador dos serviços de transporte interestadual ou intermunicipal, o de comunicação ou o importador têm o dever de pagar o respectivo imposto devido.

Sendo assim, primeiramente, ocorre a incidência do ICMS, em que o sujeito passivo da obrigação tributária tem o dever de pagar o imposto, para depois o adquirente da mercadoria, da prestação de serviço e do bem ou serviço importado[25], desde que contribuinte do tributo em epígrafe, tenha direito ao crédito.

Posteriormente, quando o adquirente das mercadorias, insumos ou matérias-primas ou das prestações de serviços tributáveis pelo ICMS realizar operações mercantis ou prestações de serviços e for apurar no período o imposto devido, a partir deste momento, surge o direito de realizar a compensação prevista pelo princípio da não cumulatividade ou o abatimento entre crédito e débito para apurar o quanto tem a pagar a título de ICMS.

Na prática, para um comerciante ou prestador de serviço, primeiro surge o crédito do ICMS, uma vez que necessita adquirir mercadorias, insumos e/ou matérias-primas para desenvolver seu produto, formar estoque ou colocar à disposição do cliente a prestação de serviço, para posteriormente realizar operações mercantis ou prestações de serviço.

Porém, nesta aquisição inicial de mercadorias, insumos etc. ocorreu primeiramente a incidência do ICMS sobre as operações de aquisição.

Temos, portanto, que do mesmo suporte fático surgem duas relações jurídicas, qual seja, quando da realização da operação mercantil ou prestação de serviço tributável pelo ICMS, devidamente vertida em linguagem competente, surge a obrigação tributária que o fisco, como sujeito passivo, tem o direito subjetivo de exigir o imposto e o fornecedor ou prestador do serviço o dever de pagar, e também ocorre a relação jurídica do direito a crédito do adquirente da mercadoria ou do serviço, na qual este aparece com sujeito ativo com direito subjetivo de exigir a compensação de

---

25. O importador de bem, mercadoria ou serviço é responsável pelo recolhimento do ICMS-importação e a partir do momento que registra esta operação no livro de entradas tem direito ao respectivo crédito do imposto.

seus créditos com os seus débitos, e o Estado de outro lado como sujeito passivo tem a obrigação de aceitar.

Nesta esteira, Paulo de Barros Carvalho (*RDDT* 33) também entende que do mesmo suporte físico, surgem duas relações jurídicas que abrem espaço para a percussão de duas normas jurídicas:

> Eis aí, desde logo, uma observação que me parece preciosa para iluminar o cerne do problema formulado pelas consulentes: o direito ao crédito do contribuinte não decorre da regra-matriz de incidência tributária. Antes provém da eficácia legal de outra norma jurídica: aquela atinente ao direito de creditar-se que, tomando por base de incidência o mesmo fato social, determina o surgimento do direito ao crédito.
>
> (...)
>
> será possível perceber que não se trata, apenas, de uma regra de direito, porquanto dois foram os cortes conceptuais promovidos no suporte fáctico, como duas foram as relações jurídicas que se propagaram pela ocorrência dos respectivos acontecimentos: a obrigação tributária e o vínculo no bojo do qual emergiu o direito ao crédito. Duas ocorrências no mundo físico-social, sendo uma de aquisição de insumos para o processo de industrialização e, outra, operação de compra e venda mercantil, entre Manaus e São Paulo, tendo por objeto produtos industrializados, abriram espaço para a percussão de duas normas jurídicas: a da regra-matriz de direito ao crédito pelo valor do imposto pago nas compras para o processo de industrialização e a regra-matriz de incidência do IPI.
>
> (...)
>
> Posso resumir, dizendo que duas são as normas jurídicas - a regra-matriz de incidência do IPI e a regra-matriz de direito ao crédito - e, portanto, haverá duas hipóteses - a da venda realizada pelo comerciante "A! e a da compra efetuada pelo comerciante "B"- com duas consequências - a relação jurídica tributária entre "A" e "F"(ArjF) e a relação de direito ao crédito entre "B"e "F"(BrjF).

A Constituição Federal, no inc. I do § 2º de seu art. 155, estabelece que a não cumulatividade opera-se "compensando-se o que for devido em cada operação (...) com o montante cobrado nas anteriores pelo mesmo ou outro Estado ou pelo Distrito Federal".

Ora, da leitura da norma constitucional poderia ter-se a ideia que somente surge o direito a crédito do respectivo imposto devido quando esse é "cobrado" ou pago pelo sujeito passivo da obrigação tributária. Porém, tal assertiva é equivocada e abusiva, uma vez que o adquirente não está e não pode ser obrigado a verificar se seus fornecedores estão recolhendo o tributo em questão e não tem Poder de Polícia ou competência para tal, ou seja, não tem competência para fiscalizar as atividades e obrigações tributárias de seus fornecedores ou contratados.

Tal atividade é única e privativa do fisco, conforme determina o art. 142 do CTN:

> compete privativamente à autoridade administrativa constituir o crédito tributário pelo lançamento, assim entendido o procedimento administrativo tendente a verificar a ocorrência do fato gerador da obrigação correspondente, determinar a matéria tributável, calcular o montante do tributo devido, identificar o sujeito passivo e, sendo caso, propor a aplicação da penalidade cabível.

Não pode o contribuinte ter o seu direito ao crédito cerceado, em razão de que o seu fornecedor ou prestador de serviço não recolheu o imposto devido, ou ainda que a autoridade administrativa não cobrou o que lhe era devido.

Por isso, o signo ou vocábulo "cobrado" previsto na Constituição Federal, em razão até mesmo ao princípio da justiça e para que não haja restrições abusivas ao direito ao crédito é interpretado como incidido ou incidiu.

Ressalta-se, a redação constitucional estabelece a expressão "compensando-se o que for devido em cada operação com o montante cobrado nas operações anteriores". Em nenhum momento ficou consignado pela norma supra que pode ser compensado com o montante pago ou recolhido nas operações anteriores.

Se fosse assim, o contribuinte somente teria direito ao crédito do ICMS, quando o Estado exercesse seu direito subjetivo de exigir o crédito tributário, ou seja, de cobrar o sujeito passivo. Caso o Estado permanecesse inerte, o adquirente da mercadoria ou da prestação de serviço não teria direito ao crédito do imposto.

O mestre da Pontifícia Universidade Católica Roque Antonio Carrazza (2006, p. 322) também entende desse modo, que a "interpretação cuidadosa do texto constitucional nos revela que o direito de crédito em tela independe, para surgir, da efetiva cobrança do ICMS nas anteriores operações ou prestações". Ou seja, basta incidência do imposto na operação anterior. A quitação do imposto cobrado no mais das vezes está fora do conhecimento do adquirente da mercadoria ou serviço.

Assim também entende Paulo Celso Bergstrom Bonilha (1979, p. 143), consoante suas palavras:

> Parece-nos que a acepção "montante" (de imposto) "cobrado", que vem de ser utilizada pelo legislador constitucional nos dois dispositivos acima transcritos, pressupõe, antes de mais nada, que se trata de (montante) de imposto que foi objeto de lançamento.
>
> Este requisito, ínsito no próprio texto constitucional, não implica, para fins de abatimento ou dedução na prova do pagamento do imposto. Basta que haja formalização regular da obrigação correspondente.

Alcides Jorge Costa (1978, p. 156) corrobora este entendimento lecionando que "o vocábulo 'cobrado' não pode ser entendido no sentido de concretamente exigido. Seria irreal pretender que o adquirente soubesse se o Estado exigiu ou não, concretamente, o ICM que incidiu sobre a operação. O sentido de cobrar só pode ser o de incidido".

O professor da Universidade de São Paulo apenas faz uma ressalva que "não é só a incidência na operação anterior que abre caminho ao direito de, nas operações subsequentes, abater a mesma quantia. É preciso que haja a incidência e que o ICM seja mencionado em documento fiscal" (COSTA, 1978, p. 156).

Tal afirmativa parece lógica dentro da teoria da linguagem, em razão de que somente faz parte do mundo jurídico e gera efeito o que está vertido em linguagem competente. A mera operação mercantil ou prestação de serviço é um evento ocorrido no mundo fenomênico, somente se torna fato jurídico quando vertido em linguagem competente.

No caso do crédito do ICMS, somente é constituído quando vertido em linguagem competente, ou seja, devidamente destacado o imposto no respectivo documento fiscal para que o contribuinte tenha condições de escriturar a nota fiscal em seu livro de entradas e o crédito referente em seu livro de apuração.

Realmente somente se pode falar da incidência do ICMS na operação anterior, se a operação mercantil ou a prestação do serviço de transporte ou comunicação for vertida em linguagem competente.

Desse modo, temos dois momentos distintos no mesmo suporte fático; o primeiro é quando ocorre a incidência do ICMS, quando uma das quatro hipóteses de incidência do imposto é realizada no mundo fenomênico e vertida em linguagem competente, ou seja, quando realizada a operação mercantil ou a prestação de serviço de transporte estadual, intermunicipal, de comunicação ou a importação e o fornecedor ou importador verte em linguagem competente emitindo o documento fiscal (nota fiscal), ou o fisco verificando a ocorrência no mundo fenomênico realiza o lançamento. O segundo momento é o surgimento do crédito do ICMS, que ocorre quando o adquirente da mercadoria ou da prestação de serviço recebe o documento fiscal que prescreve a operação e escritura o documento nos livros contábeis, ou seja, ao receber a mercadoria com seu respectivo documento fiscal adquire o direito subjetivo de lançá-lo em sua escrita fiscal e abater do imposto devido nas operações anteriores.

O terceiro momento é o direito ao crédito do imposto, da efetivação do encontro de contas, da compensação dos créditos de ICMS advindos das operações anteriores, com o montante devido nas posteriores, que ocorre no momento de apuração do imposto devido no exercício, realizando o abatimento dos créditos e débitos em conta gráfica e lançando em GIA. Tal momento também é conhecido como creditamento, consoante muito bem explica José Eduardo Soares de Melo e Luiz Francisco Lippo (2008, p. 132) esclarecendo que:

> quando a doutrina se refere ao "direito de abatimento" ou ao "direito de abater", esses termos podem ser tomados como "direito de crédito" ou "direito de creditamento". Sim, porque, como se extrai, por exemplo, do §3°, II, do art. 153 e das letras a e b, do inc. II, do § 2°, do art. 155, da CF, o legislador constituinte referiu-se expressamente ai termo "crédito", de sorte que neste aspecto particular, há sintonia entre aquelas locuções. Assim, estaremos utilizando preferencialmente os termos "direito de crédito" e "direito de creditamento".

Esses três momentos do direito de crédito de ICMS, quais sejam: realização da operação mercantil, da prestação do serviço sujeito ao imposto ou importação de mercadorias ou serviços sujeitos ao imposto em tela (suporte fático), escrituração da nota fiscal de entrada nos seus livros de registros fiscais e, por fim, a apuração do imposto devido, a realização do crédito e débito, Paulo de Barros Carvalho (*RDT* 33) define como processo de formação do direito ao crédito:

> De modo símile, no processo de formação do direito ao crédito, temos: (i) regra-matriz do direito ao crédito, (ii) ocorrência do

> evento previsto no antecedente da norma geral e abstrata; (iii) relato dos acontecimentos pela via da linguagem prevista no direito positivo (linguagem competente), com a emissão da norma individual e concreta, seja pelo contribuinte, seja pela autoridade fazendária, surgindo o fato jurídico e a respectiva relação que veicula o direito ao crédito do imposto; (iv) comunicação da norma individual e concreta ao órgão próprio da Fazenda ou, no caso de expedição pelo fisco, a intimação do administrado; (v) aparecimento formal do direito ao crédito do imposto.

Com efeito, resta indubitável que a norma que prescreve a incidência do ICMS não guarda relação com o princípio da não cumulatividade, pois quando ocorre a incidência do imposto apenas surge a relação jurídica entre o sujeito ativo (Estado) e o passivo (contribuinte), onde o primeiro tem direito de exigir o crédito tributário e o segundo o dever de pagar, não se instaurando, nessa relação jurídica, o direito subjetivo do contribuinte ao crédito do ICMS.

O princípio da não cumulatividade somente opera e influencia o subsistema do ICMS no momento de que o contribuinte tem o direito subjetivo de lançar o crédito em sua escrita fiscal e o opor contra o Estado, surgindo uma nova relação jurídica em que o contribuinte passa a ser o sujeito ativo que tem o direito subjetivo de abater do imposto devido o montante do ICMS que incidiu na aquisição de mercadorias e serviços tributáveis pelo imposto e, de outro lado, o Estado passa a ser o sujeito passivo que tem o dever de acatar o abatimento, que ocorre no momento da apuração do tributo em tela.

Tanto é verdade que o momento de incidência do ICMS é um e o do direito de abater o crédito de ICMS é outro, que o direito subjetivo do contribuinte ao crédito do imposto não está instalado na regra-matriz do ICMS, uma vez que se estivesse o crédito estaria atrelado à respectiva mercadoria ou ao mesmo serviço que o gerou.

Como já citado Paulo de Barros Carvalho defende essa tese, e José Eduardo Soares de Melo e Luiz Francisco Lippo (2008, p. 141) acompanham que:

> a não cumulatividade encontra-se fora da regra-matriz de incidência tributárias observamos também que a não cumulatividade se circunscreve no âmbito de extinção do crédito tributário. Sendo esta, induvidosamente, parte integrante do ciclo de cumprimento do iter, que vai do nascimento da obrigação tributária até a final satisfação da mesma pela entrega de dinheiro ao Erário Público, não se trata, aqui, de mera inserção do princípio no interior do Sistema Tributário Nacional. A natureza tributária do princípio da não cumulatividade está exatamente aí: na fase de extinção do crédito tributário. Ao mesmo tempo em que uma parte do crédito tributário é liquidada por meio da compensação estipulada no Texto Constitucional, outra há de ser satisfeita em dinheiro.

Portanto, resta claro que além da regra do direito ao crédito ser uma norma distinta da norma de incidência tributária do ICMS, somente tendo em comum o mesmo suporte físico, também ocorrem em momentos distintos; a última surge com a ocorrência do fato jurídico, estabelecendo o crédito tributário e a primeira somente se opera no momento de extinção do crédito tributário.

Heron Arzua (*RDT* 64) explica bem o que crédito do ICMS não está preso ao fato jurídico do imposto estabelecendo que:

> a Constituição alude a cada operação relativa à circulação de mercadorias ou prestação de serviços e compensação do montante cobrado nas (operações ou prestações) anteriores, sem registrar, em nenhum momento, que ditas operações ou prestações devem estar ligadas ou dizer respeito à mesma mercadoria ou ao mesmo serviço que o contribuinte impulsiona em direção ao consumo ou ao uso.

Paulo de Barros Carvalho (2008, p. 649) concorda com esta distinção de momentos e explica bem como ocorre:

> O ICMS, consoante o disposto no art. 155, §2º, I, da Carta Magna, deve atender ao princípio da não cumulatividade e, para tornar efetivo esse princípio, conduzindo a tributação aos valores que pretende realizar, exige-se, em cada elo da cadeia produção ou circulação, a compensação entre a relação do direito ao crédito (nascida com a entrada jurídica do bem) e a relação jurídica tributária (que nasce com a saída da mercadoria).
>
> Estão aí presentes, portanto, dois momentos distintos, duas situações diversas que dão a duas consequências diferentes: dois antecedentes e dois consequentes, ou seja, duas normas jurídicas, incidindo sobre fatos jurídicos independentes (embora participantes de uma mesma cadeia de circulação de mercadorias) e impondo comportamentos específicos no seio de relações jurídicas igualmente distintas.
>
> Analisando a fenomenologia da não cumulatividade, verifica-se que o direito ao crédito do sujeito adquirente provém de uma norma jurídica instituidora do direito ao crédito, que denominamos "regra-matriz do direito ao crédito". Sua incidência implica uma relação jurídica que tem como sujeito ativo o adquirente/destinatário de mercadorias, detentor do direito ao crédito do imposto, e como sujeito passivo o Estado.

Portanto, temos que a regra-matriz de incidência do imposto ocorre em um momento e a do direito ao creditamento do crédito de ICMS em outro, ou seja, apesar de as duas relações jurídicas surgirem do mesmo suporte fático, são distintas; advêm de normas diversas e ocorrem em momentos diferentes.

Para que ocorra o surgimento das duas normas jurídicas em comento, quais sejam, a norma de incidência do ICMS e a do direito ao crédito do imposto, faz-se necessária a verificação do suporte fático que dá origem a estas duas relações jurídicas, bem como analisar outra característica deste tributo, sua repercussão financeira, para que assim consigamos traçar a regra-matriz do crédito do ICMS. E como bem salientado, existem três momentos distintos, o da hipótese de incidência do ICMS, o crédito do ICMS e a do direito ao crédito ou abatimento do imposto.

O imposto sobre operações relativas à circulação de mercadorias e sobre prestação de serviços de transporte interestadual e intermunicipal e de comunicação (ICMS) é considerado um tributo indireto, em razão de que o seu encargo financeiro é repassado ou fica para o adquirente da mercadoria ou da prestação de serviço, sendo este o contribuinte de fato, e o comerciante, fornecedor ou prestador de serviço o contribuinte de direito, o sujeito passivo do tributo eleito pela norma legal.

Tal assertiva foi criada pelo "pai" do Código Tributário Nacional, Rubens Gomes de Sousa (1975, p. 170), que determinou que:

> impostos diretos seriam os suportados em definitivo pelo contribuinte obrigado por lei ao seu pagamento. Os indiretos são ou podem ser transferidos por aquele contribuinte para outra pessoa que por sua vez transferirá ou suportará em definitivo; por isso se diz que imposto indireto há dois contribuintes, o de direito (a pessoa obrigada por lei ao pagamento) e o de fato (a pessoa que arcará em definitivo com o ônus do imposto). Essa transferência do ônus fiscal de uma pessoa para outra chama-se repercussão ou translação do imposto.

O art. 166 do Código Tributário Nacional define tributos indiretos e quem tem direito à restituição dos mesmos, *in verbis*:

> *Art. 166. A restituição de tributos que comportem, por sua natureza, transferência do respectivo encargo financeiro somente será feita a quem prove haver assumido referido encargo, ou, no caso em tê-lo transferido a terceiro, estar por este expressamente autorizado a recebê-la.*

Desta feita, o ICMS é um tributo que claramente comporta a transferência do encargo financeiro, ao adquirente do produto ou do serviço e apesar de parte da doutrina entender que o conceito contribuinte de fato e de direito ser irrelevante para o Direito, penso de forma diversa e acho de suma importância para a questão do direito ao crédito do ICMS, mais especificamente a regra-matriz do crédito do ICMS.

Neste sentido, também são as palavras de Paulo de Barros Carvalho (*RDT* 33) dispondo que:

> o problema, contudo, não é tão simples quanto parece, pois, não obstante seja correto afirmar que o contribuinte de fato não compõe a relação jurídica do imposto, este não chega a perder a relevância para o direito tributário, na medida que participa de outra relação jurídica específica, importantíssima para a concretização do primado constitucional da não cumulatividade: a relação jurídica dentro da qual surge o direito ao crédito do contribuinte em face da Fazenda Pública.

O contribuinte de fato por assumir o encargo financeiro do ICMS quando adquire mercadorias ou contrata serviços sujeitos ao imposto, por suportar este encargo é quem tem direito ao crédito do ICMS, ou seja, para ter direito ao crédito, faz-se necessário arcar com ônus fiscal do imposto, repassando para o comerciante o valor do tributo que incidiu na operação, pouco importando se recolherá ou não para os cofres públicos o crédito tributário.

Então dois pontos importantes para surgir o direito ao crédito são necessários: primeiro que ocorra uma operação mercantil ou prestação de serviço tributável pelo ICMS devidamente vertida em linguagem e segundo, que o adquirente da mercadoria ou do serviço arque com o ônus financeiro do tributo e seja contribuinte do imposto. Neste momento, temos que surge a regra-matriz do crédito do ICMS, que é necessária para que no momento posterior de apuração do imposto possa incidir a regra-matriz do direito ao crédito do ICMS.

Como bem explicado por Paulo de Barros Carvalho, a não cumulatividade é um vetor do sistema do ICMS para evitar a tributação em cascata e diminuir o impacto da percussão tributária, por isso para que opere o direito ao crédito faz-se necessário que o contribuinte de fato dê continuidade na cadeia de produtiva ou de comercialização, *in verbis*:

> Para realizar esse desígnio, imperativamente proposto pela Constituição da República, impende a edição de norma jurídica que instaure, de forma efetiva, o direito ao crédito daquele que adquire mercadoria ou insumo, com o fim de dar sequência às várias etapas dos procedimentos de industrialização ou de comercialização. Mas o direito ao crédito não basta. Para tornar efetivo o princípio da não cumulatividade exige-se, em cada ciclo, a compensação entre a relação do direito ao crédito (nascida com a entrada do bem) e a relação jurídica tributária (que nasce com saída do bem). É por esse motivo que o direito ao crédito, daquele que participa das fases do ciclo da não cumulatividade, é tão necessário na consecução dessa técnica impositiva. (*RDDT* 33)

Assim, o direito ao crédito começa a nascer quando o contribuinte de fato adquire mercadorias, insumos, matérias-primas ou serviços sujeitos ao ICMS, para que possa utilizar o crédito, como moeda escritural para abater do débito, quando de saída de mercadorias.

Desse modo, tem-se que para ter direito ao creditamento, primeiramente, há ocorrência do crédito do ICMS, que surge quando o contribuinte adquire mercadorias, insumos, matérias-primas e/ou serviços tributáveis pelo imposto e arca com o encargo financeiro do tributo, devidamente destacado em nota fiscal.

Hugo de Brito Machado e Hugo de Brito Machado Segundo (2008, p. 123) expõem muito bem que o crédito de ICMS é um dos elementos necessários para o contribuinte poder se aproveitar do princípio da não cumulatividade, dizendo que:

> o princípio da não cumulatividade realmente não cria para o contribuinte um direito de crédito contra o fisco. O denominado crédito do ICMS é apenas elemento a considerar no cálculo do imposto a ser pago. Da mesma forma, a saída das mercadorias não cria, por si mesma, um débito do contribuinte. Só depois de apurado o imposto é que se pode falar realmente em crédito tributário, crédito do fisco, que é, este sim, um débito do contribuinte.
>
> Assim, antes de realizar saídas, o contribuinte não tem, ainda, como exercitar o seu direito ao crédito do ICMS relativo às entradas de mercadorias em seu estabelecimento. Esse direito nasce, é certo, das entradas, mas as saídas constituem condição indispensável ao exercício desse direito. Na linguagem de Pontes de Miranda, pode-se dizer que ocorridas as entradas o contribuinte tem o direito, mas não tem ainda a pretensão, que lhe confere exigibilidade.

No entanto, é importante lembrar que apuração do ICMS é periódica e a não cumulatividade opera-se imposto sobre imposto; os impostos que o contribuinte, como contribuinte de fato, arcou com o ônus na entrada de mercadorias e/ou serviços com o imposto como sujeito passivo (contribuinte de direito) que incidiu sobre suas operações de saída. Com efeito, o creditamento somente se opera nessa fase de apuração e pagamento do ICMS devido no período.

Nesta linha de raciocínio, é também o entendimento de Hugo de Brito Machado e Hugo de Brito Machado Segundo (2008, p. 122) ao disporem que:

> a não cumulatividade do ICMS, prevista na Constituição, efetiva-se no momento da apuração do valor do imposto a ser pago. Sempre que entram mercadorias no estabelecimento do contribuinte, este credita-se do imposto incidente nas operações anteriores. Quando ocorrem saídas, o contribuinte debita-se do imposto respectivo. No final do período, o valor devido corresponde à diferença entre créditos e os débitos, quando maiores estes últimos. Havendo saldo credor, será este transferido para o período seguinte.

Diante da complexidade existente no princípio constitucional da não cumulatividade, prescrito no art. 155, § 2º, da CF/88, que dispõe que o ICMS "será não cumulativo, compensando-se o que for devido em cada operação relativa à circulação de mercadorias ou prestação de serviços com o montante cobrado nas anteriores pelo mesmo ou outro estado ou pelo Distrito Federal", bem como na existência de três momentos necessários para realização do direito ao crédito do ICMS, utilizaremos e tentaremos construir a regra-matriz do direito ao crédito do ICMS para compreendermos melhor o texto bruto do princípio positivado e sua sistemática.

Portanto, a construção da regra-matriz do direito ao crédito do ICMS objetiva uma melhor compreensão da mensagem do princípio da não cumulatividade dentro do seu contexto comunicacional para a sua aplicação pragmática.

Importante ressaltar que, a regra-matriz tem como finalidade determinar a estrutura formal da norma com critérios capazes de identificar a ocorrência do evento para que possa ser concretizado e vertido em fato jurídico.

Para começar a montar a regra-matriz do crédito do ICMS temos primeiramente que estabelecer seu antecedente, uma vez que tanto a norma jurídica como a regra-matriz são separadas em antecedente ou hipótese e consequente ou prescritor.

A relação entre o antecedente e o consequente é deôntica neutra, que se encontrará através de uma conduta modalizada em obrigatória, permitida, ou proibida, representada pelo functor deôntico no interior da norma proposicional da tese.

O operador deôntico incide sobre o nexo entre a hipótese e a tese ou consequência, nexo que é a *relação formal da implicação* e se encontra compondo a *estrutura interna da tese*, relacionando um sujeito-de-direito com outro sujeito-de-direito nas modalidades deônticas: "facultado", "obrigatório" e "proibido".

Não pode existir norma sem o caráter deôntico, pois não estabelecerá o nexo entre a hipótese e a consequência.

O antecedente da regra-matriz funciona como descritor dos fatos jurídicos e, por sua vez, o seu consequente como prescritor, que estabelece o vínculo jurídico, determinando o sujeito portador do direito subjetivo de exigir o crédito e quem é o sujeito passivo que tem o dever de responder pelo direito subjetivo.

A regra-matriz estabelece critérios identificadores para facilitar e permitir identificar toda vez que ocorrer os fatos previstos na hipótese da norma.

A regra-matriz de incidência tributária tem na sua hipótese ou antecedente os critérios material, espacial e temporal. O critério material descreve o comportamento ou conduta que designe o comportamento humano que pode acarretar em consequências tributárias. O segundo critério, o espacial, confunde-se com a vigência territorial da norma, seria o campo de eficácia e competência da norma que ocorre a incidência de seus efeitos. Por fim, o critério temporal é o momento capaz de indicar quando acontece o fato descrito na norma capaz de gerar a obrigação tributária.

Estes três critérios estabelecidos para o antecedente da regra-matriz de incidência tributária também servem para determinar o antecedente da regra-matriz do direito ao crédito do ICMS.

Ocorre que a regra-matriz do direito ao crédito do ICMS está em um terceiro momento no subsistema do ICMS, qual seja, no momento de apuração do imposto e de extinção do crédito tributário, quando este é extinto em parte ou totalmente através da compensação ou abatimento com os créditos do ICMS advindos das operações ou prestações de serviços anteriores.

A norma constitucional que prevê o primado da não cumulatividade estabelece que o direito ao abatimento do imposto ou o creditamento do ICMS ocorre com a compensação do que for devido pelo sujeito passivo da obrigação tributária com o montante que ele, como contribuinte de fato, suportou com o ônus financeiro do imposto nas operações ou prestações anteriores.

Portanto, para que incida o direito constitucional do abatimento previsto no princípio da não cumulatividade, o contribuinte tem que ter créditos de ICMS; primeiramente incide a norma que dá direito ao contribuinte de ter os créditos do imposto referente às aquisições de mercadorias e prestações de serviços.

Esta norma seria: dado o fato do contribuinte ter adquirido mercadoria e /ou serviços tributáveis pelo ICMS e arcado com o encargo financeiro do respectivo imposto, deve ser então lhe conferido o direito ao respectivo crédito.

Importante ressaltar que esta norma se refere ao momento que é permitido ao contribuinte escriturar os créditos de ICMS advindos das aquisições de mercadorias ou prestações de serviços tributáveis pelo imposto.

A partir da incidência desta norma, em posterior momento, quando os créditos de ICMS forem aproveitados para creditamento ou abatimento do imposto devido é que incide a regra-matriz do crédito do ICMS.

Com efeito, para o surgimento da norma de incidência do direito ao crédito ou compensação do ICMS, ocorre primeiramente a incidência da norma que faz surgir o crédito em si do imposto, a qual tem como critério material da regra-matriz do crédito do ICMS adquirir mercadorias e/ou serviços tributáveis pelo imposto; como critério temporal, o momento que ocorreram as operações mercantis ou as prestações de serviços.

Por fim, o último critério espacial seria o território nacional, pois os créditos de ICMS surgem para o contribuinte nas operações mercantis e prestações de serviços realizadas com outros contribuintes localizados em qualquer das unidades da federação.

Já a segunda norma, como o critério material descreve uma conduta ou comportamento através de um verbo seguido de seu complemento, temos como critério matéria da regra-matriz do direito ao crédito do ICMS realizar a compensação ou abatimento entre crédito e débito, uma vez que o princípio não cumulatividade aplica-se na fase de extinção do imposto devido.

Como a apuração do ICMS não é por operação ou por mercadoria e, sim, periódica, usualmente mensal, o critério temporal da regra-matriz do direito ao crédito do ICMS seria então o momento de apuração do imposto.

Critério espacial seria o território estadual onde está situado o contribuinte, pois os créditos de ICMS são opostos contra o Estado em que está estabelecido o contribuinte e de onde realiza suas operações de saída.

Precisamos deixar bem claro que uma coisa é o crédito de ICMS, que o contribuinte de fato tem quando arca com o ônus financeiro da operação mercantil ou prestação de serviço devidamente vertida em linguagem, ou seja, com o destaque do imposto devido na respectiva nota fiscal e posteriormente sendo escriturado o crédito nos livros contábeis e outra coisa é o exercício do princípio da não cumulatividade, a regra-matriz do direito ao crédito do imposto ou do creditamento.

Ao ser realizado o evento previsto no antecedente que estipula a conduta, ocorre o direito subjetivo e os deveres jurídicos correlatos e o consequente da regra-matriz estabelece a relação jurídica através de seus critérios, que, no caso, são necessários dois para identificar o surgimento da relação jurídica, quais sejam o pessoal e o quantitativo.

O critério pessoal define o sujeito ativo e o passivo da relação jurídica e, no caso, já tratamos que o sujeito ativo é o contribuinte, sendo considerado como de fato quando adquire mercadorias ou prestações de serviços e de direito, quando realiza operações de saída ou prestações de serviços tributáveis pelo ICMS e o sujeito passivo, o Estado.

Importante ressaltar que se o contribuinte for apenas de fato e não realizar operações de saídas tributáveis pelo ICMS não faz jus ao crédito do imposto, sendo mero consumidor final, não se encontrando no meio do ciclo econômico ou de comercialização.

O critério quantitativo define o perfil da relação jurídica tributária ao fato. No caso da regra-matriz do direito ao crédito do ICMS, o critério quantitativo seriam os créditos compensados com os débitos, desse modo, estes confirmariam o direito ao crédito ou ao creditamento do ICMS.

Pedro Lunardelli, apesar de traçar uma regra-matriz diferente, estabelece que na hipótese normativa da não cumulatividade é composta pela relação crédito e débito, conforme afirmamos, dispondo que:

> Fechado o cerco dos significados relativos ao inciso I do § 2º do art. 155 da Constituição Federal – "será não cumulativo, compensado-se o que for devido em cada operação (...) ou prestação (...) com o montante cobrado nas anteriores" – emerge a conclusão de que a hipótese normativa da não cumulatividade é composta unicamente pelas relações de crédito tributário do ICMS originadas de uma lado, das operações ou prestações realizadas pelo próprio sujeito passivo da regra-matriz deste tributo estadual que, agora, opera a regra da não cumulatividade e, de outro, por todas as demais relações de crédito deste tributo que, não obstante não se refiram a este sujeito passivo, são colhidas pela hipótese da não cumulatividade. (*RDDT* 103)

Assim, temos como norma do princípio da não cumulatividade ou do direto ao crédito: "dado o fato de realizar a compensação de créditos e débitos no momento da apuração do ICMS, deve ser então obrigado o Estado a observar os créditos de ICMS do contribuinte na extinção do crédito tributário".

Aproveitando a regra-matriz do crédito do ICMS tem como critério quantitativo os créditos advindos na aquisição de mercadorias e serviços correspondentes ao ICMS (destacados nos competentes documentos fiscais), e no critério pessoal, como sujeito ativo, o contribuinte de fato e como sujeito passivo, o Estado.

Portanto, temos a regra-matriz do crédito do ICMS e a regra-matriz do direito ao crédito do ICMS, sendo que a primeira tem o modal deôntico "permitido" e a segunda, "obrigatório".

A regra-matriz do crédito do ICMS é traçada da seguinte forma:

- **hipótese**	critério material: importar, adquirir mercadorias e/ou serviços tributáveis pelo ICMS. critério espacial: território nacional. critério temporal: momento que ocorreu as operações mercantis, as prestações de serviços ou a importação.
- **consequente**	critério pessoal: sujeito ativo: contribuinte de fato ou de direito no caso da importação sujeito passivo: Estado critério quantitativo: os valores do ICMS referente às entradas.

E a segunda, a regra-matriz do direito ao crédito de ICMS tem:

- **hipótese**	critério material: realizar a compensação entre crédito/débito critério espacial: território estadual critério temporal: apuração periódica do ICMS
- **consequente**	critério pessoal: sujeito ativo: contribuinte de fato e de direito sujeito passivo: Estado Critério quantitativo: os valores do ICMS referentes às entradas e as saídas, ou seja, o crédito/débito.

Importante relembrar que, a norma constitucional estabelece restrições ao direito ao crédito de ICMS, no inciso II, alíneas "a" e "b', do § 2º do art. 155 da Constituição Federal, determinando que "a isenção ou não incidência, salvo determinação em contrário da legislação, (a) não implicará crédito para compensação com o montante devido nas operações ou prestações seguintes, e (b) acarretará a anulação do crédito relativo às operações anteriores".

4

CONCEITO DO DIREITO AO CRÉDITO - TEORIA DO CRÉDITO FINANCEIRO E DO CRÉDITO FÍSICO

Expomos que o princípio da não cumulatividade é um primado constitucional que limita o poder de tributar do Estado, que somente pode exigir o imposto sobre a diferença de créditos e débitos, quando o contribuinte fizer esse encontro de contas e apresentá-lo em linguagem competente.

A Constituição Federal disciplina claramente sobre o princípio da não cumulatividade, em seu art. 155, § 2º, incs. I, II, X, alínea "a" e inc. XII, alínea "c", e por dar este tratamento especial ao primado, existem divergências e conflitos sobre a amplitude e eficácia do direito ao creditamento no ICMS.

A divergência sobre o direito ao abatimento do ICMS existe, em razão do disposto na alínea "c" do inc. XII do § 2º do art. 155 da CF/88, que estabelece que cabe à lei complementar disciplinar sobre o regime de compensação do imposto, com isso a corrente que defende a teoria do crédito físico entende que pode a legislação infraconstitucional diminuir a possibilidade de creditamento, somente sendo possível aproveitar o crédito das entradas que realmente foram utilizadas e necessárias para a comercialização posterior.

De outro lado, a corrente que defende a teoria do crédito financeiro que se fundamenta que o princípio da não cumulatividade já está devidamente regulamentado pela Constituição Federal, sendo uma norma de eficácia plena; assim, tudo que o contribuinte adquire para seu estabelecimento e para o exercício de sua atividade dá direito ao crédito, sendo as únicas vedações a este, as previstas pela própria Carta Magna.

Pelo crédito financeiro pode o contribuinte creditar-se de todas as despesas e custos para produção do bem e/ou mantença de seu negócio ou atividade empresarial em que arcou com o ônus financeiro do ICMS na aquisição; de outro lado, pela teoria do crédito físico, o contribuinte somente pode aproveitar os créditos referentes aos impostos que incidiram, anteriormente, sobre as mercadorias, matérias-primas ou serviços empregados fisicamente na industrialização, comercialização ou na prestação de serviço.

Assim passamos à análise das duas teorias: a do crédito financeiro e a do crédito físico.

4.1 Teoria do crédito financeiro

A teoria do crédito financeiro advém da interpretação constitucional do princípio da não cumulatividade, que parte da ideia de que sendo devido ICMS na operação anterior, surge o direito de abatimento do imposto nas subsequentes.

Leva-se em consideração que a norma constitucional da não cumulatividade é uma norma de eficácia plena, não necessitando de lei para sua aplicabilidade, bem como não pode ser restringido o direito de crédito.

Geraldo Ataliba e Cléber Giardino (*RDT* 46) estão entre os maiores defensores da teoria do crédito financeiro e ensinam que:

> as disposições constitucionais dos chamados "créditos de IPI e ICM têm eficácia plena e aplicabilidade imediata, na classificação consagrada por José Afonso da Silva", eficácia normativa plena significa aptidão incondicional para produzir imediatos efeitos jurídicos, quando cabível a incidência do preceito. De nenhuma lei depende a eficácia do sistema de abatimentos.

E concluem os nobres doutrinadores:

> a) o direito de crédito, tanto de IPI, é constitucional;
>
> b) como tal, não emerge da lei, nem dela depende;
>
> c) por isso mesmo, o legislador não pode condicionar o seu exercício;
>
> d) esse direito surge com a realização de operação tributável em benefício do adquirente;
>
> e) este (adquirente) passa a deter o título jurídico (crédito) que poderá ser usado para abatimento de imposto a pagar (forma de pagamento – total ou parcial – de débito de ICM ou IPI);
>
> f) o crédito e o débito são entidades distintas e inconfundíveis, emergentes de fatos diversos, submetidos a regimes autônomos.

Neste sentido, José Eduardo Soares de Melo e Luiz Francisco Lippo (2008, p. 106) escrevem que:

> tomando como parâmetro a classificação de Celso Bastos e Carlos Ayres de Brito, podemos concluir com segurança que o princípio da não cumulatividade é norma de aplicação, eventualmente regulamentável, e que possui eficácia plena, porquanto não depende de qualquer outro comando de hierarquia inferior para emanar seus efeitos. O legislador infraconstitucional nada pode fazer em relação a ele, posto faltar-lhe competência legislativa para restringir o seu conteúdo, sentido e alcance.

Como seguidor de Geraldo Ataliba, Roque Antonio Carraza (2006, p 305) também defende a eficácia plena do princípio da não cumulatividade, uma vez que é o direito ao abatimento advém da Constituição Federal e não pode ser restringido pela Lei Complementar, pela Lei Ordinária e nem pelo Estado, ao dispor que:

> a garantia constitucional do abatimento – que deflui diretamente do art. 155, § 2º, I, da CF – é que, portanto, confere ao ICMS o chamado "caráter não cumulativo". Esta propriedade se perde quando, sob pretextos vários (salvo os apontados no art. 155, § 2º, II da mesma Lei Maior), é negada ao contribuinte a faculdade constitucional de realizar, in concreto, tal abatimento.

E continua com este raciocínio dizendo que:

> O abatimento, pois, é, sem dúvida, categoria jurídica de hierarquia constitucional. Melhor dizendo, é direito constitucional reservado ao contribuinte do ICMS, que nenhuma lei, decreto, portaria, interpretação etc. podem amesquinhar.
>
> Sendo assim, o art. 155, § 2º, I, da CF confere ao contribuinte do ICMS o direito público subjetivo, oponível ao Estado ou ao Distrito Federal, de fazer o abatimento (quando presentes os requisitos constitucionais).
>
> Estamos, pois, diante de típica norma constitucional de eficácia plena e aplicabilidade imediata, que, como quer José Afonso da Silva, independe, para irradiar efeitos, da edição de regras inferiores que lhe explicitem o conteúdo ou o alcance. (p. 307)

Pelas normas constitucionais, não existem restrições e para que se tenha direito ao crédito, basta que existam créditos provenientes de operações mercantis ou prestações de serviços anteriores, pouco importando se as operações ou prestações estejam ligadas ou digam respeito à mesma mercadoria ou ao mesmo serviço que o contribuinte objetiva realizar.

Tudo que entra de mercadoria no estabelecimento ou prestação de serviço tributável pelo ICMS, independente de sua finalidade, pouco importando a destinação dada a estes, dá direito ao crédito do imposto.

Pela teoria financeira, o direito ao crédito advém da aquisição de todas as mercadorias, produtos ou serviços em que ocorreu a incidência do ICMS; a Constituição Federal não estabelece que o crédito está ligado ao fim ou ao destino dado à mercadoria, produto ou prestação de serviço. O princípio da não cumulatividade não cria uma obrigação para o contribuinte, que ele deva fazer o controle do ICMS incidente nas aquisições de mercadorias e serviços, com o imposto incidente na saída de cada mercadoria ou serviço, ou seja, que fim foi dado às mercadorias e serviços adquiridos para verificar se há direito a crédito do ICMS.

Neste sentido, o professor Roque Antonio Carrazza (2006, p. 308) afirma que:

> a Constituição atual, de revés, confere ao contribuinte o direito de abater, do montante de ICMS a pagar, tudo o que foi devido por outros contribuintes que lhe prestam serviços ou lhe fornecem mercadorias e outros bens tributados (máquinas, material de escritório, veículos etc.). Estabelece, portanto, uma relação de crédito/débitos (as entradas fazem nascer créditos; as saídas, débitos).

A regra-matriz do direito ao crédito tributário vem justamente confirmar esta teoria e a sistemática da não cumulatividade, demonstrando que todos os elementos de direito ao crédito já estão traçados na Constituição Federal e a mudança desta regra pelo legislador infraconstitucional estaria desobedecendo às determinações do princípio que estabeleceram limites para o Estado.

O critério material da regra-matriz do direito ao crédito é realizar compensação entre crédito/débito, a Constituição Federal não estabeleceu quais mercadorias ou serviços dão direito ao crédito; não pode a lei fazer distinção do que é possível se creditar ou não, uma vez que tal regra não tem fundamento na Carta Magna e ataca um dos critérios da regra-matriz do direito ao crédito do ICMS.

O critério quantitativo é o núcleo da regra-matriz e tem como finalidade confirmar, afirmar ou infirmar a hipótese de incidência da norma da não cumulatividade, da regra-matriz do direito ao crédito do ICMS, e este critério estabelece claramente que é o total dos valores do imposto em comento referentes às entradas de mercadorias e serviços, não existindo qualquer restrição ou vedação ao crédito.

Para ter direito ao crédito, basta o sujeito ativo da relação do direito ao crédito ter adquirido mercadoria, matéria-prima, insumo ou serviço tributável pelo imposto e arcado com o ônus financeiro do tributo e posteriormente ter realizado operações ou prestações de serviços sujeitas ao ICMS, para realizar a apuração mensal e compensar ou abater o que for possível.

As únicas restrições ao direto ao crédito previstas na Constituição Federal estão no inciso II do § 2º de seu art. 155, que dispõe que "a isenção ou não incidência, salvo determinação em contrário da legislação: (a) não implicará crédito para compensação com o montante devido nas operações ou prestações seguintes; e (b) acarretará a anulação do crédito relativo às operações anteriores".

Roque Antonio Carraza (2006, p. 328) defende que estas vedações constitucionais ao crédito são taxativas:

> Apenas nas hipóteses de isenção ou não incidência (que podem, aliás, ser afastadas pela legislação ordinária) é que o princípio da não cumulatividade do ICMS cede passo. Não pode haver outras restrições aos ditames constitucionais que incidem sobre esta matéria (que, que como vimos, confere um direito público subjetivo ao contribuinte, oponível à própria pessoa política tributante). Este rol é taxativo (*numerus clausus*), não sendo dado nem ao legislador, nem ao julgador, nem ao intérprete, ampliá-lo, tanto mais porque as exceções devem ser interpretadas

> restritivamente, nos termos da conhecida parêmia *exceptio est strictissimae interpretationis*.

Quanto à determinação da alínea "a" da norma em comento, que a aquisição de mercadorias e/ou serviços isentos ou que não incidiu ICMS não dá direito ao crédito do imposto, no meu sentir e por tudo que já foi dito, parece óbvio e redundante, uma vez que para que nasça o crédito do imposto em comento faz-se necessário que ocorra a incidência do tributo na operação de aquisição ou contratação e que o adquirente (contribuinte) arque com o encargo financeiro do imposto.

Ora, no caso de isenção, não há a repercussão do tributo, assim não se pode falar mesmo do direito ao crédito, ou seja, o adquirente da mercadoria ou do serviço não assumiu a figura de contribuinte de fato, em razão de que não existiu desembolso com valor correspondente ao ICMS na operação.

A não incidência é claro que não dá direito ao crédito, pois, conforme já salientado, um dos requisitos básicos para que ocorra o direito ao crédito é que o imposto seja "cobrado" na operação anterior e este cobrado explicamos, que em verdade, refere-se a incidido, que haja a incidência do imposto na operação anterior.

Portanto, isenção e não incidência de forma alguma poderiam dar direito a crédito de ICMS, pois não houve a incidência do imposto na operação ou prestação de serviço anterior e consequentemente não existiu a repercussão do tributo.

Operação isenta ou em que não houve a incidência do ICMS somente dará direito a crédito se previsto em lei, pois a regra-matriz do direito ao crédito não prevê essa hipótese, assim seria um benefício legal, ou conforme muito bem explicado por Ricardo Lobo Torres (2007, p. 307), "o direito ao crédito correspondente à mercadoria isenta seria ficção jurídica, e, por isso mesmo, só existirá quando autorizado por lei como incentivo fiscal sob a forma de crédito presumido".

No entanto, a Constituição Federal estabelece uma real restrição ao direito ao crédito, tendo em vista que defendemos que se houver a incidência do imposto na entrada de mercadorias e serviços, tem o contribuinte o direito de se creditar deste, independentemente do destino ou da saída do produto ou serviço.

Ocorre que a alínea "b" do inc. II do § 2º do art. 155 da CF/88 determina que a isenção ou não incidência acarretam a anulação do crédito relativo às operações anteriores. Portanto, independente da presença de todos os requisitos para o contribuinte escriturar em seus livros o crédito de ICMS, caso não tiver imposto a pagar na saída em caso de isenção ou não incidência, o crédito deve ser estornado, não podendo ser repassado para a competência posterior.

Percebe-se que esta vedação constitucional restringe realmente o direito ao crédito, cerceando o direito subjetivo do sujeito ativo da regra-matriz do direito ao crédito, uma vez que esse como contribuinte de fato teria direito a aproveitar o encargo financeiro do imposto incidente na operação anterior como crédito, porém, a restrição constitucional estabelece que o contribuinte assumirá este encargo, não podendo opor contra o Estado na figura de crédito do ICMS, cumulando assim este ônus fiscal com o contribuinte quando a saída não tiver a incidência do imposto ou seja isenta.

O disposto na alínea "b" do inc. II do § 2º do art. 155 da CF/88 altera também o critério matéria da regra-matriz do direito ao crédito do ICMS, estabelecendo assim que este se refere ao total dos valores de ICMS advindos das aquisições de mercadorias, insumos, matérias-primas e prestações de serviços, com exceção daqueles em que na saída não houver a incidência do imposto ou forem isentas.

Nessa sistemática, se o contribuinte tiver na sua saída de mercadorias e prestações de serviços, operações tributáveis pelo ICMS e não tributáveis, deve cancelar somente os créditos referente às operações de mercadorias e prestações de serviços anteriores, que estavam ligadas com as operações e prestações posteriores que não houve a incidência ou pagamento do imposto pela isenção tributária.

Com efeito, temos uma nova regra-matriz de direito ao crédito do ICMS que seria: dado o fato de realizar a compensação de créditos e débitos no momento da apuração do ICMS, advindos das aquisições de mercadorias, insumos, matérias-primas e prestações de serviços tributáveis pelo imposto, com exceção daqueles (créditos da entrada) que os respectivos destinos conferidos às mercadorias pelo contribuinte não incidiu o imposto ou forem isentos nas operações subsequentes, deve ser então obrigado o Estado observar os créditos de ICMS do contribuinte na extinção do crédito tributário.

A exceção constitucional[26] às restrições previstas no inc. II do § 2º do art. 155 da CF/88 está no inc. X da norma em comento que estabelece que não incide ICMS nas operações mercantis ou prestações de serviço para exterior,

26. Digo constitucional tendo em vista que a Lei Complementar 87/96 ampliou o aproveitamento de créditos também para as operações com o papel destinado à impressão de livros e periódico, conforme dispõe o art. 21, §2º, bem como a manutenção do crédito de bens para o ativo fixo ou uso e consumo envolvidos no processo de industrialização para exportação, nos termos do art. 32, inc. II, *in verbis*:
"Art. 21 [...]
[...]
§2º Não se estornam créditos referentes a mercadorias e serviços que venham a ser objeto de operações ou prestações destinadas ao exterior ou de operações com o papel destinado à impressão de livros, jornais e periódicos".
[...]
"Art. 32 [...]
[...]
II - darão direito de crédito, que não será objeto de estorno, as mercadorias entradas no estabelecimento para integração ou consumo em processo de produção de mercadorias industrializadas, inclusive semielaboradas, destinadas ao exterior;"

porém, mesmo assim assegura a manutenção e o aproveitamento do crédito do imposto pelo exportador, *in verbis*:

> *X - não incidirá:*
>
> *a) sobre operações que destinem mercadorias para o exterior, nem sobre serviços prestados a destinatários no exterior, assegurada a manutenção e o aproveitamento do montante do imposto cobrado nas operações e prestações anteriores.* (redação dada pela Emenda Constitucional 42/2003)

Desse modo, os créditos referentes às mercadorias e serviços que forem objeto posteriormente de exportações são um benefício constitucional e tem o contribuinte exportador direito de aproveitá-los em qualquer apuração. Caso não consiga aproveitá-los para abater do ICMS devido e ficar com um saldo credor acumulado, nestes casos, pode o contribuinte repassar para outro estabelecimento seu dentro do próprio Estado ou transferi-lo para outros contribuintes do mesmo Estado.[27]

No tocante à lei complementar exigida pela alínea "c" do inc. XII do § 2º do art. 155 da CF/88, a esta somente competiria uniformizar para todos os entes federados o regime da compensação, objetivando evitar que cada Estado e/ou o Distrito Federal criassem regimes próprios e assim não

---

27. *"Art. 25. Para efeito de aplicação do disposto no art. 24, os débitos e créditos devem ser apurados em cada estabelecimento, compensando-se os saldos credores e devedores entre os estabelecimentos do mesmo sujeito passivo localizados no Estado. (redação dada pela LC 102/2000)*
§ 1º Saldos credores acumulados a partir da data de publicação desta Lei Complementar por estabelecimentos que realizem operações e prestações de que tratam o inciso II do art. 3º e seu parágrafo único podem ser, na proporção que estas saídas representem do total das saídas realizadas pelo estabelecimento:
I - imputados pelo sujeito passivo a qualquer estabelecimento seu no Estado;
II - havendo saldo remanescente, transferidos pelo sujeito passivo a outros contribuintes do mesmo Estado, mediante a emissão pela autoridade competente de documento que reconheça o crédito".
[...]

desvirtuassem o princípio da não cumulatividade aumentando mais a chamada Guerra Fiscal entre os Estados.

Como a Constituição Federal estabeleceu todos os requisitos necessários para a aplicabilidade do princípio da não cumulatividade no sistema do ICMS, não teria a lei complementar maiores funções ou necessidade de complementar algo que estivesse faltando, ir de encontro ao mandamento constitucional ou estabelecer outras restrições ao direito ao crédito. Apenas, pode dispor efetivamente de como se aplicaria o regime na prática.

Ives Gandra da Silva Martins (*RDT* 157) ensina que:

> sempre que a Constituição declara que determinado princípio deverá ser explicitado, "nos termos da lei complementar ou ordinária", o faz para determinar a tais legisladores que o expliquem, mas que não o alterem, modifiquem. Criem ou amputem Situações nele Contidas ou Previstas, risco de macularem a Lei Suprema.
>
> Em termos diversos: sempre que o constituinte determina que um princípio constitucional seja explicitado por legisladores infraconstitucionais, parte da certeza de que a explicitação não alterará em nada o conteúdo ôntico de sua enunciação, devendo, rigorosamente, ser seguido que nela contido esteja.

E continua citando os ministros do Supremo Tribunal Federal, Moreira Alves e Soares Muchoz que:

> como se percebe, suas Excelências claramente declaram a lei complementar ou lei ordinária podem exclusivamente, tão somente, apenas e nada mais do que transformar em lei infraconstitucional aquilo que está contido na Constituição, ôntica e completamente.
>
> Não há poder criador além ou aquém da Constituição, mas, exclusivamente, a atribuição de explicitar, esclarecer, tornar viável a aplicação do princípio constitucional, cuja supremacia não pode ser tisnada, maculada, ferida por amputações ou postergações de vigências, que a Lei Suprema presume imediatas. (p. 119)

Explica Roque Antonio Carrazza (2006, p. 333) que, quanto à não cumulatividade, à lei complementar competiria disciplinar sobre procedimentos de constituição, registro e utilização ao crédito, inclusive citando Heron Arzua para fundamentar seu entendimento, conforme suas palavras abaixo transcritas:

> De fato, a lei complementar, ao "disciplinar o regime de compensação do imposto" (art. 155, § 2º, XII, "c", da CF), não pode interferir no conteúdo e no alcance da regra da não cumulatividade. Deve, apenas, operacionalizar documentalmente um sistema de escrituração em que, considerado certo lapso de tempo, é registrado, de um lado, o imposto devido e, de outro, a expressão financeira do abatimento correspondente.
>
> No mesmo sentido, o magistério de Heron Arzua: "Ora, o conteúdo do princípio da não cumulatividade está posto, rigidamente, na Constituição. A mesma Lei Maior, entrementes, incumbiu à lei complementar tão só a fixação do mecanismo, do método, da forma pela qual se implementa o regime da compensação (período considerado, soma algébrica de fatos geradores ocorridos em um período, v.g.).
>
> É útil repisarmos que a eficácia do sistema de compensação de que aqui se cogita independe da edição de lei complementar, cujo alcance (evidentemente adjetivo) não pode interferir nos aspectos substanciais do "direito de abater". A única condição para que o princípio irradie efeitos é a ocorrência dos pressupostos constitucionais pertinentes.
>
> Portanto, a lei complementar, na melhor das hipóteses, disciplinará o procedimento de constituição, registro e utilização do crédito do ICMS.

Importante ressaltar que este entendimento advém de que a Constituição Federal estabeleceu todos os requisitos e critérios necessários para efetivação do princípio da não cumulatividade no ICMS.

Já José Eduardo Soares de Melo e Luiz Francisco Lippo (2008, p. 106) fazem a análise de que a lei complementar só poderia disciplinar sobre o regime de compensação e explicam o que é e o alcance de regime de compensação, em razão de que o art. 155, § 2º, inc. XII, alínea "c", da CF/88 determina que "XII - cabe à lei complementar disciplinar o regime de compensação do imposto":

> E qual o significado da expressão "regime de compensação do imposto"? Regime de compensação nada mais é do que a periodicidade e a forma com que o contribuinte deverá proceder à apuração do imposto. Foi com base neste dispositivo que o legislador infraconstitucional estabeleceu várias modalidades de regimes de apuração: regime de apuração mensal, regime de apuração por estimativa e regime especial de apuração. Cada qual é aplicável a um tipo específico de contribuinte.
>
> O que é importante salientar, porém, é que esse regime de compensação (ou, como entendemos, regime de apuração), não altera o conteúdo nuclear do princípio da não cumulatividade. Esse "regime" comete apenas e tão somente os aspectos temporal e pessoal da apuração do imposto devido. O núcleo do princípio permanece intacto. É aquele consistente do direito do contribuinte de creditar-se do imposto incidente nas operações anteriores, e que deram entrada no seu estabelecimento, para compensação com o imposto incidente sobre as operações que realizar. O regime somente disciplinará a forma e a periodicidade dessa compensação, sem contudo, impor qualquer restrição ao direito do creditamento.

Desse modo, a lei complementar somente pode alterar o critério temporal da regra-matriz do direito ao crédito, ou seja, o período de apuração do ICMS, uma vez que este critério está diretamente envolvido com o regime de compensação do imposto e se mudasse o critério material ou quantitativo estaria alterando a regra constitucional.

Quanto ao critério pessoal, também só pode ser alterado o sujeito passivo da relação tributária do direito ao crédito do ICMS, uma vez que pode o legislador indicar como sujeito ativo da obrigação tributária pessoa distinta da que tem a competência tributária. A pessoa que não é titular da competência tributária recebe as atribuições de arrecadar e fiscalizar o tributo (art. 7° e § 1° do CTN), mas não fica com o produto arrecadado, transferindo os recursos para o ente político.

A competência tributária está em um momento anterior à instituição do tributo, está no plano constitucional, o que não se confunde com capacidade tributária ativa que é ter credenciais para exigir a obrigação tributária e que surge com a instituição do tributo, sendo a eleição do sujeito ativo da regra-matriz tributária.

É normal o ente político cumular a competência tributária e a capacidade tributária ativa, colocando-se como sujeito ativo da obrigação tributária. A competência tributária é intransferível e a capacidade tributária não é, por isso pode ser indicada para qualquer pessoa. Trata-se, como já constou alhures, do princípio da indelegabilidade da competência tributária, que está implícito no art. 2º da Constituição Federal. A capacidade tributária não está albergada por este princípio podendo ser transferida.

Com efeito, a lei pode alterar o sujeito ativo da obrigação tributária do ICMS que por via reflexa, altera o sujeito passivo da regra-matriz do direito ao crédito do imposto.

Não vislumbro a possibilidade de alteração do sujeito ativo do direito ao crédito de ICMS para pessoa distinta do "contribuinte de fato e de direito", ou seja, sujeito ativo é o contribuinte sendo considerado como de fato quando adquire mercadorias ou prestações de serviços e de direito quando realiza operações de saída, alterando esta pessoa também desvirtuaria a regra da não cumulatividade, alterando requisitos necessários do direito ao crédito que seriam a incidência do imposto na operação anterior e que o adquirente arque com o encargo financeiro do tributo.

4.2 Teoria do crédito físico

A teoria do crédito físico advém de uma interpretação restritiva do princípio da não cumulatividade e da disposição constitucional prevista no o art. 155, § 2º, inc. XII, alínea "c", da CF/88.

Quando o inc. I do § 2º do art. 155 da CF/88 estabelece que "compensando o que for devido em cada operação relativa à circulação de mercadorias ou prestações de serviços com o montante cobrado", seria na verdade que a compensação se dá entre o imposto devido na saída da mercadoria, com o imposto anteriormente cobrado requerente àquela mercadoria ou seus insumos. Estando o direito ao crédito do ICMS vinculado ao destino ou fim dado à mercadoria ou ao serviço prestado.

Ricardo Lobo Torres (2007, p. 302) explica a teoria do crédito físico, utilizando-se de Cesare Cosciani:

> No sistema do crédito físico, deduzem-se do valor da produção unicamente os bens ou mercadorias que se incorporam fisicamente ao bem obtido, excluindo-se todos aqueles gastos que, embora indispensáveis para a produção do bem gravado, não se exteriorizam fisicamente no bem produzido (gastos com instalações, fábricas, imóveis, fontes de energia, transporte, investigações e estudos, patentes, publicidade etc.).

O Egrégio Supremo Tribunal Federal entende que o princípio da não cumulatividade visou a evitar a bitributação na cadeia produtiva, por isso impera o sistema do crédito físico, conforme se pode observar no julgamento do RE 195.894/RS, relator ministro Marco Aurélio, *in verbis*:

> Imposto de circulação de mercadorias e serviços - Princípio da não cumulatividade - Objeto. O princípio da não cumulatividade visa *(sic)* afastar o recolhimento duplo do tributo, alcançando hipótese de aquisição de matéria-prima e outros elementos relativos ao fenômeno produtivo. A evocação é imprópria em se tratando de obtenção de peças de máquinas, aparelhos, equipamentos industriais e material para a manutenção.
>
> (RE 195.894/RS, 2ª T. Rel. Min. Marco Aurélio, j. 14.11.00 - DJ 16.02.01, p. 140)

O voto proferido pelo ministro Marco Aurélio, enquanto relator do Recurso Extraordinário em comento, explica de forma clara a teoria do crédito físico, que os créditos de ICMS somente podem ser aproveitados se vier de mercadoria que foi ou possa ser comercializada:

> O princípio alcança a matéria-prima adquirida e que venha a ser consumida ou integrada ao produto final, na condição. A óptica é imprópria em se tratando de materiais, tais como, segundo mencionado no item 4 da inicial, peças de reposição de máquinas, aparelhos e equipamentos industriais e o que despendido na manutenção destes, inclusive com a frota de veículos para transporte da mercadoria a clientes. Há de exigir-se correlação. No caso de máquinas, aparelhos e equipamentos industriais, bem como de material para manutenção de veículos, não se tem, a seguir, a comercialização. Não ocorre processo de transformação em nova mercadoria passível de vir a ser comercializada. Daí a impertinência de pretender-se lançar tributo pago na aquisição desses materiais como crédito, isso visando à compensação com os débitos decorrentes da alienação das mercadorias produzidas.

Desta feita, muda-se a sistemática da não cumulatividade do ICMS, não sendo mais "imposto contra imposto", e, sim, "mercadoria contra mercadoria", o aproveitamento dos créditos relativos à mesma mercadoria que for objeto de posterior operação mercantil, tendo que os encargos financeiros de ICMS advindos das aquisições de mercadorias e serviços que não estejam diretamente ligados com o bem produzido para saída ou o serviço a ser prestado devem ser excluídos do sistema de creditamento, apesar de serem necessários para a realização do processo produtivo, de comercialização ou para a prestação do serviço.

Meu colega na época em que éramos Juízes do Tribunal de Impostos e Taxas, José Roberto Rosa, que tive o prazer de conhecer e tenho honra de conviver, defende que "o ordenamento jurídico nos conduz à possibilidade de crédito para as matérias-primas e insumos que integram o produto final e mais as mercadorias que se consomem imediata e integralmente no processo produtivo, além de mercadorias que sejam diretamente utilizadas na comercialização" (2008, p. 1145).

Oswaldo Bispo Beija, ex-juiz do Tribunal de Impostos e Taxas da Secretária da Fazenda do Estado de São Paulo, também entende que:

> o critério denominado crédito físico ("mercadoria contra mercadoria") implica na *(sic)* soma do valor do imposto "cobrado" nas aquisições de mercadorias e nos serviços tomados vinculados às operações ou prestações de serviços subsequentes. Há por assim dizer, um "acompanhamento" da mercadoria do momento em que ingressa no estabelecimento do contribuinte ou do serviço tomado no momento de sua saída ou da mercadoria por ele produzida ou serviço prestado, abatendo-se do imposto "devido" na operação ou prestação subsequente o valor do imposto "cobrado" referente às operações ou prestações anteriores. (*RDT* 75)

Para os adeptos da teoria do crédito físico, existem dois requisitos necessários para que o contribuinte possa se aproveitar do crédito, sendo o primeiro a entrada de mercadoria ou serviços com a incidência do ICMS, e o segundo seria o destino dado à mercadoria ou serviço, se for para revenda ou para integrar o produto final ou o serviço, dá direito ao crédito, qualquer outra finalidade distinta perde-se o direito ao aproveitamento do crédito do imposto.

Esse segundo requisito não está no mandamento constitucional. Da regra-matriz do crédito do ICMS extraída da Constituição Federal não se verifica essa limitação ao direito de compensação, qual seja, que somente pode se aproveitar créditos de mercadorias que sejam diretamente utilizadas na comercialização.

O sujeito ativo que tem o direito subjetivo de realizar o creditamento pode aproveitar todos os créditos advindos de operações mercantis ou prestações de serviços anteriores, nas quais ocorreram a incidência do ICMS e que respondeu com o encargo financeiro do imposto, devidamente destacado nas notas fiscais de entrada.

Não se percebe, na regra-matriz do direito ao crédito do ICMS, nenhuma possibilidade de estabelecer que o direito ao crédito esteja relacionado com o fim ou destino da mercadoria ou da prestação de serviço tributável pelo imposto; que a mercadoria da entrada esteja relacionada com a operação posterior de saída, ou que o crédito é referente a cada operação. O crédito de ICMS está atrelado a cada operação e não sendo mais relacionado ao total das operações de entradas e saídas realizadas no período.

Ademais, o empresário ou administrador somente adquirem bens ou serviços para otimizar a sua atividade empresarial ou comercial. Todas as aquisições são custos ou despesas, que têm em sua atividade, estão ligados e relacionados com as saídas que realiza e integram o preço do produto vendido ou serviço prestado.

Assim, a vedação dos créditos do contribuinte advindos de bens ou serviços que não estejam ligados "diretamente" à operação mercantil ou à prestação de serviço final tributável pelo ICMS aumenta injustamente o custo Brasil, pois são gastos indispensáveis para a atividade empresarial que estão cumulando indevidamente no empreendedor envolvido com o processo produtivo, comercial ou com a prestação de serviço de transporte ou de comunicação.

Insta salientar que, o sistema do crédito físico existia nas Constituições pretéritas, em especial a de 1967, com posterior Emenda Constitucional em 1969, que ao dispor sobre o antigo ICM estabelecia que o imposto era não cumulativo, especificando que se abatia, em cada operação, o imposto cobrado nas anteriores, nos termos da lei.

Ou seja, sistemática distinta da prevista na atual Constituição Federal, que estabelece outra regra-matriz de direito ao crédito tributário e ainda conferia o sistema de abatimento à legislação infraconstitucional, delegando a esta a competência para estabelecer os requisitos e critérios necessários para instituir o sistema de creditamento do antigo ICM.

Nesta esteira, Roque Antonio Carrazza (2006, p. 308) dispõe que "esta, diga-se de passagem, é novidade da Constituição de 1988. A anterior (de 1967/1969), quando cuidava do ICM, vinculava o aproveitamento dos créditos à mesma mercadoria".

Já avisava Alfredo Augusto Becker (1999, p. 99) que "quando o antigo sistema jurídico é substituído por um novo, o juiz deve se esforçar para purificar sua atitude mental jurídica, eliminando as contaminações políticas que poderão distorcer e falsear a interpretação das novas leis que vieram substituir aquele antigo sistema jurídico".

No entanto, os ensinamentos do mestre gaúcho não foram observados pelo Poder Judiciário, que confirmou (pelo menos por enquanto, pois sempre há uma esperança) a aplicação do regime do crédito físico perante o sistema constitucional tributário previsto na atual Constituição Federal.

Outro ponto defendido pela teoria do crédito físico é que a legislação complementar pode disciplinar o regime de compensação do imposto como bem entender, tendo, a Constituição Federal, outorgada esta matéria para lei complementar; esta pode inclusive restringir o direito ao crédito. Conforme acima exposto, este entendimento é resquício da interpretação antiga que se fazia do princípio da não cumulatividade previsto na Constituição Federal pretérita.

De fato, a Lei Complementar 87/96 assim o fez, restringiu o direito ao crédito nos termos do seu art. 20, § 5°, art. 21, incs. III e IV, arts. 23 e 33, incs., estabelecendo a vedação do direito ao crédito, como o aproveitamento fracionado na aquisição de bens para o ativo permanente, ou de uso e consumo a partir de 2011, restringindo o advindo da energia elétrica e de serviços de telecomunicação.

A aplicabilidade do crédito físico na prática foi utilizada pelo legislador infraconstitucional para estabelecer as condições de créditos advindos de energia elétrica, bem como dos referentes à aquisição de serviços de telecomunicação.

Quanto à energia elétrica, dispõem as alíneas "a" e "b" do inc. II do art. 33 da LC 87/96 que "somente dará direito a entrada de energia elétrica no estabelecimento, quando for objeto de operação de saída ou quando consumida no processo de industrialização".

Ou seja, o crédito de ICMS advindo da aquisição de energia elétrica segue a regra do crédito físico, uma vez que o somente podem ser aproveitados dos créditos relativos à esta mercadoria que for objeto de posterior operação mercantil, ou quando seja consumida no processo de industrialização, o que em tese demonstraria que está diretamente ligada com o bem produzido para posterior saída.

No caso do serviço de comunicação, a regra do crédito físico é mais restrita somente conferindo direito ao crédito quando for prestado para execução de serviço de comunicação, ou seja, adquiriu serviço de comunicação e prestou serviço de comunicação tem direito ao correspondente crédito, nos termos do art. 33, inc. IV, da LC 87/96.

Portanto, o legislador infraconstitucional não disciplinou apenas sobre o regime de compensação do ICMS, conforme determinava a Constituição Federal, mas inovou toda a sistemática do creditamento do imposto, estabelecendo formas, circunstâncias e restrições do direito ao crédito do imposto, não previstas pelo princípio constitucional da não cumulatividade.

Com base nas premissas do crédito físico, criou-se mais uma restrição ao direito ao crédito do ICMS, quando ocorre a "isenção parcial" na saída dos produtos, consoante entendimento do Egrégio Supremo Tribunal Federal, que se pode observar na ementa abaixo transcrita:

> Tributo. Imposto sobre Circulação de Mercadorias. ICMS. Créditos relativos à entrada de insumos usados em industrialização de produtos cujas saídas foram realizadas com redução da base de cálculo. Caso de isenção fiscal parcial. Previsão de estorno proporcional. Art. 41, inc. IV, da Lei estadual 6.374/89, e art. 32, inc. II, do Convênio ICMS 66/88. Constitucionalidade reconhecida. Segurança denegada. Improvimento ao recurso. Aplicação do art. 155, § 2º, inc. II, letra "b", da CF. Voto vencido. São constitucionais o art. 41, inc. IV, da Lei 6.374/89, do Estado de São Paulo, e o art. 32, incs. I e II, do Convênio ICMS 66/88.
>
> (RE 17478/SP - Rel. Min. Marco Aurélio - Rel. p/ Acórdão Cezar Peluso - Pleno - j. 17.03.05 - DJ 30.09.2005, p. 05)

Em verdade não foi o Egrégio Supremo Tribunal Federal que criou esta nova restrição do direito ao crédito do ICMS, este apenas definiu a figura da isenção parcial. Foram os entes tributantes, aqui no caso, o Estado de São Paulo, que determinou, em sua legislação, que no caso de existir um benefício de redução de base de cálculo na saída dos produtos e mercadorias, os créditos de ICMS relativos às entradas dos insumos envolvidos no processo produtivo devem ser estornados ou reduzidos na proporção do benefício.

Tal imposição demonstra flagrante desrespeito ao requisito do direito ao crédito do contribuinte/adquirente de ter direito a se creditar do quanto arcou de encargo financeiro do ICMS referente às aquisições de mercadorias e serviços. Alterando assim o critério quantitativo da regra-matriz e os direitos do sujeito ativo da regra-matriz do direito ao crédito do ICMS.

Por fim, importante trazer ao presente capítulo, que parte da doutrina, a qual está muito bem acompanhada por Ricardo Lobo Torres (2007), entende que, no Direito Pátrio, a sistemática da não cumulatividade é uma mescla entre crédito físico com o financeiro:

> A adesão do sistema da não cumulatividade ao regime do crédito físico afastou o tributo brasileiro do modelo europeu. Mas a CF/88 alterou substancialmente a definição do fato gerador do ICMS e, por consequência, o sistema de aproveitamento dos créditos. O fato gerador, além das operações de circulação de mercadorias, entre estas compreendidas também a energia elétrica, derivados de petróleo, combustíveis e minerais do País, passou a abranger "as prestações de serviços de transporte interestadual e intermunicipal e de comunicação, ainda que as operações e as prestações se iniciem no exterior" (art. 155, II). Houve, assim, a necessidade de se estender o direito à compensação aos créditos correspondentes às prestações de serviços de transporte interestadual e intermunicipal e de comunicação, ainda que as operações e as prestações se iniciem no exterior. Mesclou-se, sem a menor dúvida, o sistema do crédito físico com o do financeiro, este último consubstanciado no imposto pago nas prestações anteriores de serviços, que fisicamente não se integram à mercadoria em processo de industrialização ou comercialização. (p. 303)

O Emérito Professor entendeu que houve essa mescla do regime do crédito físico com o financeiro no princípio da não cumulatividade, em razão de ter prevalecido a teoria do crédito físico, porém, como há prestações de serviços sujeitos à incidência do ICMS e por isso geram o direito a crédito do imposto; consequentemente há situações que o contribuinte tem direito ao crédito de prestações de serviços que não integram a mercadoria em processo de industrialização ou comercialização.

No entanto, o Supremo Tribunal Federal entendeu que a não cumulatividade é uma norma constitucional de eficácia contida cabendo à lei complementar disciplinar sobre a aplicabilidade do princípio, tanto em que no julgamento do RE 601.967/RS, em repercussão geral, fixou a tese no tema nº 346, que "não viola o princípio da não cumulatividade (art. 155, § 2º, incisos I e XII, alínea "c", da CF/1988) lei complementar que prorroga a compensação de créditos de ICMS relativos a bens adquiridos para uso e consumo no próprio estabelecimento do contribuinte", consoante ementa abaixo transcrita

> CONSTITUCIONAL E TRIBUTÁRIO. ICMS. PRINCÍPIO DA NÃO CUMULATIVIDADE E REGIME DE COMPENSAÇÃO DE CRÉDITOS. PRINCÍPIO DA RESERVA LEGAL. DISCIPLINA POR LEI COMPLEMENTAR. NÃO INCIDÊNCIA DE ANTERIORIDADE NONAGESIMAL NA PRORROGAÇÃO DA COMPENSAÇÃO. PROVIMENTO DO RECURSO EXTRAORDINÁRIO. 1. A Constituição Federal trouxe, no artigo 155, §2º, I, a previsão do princípio da não cumulatividade relativamente ao ICMS e, em seu inciso XII, alínea c, determina que compete à lei complementar regulamentar o regime de compensação do tributo. 2. Dessa forma, embora a Constituição Federal tenha sido expressa sobre o direito de os contribuintes compensarem créditos decorrentes de ICMS, também conferiu às leis complementares a disciplina da questão. 3. O contribuinte apenas poderá usufruir dos créditos de ICMS quando houver autorização da legislação complementar. Logo, o diferimento da compensação de créditos de ICMS de bens adquiridos para uso e consumo do próprio estabelecimento não viola o princípio da não cumulatividade. 4. O Princípio da anterioridade nonagesimal (ou noventena) é exigível apenas para as leis que instituem ou majoram tributos. A incidência da norma não precisa observar o prazo de 90 (noventa) dias da data da publicação que prorrogou o direito à compensação, nos termos do artigo 150, III, alínea c, da Constituição 5. Recurso Extraordinário do Estado do Rio Grande do Sul a que se dá PROVIMENTO, para denegar a ordem. Fixadas as seguintes teses de repercussão geral no Tema 346: "(i) Não viola o princípio da não cumulatividade (art. 155, § 2º, incisos I e XII, alínea c, da CF/1988) lei complementar que prorroga a compensação de créditos de ICMS relativos a bens adquiridos para uso e consumo no próprio estabelecimento do contribuinte; (ii) Conforme o artigo 150, III, c, da CF/1988, o princípio da anterioridade nonagesimal aplica-se somente para leis que instituem ou majoram tributos, não incidindo relativamente às normas que prorrogam a data de início da compensação de crédito tributário".

No voto vencedor proferido pelo E. Min Alexandre de Moraes, ficou estabelecido que o princípio da não cumulatividade do ICMS é uma norma constitucional de eficácia contida, cabendo à edição de lei complementar expor e estabelecer sobre esse direito.

O art. 19 da Lei Complementar 87/96 ao dispor sobre a não cumulatividade, praticamente repete o disposto constitucional, estabelecendo que "o imposto é não cumulativo, compensando-se o que for devido em cada operação relativa à circulação de mercadorias ou prestação de serviços de transporte interestadual e intermunicipal e de comunicação com o montante cobrado nas anteriores pelo mesmo ou por outro Estado".

Por sua vez, o art. 20 da mesma legislação complementar estabelece que assegura o direito ao crédito de ICMS a entrada de mercadorias reais ou simbólicas, inclusive de materiais de uso ou consumo ou do ativo permanente.

Evidencia-se que pela legislação complementar que disciplina o ICMS, ocorrendo a entrada da mercadoria no estabelecimento do contribuinte, foi cobrado e destacado o imposto na operação anterior, tem esse direito ao crédito de ICMS. Porém, segundo o Supremo Tribunal Federal, pode a lei complementar estabelecer restrições ao direito ao crédito de ICMS, além das constitucionalmente previstas.

5

CRÉDITO DE BENS DE USO E CONSUMO

Muito se discute sobre o direito aos créditos de ICMS advindos de materiais de uso e consumo, que somente dão direito a tais créditos aqueles utilizados no processo de comercialização, industrialização e na prestação de serviço, ou que sejam consumidos imediatamente na industrialização, na comercialização do bem ou na realização da prestação de serviço.

Conforme salientado, o Supremo Tribunal Federal, diferente do nosso entendimento, decidiu que o princípio da não cumulatividade previsto no art. 155, § 2°, inc. II, da Constituição Federal é uma norma de eficácia contida, cabendo à lei complementar estabelecer sua aplicabilidade.

Primeiramente, importante salientar que, a Lei Complementar 87/96 somente vetou o direito ao crédito dos serviços ou mercadorias que fossem utilizados em fins alheios à atividade empresarial ou objeto social do contribuinte, consoante determinação do art. 20, § 1°.

Assim, o § 1°, o art. 20 da LC n° 87/96 estabelece um novo requisito para o direito ao crédito de ICMS que a mercadoria ou serviço adquirido não pode ser alheio à atividade do contribuinte, dispondo que *"Não dão direito a crédito as entradas de mercadorias ou utilização de serviços resultantes de operações ou prestações isentas ou não tributadas, ou que se refiram a mercadorias ou serviços alheios à atividade do estabelecimento"*.

Por sua vez, o § 2º do mesmo artigo estabelece que *"presumem-se alheios à atividade do estabelecimento os veículos de transporte pessoal"* e o § 3º e incisos determinam que para a integração ou consumo no processo produtivo, bem como para a comercialização ou a prestação de serviço, a mercadoria entrada no estabelecimento ou a prestação de serviços sujeita ao ICMS, dá direito ao crédito de imposto, salvo se a saída for isenta ou não incidir o tributo em questão.

Consequentemente, nesses casos, é determinado o estorno do crédito de ICMS da aquisição de bens alheios à atividade do contribuinte, conforme dispõe o seu art. 21, III, *in verbis*:

> *Art. 21. O sujeito passivo deverá efetuar o estorno do imposto de que se tiver creditado sempre que o serviço tomado ou a mercadoria entrada no estabelecimento:*
>
> *[...]*
>
> *III - vier a ser utilizada em fim alheio à atividade do estabelecimento.*
>
> *[...]*

A Lei Complementar 87/96, na questão da não cumulatividade veio a aproximar-se do mandamento constitucional, chegando próximo do regime do crédito financeiro.

É de bom alvitre trazer, ao presente trabalho, os ensinamentos de Ives Gandra da Silva Martins, que entende que a determinação do art. 20, § 1º da Lei Complementar 87/96, chega bem próximo do que determina o princípio constitucional da não cumulatividade:

> Nitidamente, o constituinte, ao declarar, no art. 155, parágrafo 2º, inciso I, que:
>
> "Art. 155. [...]
>
> [...]
>
> § 2º O imposto previsto no inciso II atenderá ao seguinte: (Redação dada pela Emenda Constitucional 3, de 1993)
>
> I – será não cumulativo, compensando-se o que for devido em cada operação relativa à circulação de mercadoria ou prestação de serviços com o montante cobrado nas anteriores pelo mesmo ou outro Estado ou pelo Distrito Federal;"
>
> [...]
>
> Definiu que todos os bens e insumos necessários à produção de um bem destinado à circulação e ao consumo, necessariamente geram direito a crédito na operação posterior, em relação ao montante incidente sobre a operação anterior.
>
> Definiu, portanto, claramente, que, tirante as despesas de administração de uma empresa, tudo aquilo que, direita ou indiretamente, entre tributado no processo produtivo de um bem destinado ao consumo final, gera crédito, que deve ser deduzido ou compensando com o débito do imposto incidente na saída desse bem.

Contudo, não encontramos essa vedação ao crédito de ICMS referente às despesas de administração ou fins alheios ao estabelecimento. A regra-matriz do crédito do ICMS dispõe que o contribuinte do ICMS que adquirir mercadoria ou serviço com a incidência do imposto tem direito de aproveitar o crédito, para no momento de apuração, compensar com o débito.

Tudo que o contribuinte adquire gera despesa ou custo para sua atividade empresarial e somente recuperará os valores despendidos em suas vendas ou prestações de serviços, então, independentemente, se o bem ou serviço adquirido seja para fins alheios ao estabelecimento ou para a administração, o custo deste será embutido de alguma forma no valor final da mercadoria ou do serviço. Com efeito, a vedação do aproveitamento do respectivo crédito oneraria a produção, a comercialização e desrespeitaria as determinações constitucionais.

Apesar de Sacha Calmon Navarro Coelho e Misabel Derzi (2004) também entenderem que as despesas para fins alheios ao estabelecimento não geram crédito, consoante entendimento jurisprudencial acima apontado, consideram que a Constituição Federal previu a teoria do crédito financeiro, ao disporem que:

> Como se sabe, para a realização do princípio da não cumulatividade, é possível a adoção de dos sistemas diferentes: - a concessão de crédito financeiro dedutível, que abrange o imposto pago relativo a qualquer bem entrado no estabelecimento, essencial e imprescindível à atividade; - a concessão do crédito físico, o qual restringe o direito à compensação ao imposto de bens que fisicamente se incorporam ao produto final ou que se consomem no curso do processo de produção, dele se excluindo, as máquinas, ferramentas e outros integrantes do ativo fixo.
>
> Não há dúvida de que a Constituição Federal não adota a posição restritiva, porque nenhuma limitação ou exceção impõe ao princípio da não cumulatividade. Não há dúvida de que os convênios interestaduais firmados após a Constituição de 1988, somente poderiam ter escolhido modelo, o único amplo e compatível com o ditado constitucional. Não obstante, o princípio foi amesquinhado em favor dos interesses arrecadatórios dos Estados, senhores únicos que são dos convênios definitórios da extensão de princípio constitucional tão relevante, adotando-se o sistema do crédito físico, limitando e restritivo, onerador da produção e violador do ditame constitucional. (p. 112)

No entanto, fica claro que a Lei Complementar 87/96 direcionou a aplicação da não cumulatividade para o sistema do crédito financeiro, estabelecendo como vedação ao crédito, além das hipóteses constitucionais, os advindos de mercadorias e serviços utilizados para fins alheios à atividade do contribuinte.

Desta feita, temos pelo § 1º, o art. 20 da LC 87/96 o quinto requisito para o direito ao crédito de ICMS, qual seja, que a mercadoria ou serviço adquiridos não podem ser alheios à atividade do contribuinte.

Temos que é pacífico que bens de uso e consumo não são mercadorias alheias à atividade do contribuinte, sendo bens de outra classificação, natureza jurídica e essenciais para a realização das atividades empresariais do contribuinte. Os bens destinados ao uso e consumo não são considerados alheios à atividade do estabelecimento, e tanto a teoria do crédito financeiro como do físico reconhecem que dão direito ao crédito do ICMS. A vedação provisória e temporária desses créditos comprova essa afirmação.

Importante estabelecer que materiais de uso são aqueles que direta ou indiretamente se fazem necessários para o processo produtivo, mas não se consomem durante a produção, e consumo são, como a própria palavra define, consumidos durante a produção, que desaparecem e são necessários para o processo produtivo ou para realização da atividade empresarial.

No entanto, tratam como materiais de uso e consumo, produtos que não se desgastam no processo produtivo ou de comercialização de forma imediata ou que são consumidos em atividades alheias ao objeto social da empresa.

Mesmo assim, os bens destinados para uso e consumo do contribuinte são necessários para realização dos negócios, sendo relativo à produção ou circulação de mercadoria, seja a prestação de serviços de transportes interestadual e intermunicipal, ou prestação de serviço de comunicação, bem como para a mantença da atividade empresarial.

Contudo, o art. 31, II, do Convênio ICM 66/88 determinava que "não implicará crédito para compensação com o montante do imposto devido nas operações ou prestações seguintes [...] II - a entrada de bens destinados a consumo ou à integração no ativo fixo do estabelecimento".

Vê-se, claramente, o desrespeito à regra-matriz do crédito de ICMS e à regra-matriz do direto ao crédito de ICMS, pois não existe nenhuma possibilidade de vedação a créditos advindos de mercadoria para uso e consumo.

Consoante já afirmamos, a única restrição efetiva ao crédito refere-se à situação na qual não há incidência do imposto ou isentas, em que o contribuinte é obrigado a estornar os créditos correspondentes, conforme dispõe a alínea "b" do inc. II do § 2º do art. 155 da Constituição Federal.

No entanto, a legislação complementar prevista pelo art. 155, § 2º, inc. XII, alínea "c" do CF/88, para disciplinar o regime de compensação do ICMS, reconheceu o direito ao crédito advindo de mercadorias destinadas para uso e consumo, porém não permite a utilização deste direito por um lapso temporal, qual seja, até 1° de janeiro de 2011, os créditos advindos das mercadorias destinadas ao uso e consumo não são aproveitáveis.

A Lei Complementar 87/96 também dispõe que a compensação será devida em cada operação com o montante cobrado nas operações anteriores e o art. 20 do mesmo diploma legal ratifica que é assegurado ao sujeito passivo o direito de creditar-se do imposto anteriormente cobrado em operações de que tenha resultado a entrada de mercadoria, real ou simbólica, *in verbis*:

> *Art. 19. O imposto é não cumulativo, compensando-se o que for devido em cada operação relativa à circulação de mercadorias ou prestação de serviços de transporte interestadual e intermunicipal e de comunicação com o montante cobrado nas anteriores pelo mesmo ou por outro Estado.*
>
> *Art. 20. Para a compensação a que se refere o artigo anterior, é assegurado ao sujeito passivo o direito de creditar-se do imposto anteriormente cobrado em operações de que tenha resultado a entrada de mercadoria, real ou simbólica, no estabelecimento, inclusive a destinada ao seu uso ou consumo ou ao ativo permanente, ou o*

> *recebimento de serviços de transporte interestadual e intermunicipal ou de comunicação.*
>
> *[...]*

Aroldo Gomes de Mattos (2006, p. 274) enumera em dois grupos as operações e prestações anteriores que dão direito a crédito pelo que dispõe o art. 20 da Lei Complementar 87/1996:

> Já as operações e prestações anteriores, conforme consta do art. 20 e seguinte, que geram crédito, são:
>
> a) as de aquisição (1) de mercadorias para revenda, (2) de bens destinados ao ativo permanente e (3) de matérias-primas, insumos e produtos intermediários utilizados direta ou indiretamente no processo administrativo/comercial/industrial, ainda que não integradas fisicamente na mercadoria afinal revendida;
>
> b) a prestação de serviços (1) de transporte interestadual, intermunicipal e internacional, ainda que iniciados ou prestados no exterior, e (2) de comunicação.

O art. 20 da Lei Complementar 87/96 concedeu o direito ao crédito de bens destinados ao uso e consumo, conforme a determinação constitucional, porém, o art. 33, I, do mesmo diploma legal estabeleceu prazo de início para utilização e exercício do direito sobre estes, que foi diversas vezes prorrogado pela edição das LC 92/97, 99/99, 114/2002, LC 122/2006 e finalmente agora pela LC 171/2109, que dispôs "que somente darão direito de crédito as mercadorias destinadas ao uso ou consumo do estabelecimento nele entradas a partir de 1° de janeiro de 2033".

O art. 33 da LC 87/96 restringe o direito ao crédito previsto no citado art. 20 estabelecendo que somente darão direito de crédito as mercadorias destinadas ao uso ou consumo do estabelecimento nele entradas a partir de 1° de janeiro de 2033, conforme nova redação dada pela LC

171/2019. A LC 87/96 previa o direito ao crédito de materiais de uso ou consumo, porém diversas leis complementares vêm sucessivamente prorrogando o prazo para o aproveitamento desse direito. O Supremo Tribunal Federal, no julgamento do RE 601.967/RS, fixou a tese que *"não viola o princípio da não cumulatividade (art. 155, §2º, incisos I e XII, alínea "c", da CF/1988) lei complementar que prorroga a compensação de créditos de ICMS relativos a bens adquiridos para uso e consumo no próprio estabelecimento do contribuinte"*. Quer dizer que, atualmente, ninguém pode aproveitar dos créditos advindos da aquisição de mercadorias destinadas ao uso ou consumo, como se estivesse o legislador infraconstitucional dando um benefício fiscal para o contribuinte o qual somente poderá utilizar a partir de 1º de janeiro de 2033.

Aroldo Gomes de Matos (2006, p. 293) explica o que seriam mercadorias destinadas para uso e consumo para o legislador infraconstitucional, estabelecendo que:

> são aquelas, que, embora não consumidas ou utilizadas diretamente no processo comercial/industrial (v.g., material de expediente, de manutenção, conservação, limpeza etc.), apenas se integram indiretamente no custo final das mercadorias comercializadas/industrializadas e dos serviços prestados.
>
> Incluem-se também nessa hipótese os chamados produtos intermediários (lixa, broca, rebolo, lima, gás industrial etc.) quando consumidos no processo produtivo ou comercial, ao contrário do que ocorre na não cumulatividade do IPI que exige para efeitos de crédito o seu consumo de forma "imediata e integral".
>
> Também se incluem nesse rol os combustíveis e lubrificantes acionadores de máquinas, aparelhos, veículos e equipamentos utilizados na industrialização e comercialização.

Porém, como já salientamos, quando o contribuinte adquire mercadorias de vendedor com destaque do ICMS na nota fiscal, ou seja, quando o contribuinte arca com o encargo financeiro do imposto destacado no documento fiscal, tem direito a levar este crédito para sua escrita fiscal.

Ocorrendo a hipótese de incidência do ICMS na realização de operação de circulação de mercadoria, surge o direito do crédito do respectivo imposto ao adquirente do bem, por isso que a norma do crédito do ICMS dispõe: "dado fato do contribuinte ter adquirido mercadoria com a incidência do ICMS, deve ser lhe permitido o direito ao respectivo crédito".

Não é a destinação dada à mercadoria pelo contribuinte que irá vedar a posterior utilização deste crédito e nem mesmo desnaturá-la como mercadoria e torná-la um simples bem que não dá direito ao crédito.

O interessante ainda que sejam despesas necessárias feitas pelo contribuinte do ICMS quando adquire mercadorias para uso e consumo, pois sem elas não pode realizar a produção ou comercialização, não consegue dar saída às suas mercadorias e o Estado, por sua vez, fica sem a possibilidade de arrecadar.

Mas mesmo assim, sob a alegação da teoria do crédito físico, o Estado tenta impedir o aproveitamento dos créditos advindos da aquisição das mercadorias destinadas para uso e consumo, por entender que elas não integram o produto que será objeto de posterior operação mercantil.

Os bens de consumo teoricamente integram, pois para a produção das mercadorias, eles se consomem durante o processo produtivo ou para a realização da atividade empresarial e os de uso são necessários para a realização da produção, pois sem estes não seria possível a realização do processo produtivo e a posterior operação mercantil, ou a comercialização em si e a prestação de serviço.

Sendo uma injustiça enorme que o ICMS incidente sobre a aquisição de mercadorias destinadas para uso e consumo acumule no produtor, comerciante ou prestador de serviço, onerando os custos da produção, comercialização e do serviço, por impedir o aproveitamento do crédito.

Não podem alterar os conceitos de insumo para prejudicar os direitos e garantias do contribuinte, que para a economia é considerado o trabalho, matérias e bens de capitais.

Para as empresas de atividade comercial devem ser considerados insumos todos os custos e despesas que contribuam para geração de receita, e o art. 187, § 1º da Lei das S/A considera custos e despesas são os encargos relacionados para gerar as receitas e rendimentos gerados pela sociedade, *in verbis*:

> *Art. 187. [...]*
>
> *[...]*
>
> *§ 1º Na determinação do resultado do exercício serão computados:*
>
> *a) as receitas e os rendimentos ganhos no período, independentemente da sua realização em moeda; e*
>
> *b) os custos, despesas, encargos e perdas, pagos ou incorridos, correspondente a essas receitas e rendimentos.*
>
> *[...]*

Ademais, havemos, por apego à exatidão dos termos, de nos ater à amplitude significativa do vocábulo insumo. Este, o insumo (em inglês: *input*), é um termo técnico, usado nas ciências econômicas para referir-se a bens de consumo utilizados na produção de um outro bem. O indigitado termo, por seu turno, é substituído, imprecisamente, pelo termo matéria-prima. Notemos que a nomenclatura insumo se mostra controvertida até mesmo nas ciências econômicas.

Há quem considere insumo todas as despesas e investimentos que contribuem para um resultado, ou para a obtenção de uma mercadoria ou produto, até o consumo final.

Nesta seara, percebemos que, num breve e apertado resumo, insumo é tudo aquilo que entra (*input*), em contraposição ao produto (*output*), que é o que sai.

Numa acepção mais ampla, insumo é a combinação de fatores de produção, diretos (matérias-primas) e indiretos (mão de obra, energia, tributos), que adentram na elaboração de certa quantidade de bens ou serviços.

Assim, a legislação veda o crédito advindo da aquisição, por exemplo, de ferramentas, partes e peças de máquinas, material de manutenção e material administrativo, tudo sob a desculpa que não integram o produto ou não se consomem integralmente no processo produtivo e de comercialização.

A legislação complementar que disciplina sobre ICMS não define o que é material de uso ou consumo, contudo, o art. 20 da LC nº 87/96 dá um norte por exclusão o que seria material de uso e consumo, estabelecendo três grupos de operações e prestações anteriores, que dão direito ao crédito de ICMS:

1) As aquisições de mercadorias para revenda, de matérias-primas, insumos, material secundário e produtos intermediários utilizados direta ou indiretamente no processo de industrialização e comercialização, ainda que não integradas fisicamente na mercadoria afinal revendida;

2) As aquisições de bens para o ativo permanente e materiais de uso e consumo;

3) A prestação de serviços de transporte interestadual, intermunicipal e internacional, ainda que iniciados ou prestados no exterior, e de comunicação

Assim, materiais de uso ou consumo não são mercadorias adquiridas para revenda, matérias-primas, insumos, material secundário, produtos intermediários, consumidos direta ou indiretamente no processo de industrialização e comercialização, ainda que não integradas fisicamente na mercadoria afinal revendida e bens do ativo permanente.

Mercadorias destinadas ao uso ou consumo do estabelecimento são as utilizadas direta e indiretamente no processo de administração do estabelecimento, não sendo essenciais ou fundamentais para a industrialização e comercialização do bem ou do serviço. Sem elas, o processo produtivo ocorreria normalmente.

Nesse sentido, são as palavras de André Mendes Moreira ensinando que

> pode-se concluir que os bens de uso e consumo são efetivamente definidos por exclusão, sendo todos aqueles não integrantes do ativo permanente ou estoque comercial da empresa, e, ao mesmo tempo, que não se revelam essenciais ao processo empresarial, qualificando-se mais como produtos para consumo final pelo contribuinte do que insumos propriamente ditos.[28]

Portanto, materiais de uso e consumo seriam aqueles que não são essenciais ao processo empresarial, mas não são alheios à atividade do contribuinte, como materiais de escritório ou utilizados na administração e que o contribuinte é o consumidor final desses produtos.

Infelizmente, a jurisprudência predominante altera o conceito de bens destinados ao uso e consumo e define como bens de uso e consumo aqueles que não são diretamente consumidos ou utilizados no processo de comercialização, industrialização ou na prestação de serviço, mesmo que integrem indiretamente o custo final das mercadorias comercializadas ou os serviços prestados, conforme se

---

28. "A não-cumulatividade dos tributos". São Paulo. 2020. Noeses. 4ª Ed. p. 376.

pode observar nas decisões proferidas pelo Egrégio Supremo Tribunal Federal:

> A jurisprudência do Supremo Tribunal Federal firmou-se no sentido de não reconhecer, ao contribuinte do ICMS, o direito de creditar-se do valor do ICMS, quando pago em razão de operações de consumo de energia elétrica, ou de utilização de serviços de comunicação ou, ainda, de aquisição de bens destinados ao uso e/ou à integração no ativo fixo do seu próprio estabelecimento. Precedentes.
>
> (Emb. Decl. no AI 487.960-9 – 2ª T. – Rel. Min. Celso Mello – v.u. – j. 26.04.05 – DJU 1 de 1.7.05, p. 86)

> IMPOSTO SOBRE CIRCULAÇÃO DE MERCADORIAS E SERVIÇOS - ICMS - PRINCÍPIO DA NÃO CUMULATIVIDADE - CRÉDITO - BENS INTEGRADOS AO ATIVO FIXO - INEXISTÊNCIA DE ELO CONSIDERADA MERCADORIA PRODUZIDA. A aquisição de equipamentos que irão integrar o ativo fixo da empresa ou produtos destinados ao uso e consumo não gera o direito ao crédito, tendo em conta o fato de a adquirente, na realidade, ser destinatária final. AGRAVO - ARTIGO 557, § 2º, DO CÓDIGO DE PROCESSO CIVIL - MULTA. Se o agravo é manifestamente infundado, impõe-se a aplicação da multa prevista no §2º do artigo 557 do Código de Processo Civil, arcando a parte com o ônus decorrente da litigância de má-fé.
>
> (AgR no AI463.569/RS9 – 1ª T. – Rel. Min. Marco Aurélio – v.u. – j. 23.09.08 – DJ de 06.02.2009)

Portanto, resta evidente que o entendimento da jurisprudência do STF desrespeita a hipótese de incidência da regra-matriz do crédito de ICMS, uma vez que seu critério material é adquirir mercadorias e/ou serviços tributáveis pelo ICMS, pouco importando o destino dado à mercadoria, bem como mutila o critério quantitativo da regra-matriz do direito ao crédito de ICMS, pois limita a utilização de todos os valores referentes ao ICMS que incidiu na entrada ou aquisição das mercadorias e prestação de serviços tributáveis pelo imposto.

A jurisprudência também faz uma distinção entre bens destinados ao uso e consumo e materiais intermediários, secundários ou insumos, se a mercadoria desintegrar ou for consumida imediatamente no processo de produção não é considerado de uso e consumo e dá direito a crédito.

Neste sentido, a decisão proferida pelo Superior Tribunal de Justiça, Relator Ministro Luiz Fux, que o direito de creditamento do ICMS pago somente ocorre quando tratar de insumos que se incorporam ao produto final ou que são consumidos no curso do processo de industrialização, *in verbis*:

> TRIBUTÁRIO. RECURSO ESPECIAL. VIOLAÇÃO DO ART. 535 DO CPC NÃO CONFIGURADA. ICMS. IMPOSSIBILIDADE DE CREDITAMENTO NA ENTRADA DE BENS INTERMEDIÁRIOS QUE NÃO INTEGRAM O PRODUTO FINAL NEM SÃO IMEDIATAMENTE CONSUMIDOS NO PROCESSO DE INDUSTRIALIZAÇÃO. LEGALIDADE.
>
> 1. O creditamento do ICMS somente é factível nas hipóteses restritas constantes do §1°, do artigo 20, da Lei Complementar 87/96, qual seja a entrada de mercadorias que façam parte da atividade do estabelecimento. Consectariamente, é de clareza hialina que o direito de creditamento do ICMS pago anteriormente somente exsurge quando se tratar de insumos que se incorporam ao produto final ou que são consumidos no curso do processo de industrialização. (Precedentes: REsp 762.748/SC, Rel. Ministro LUIZ FUX, DJ 12.04.2007; REsp 626.181/SC, Rel. Ministra ELIANA CALMON, DJ 16.05.2006; REsp 626.181/SC, Rel. Ministra ELIANA CALMON, SEGUNDA TURMA, julgado em 04.04.2006, DJ 16.05.2006)
>
> 2. A análise fático-probatória conducente à reforma de acórdão baseado em laudo pericial que se propõe a comprovar a repercussão é insindicável pelo Eg. STJ, em face do óbice erigido pela Súmula 7 do STJ: "A pretensão de simples reexame de prova não enseja recurso especial."
>
> 3. Precedentes: REsp 785.043/SP, DJ 16.04.2007; REsp 796.694/MG; DJ 07.05.2007; AgRg no Ag 334.569/RJ, DJ 28.08.2006.
>
> 4. Inexiste ofensa ao art. 535, I e II, CPC, quando o Tribunal de origem pronuncia-se de forma clara e suficiente sobre a questão posta nos autos, cujo decisum revela-se devidamente fundamentado.

> Ademais, o magistrado não está obrigado a rebater, um a um, os argumentos trazidos pela parte, desde que os fundamentos utilizados tenham sido suficientes para embasar a decisão.
>
> 5. Recurso especial desprovido.
>
> (REsp nº 889.414/RJ. 1ª T. do STJ. Rel. MIn. Luiz Fux., v.u. julg. 17.04.2008. pub. 14.05.2008)

A legislação paulista define o que é material de uso e consumo no art. 66, inc. V do Regulamento do ICMS de 2000 - RICMS/2000, como mercadorias para uso ou consumo próprio do estabelecimento são as que não forem utilizadas na comercialização ou as que não são empregadas para integração no produto ou consumidas no processo de industrialização ou produção rural, ou, ainda, na prestação de serviço sujeita à incidência do ICMS, *in verbis*:

> Art. 66. - Salvo disposição em contrário, é vedado o crédito relativo à mercadoria entrada ou adquirida, bem como ao serviço tomado (Lei 6.374/89, arts. 40 e 42, o primeiro na redação da Lei 10.619/00, art. 1º, XX):
>
> (...)
>
> V - para uso ou consumo do próprio estabelecimento, assim entendida a mercadoria que não for utilizada na comercialização ou a que não for empregada para integração no produto ou para consumo no respectivo processo de industrialização ou produção rural, ou, ainda, na prestação de serviço sujeita ao imposto.

A Secretaria da Fazenda do Estado de São Paulo proferiu a Decisão Normativa CAT 1, de 25.04.2001- DOE-SP de 27.04.2001, que exemplificou e estabeleceu os insumos que desintegram totalmente no processo produtivo de uma mercadoria ou são utilizados no processo produtivo e conferem direito ao crédito para o contribuinte, inclusive os utilizados na limpeza, identificação, desbastes e soldas, *in verbis*:

> 3. Diante das normas legais e regulamentares atrás citadas, dão direito ao crédito do valor imposto as seguintes mercadorias entradas ou adquiridas ou os serviços tomados pelo contribuinte

> 3.1 - insumos
>
> A expressão "insumo" consoante o insigne doutrinador Aliomar Baleeiro "é uma algaravia de origem espanhola, inexistente em português, empregada por alguns economistas para traduzir a expressão inglesa 'input', isto é, o conjunto dos fatores produtivos, como matérias-primas, energia, trabalho, amortização do capital, etc., empregados pelo empresário para produzir o 'output' ou o produto final. (...). "Insumos são os ingredientes da produção, mas há quem limite a palavra aos 'produtos intermediários' que, não sendo matérias-primas, são empregados ou se consomem no processo de produção" (Direito Tributário Brasileiro, Forense Rio de janeiro, 1980, 9ª edição, pág. 214)
>
> Nessa linha, como tais têm-se a matéria-prima, o material secundário ou intermediário, o material de embalagem, o combustível e a energia elétrica, consumidos no processo industrial ou empregados para integrar o produto objeto da atividade de industrialização, própria do contribuinte ou para terceiros, ou empregados na atividade de prestação de serviços, observadas as normas insertas no subitem 3.4 deste trabalho. Entre outros, têm-se ainda, a título de exemplo, os seguintes insumos que se desintegram totalmente no processo produtivo de uma mercadoria *ou são utilizados nesse mesmo processo produtivo para limpeza, identificação, desbaste, solda etc.*: lixas; discos de corte; discos de lixa; eletrodos; oxigênio e acetileno; escovas de aço; estopa; materiais para uso em embalagens em geral - tais como etiquetas, fitas adesivas, fitas crepe, papéis de embrulho, sacolas, materiais de amarrar ou colar (barbantes, fitas, fitilhos, cordões e congêneres), lacres, isopor utilizado no isolamento e proteção dos produtos no interior das embalagens, e tinta, giz, pincel atômico e lápis para marcação de embalagens -; óleos de corte; rebolos; modelos/matrizes de isopor utilizados pela indústria; produtos químicos utilizados no tratamento de água afluente e efluente e no controle de qualidade e de teste de insumos e de produtos" (*grifo nosso*).

A decisão normativa supra define que se incluem como insumos a matéria-prima, o material secundário ou intermediário, o material de embalagem, o combustível e a energia elétrica, consumidos no processo industrial ou empregados para integrar o produto objeto da atividade de industrialização, própria do contribuinte ou para terceiros, ou empregados na atividade de prestação de serviço e todos dão direito ao crédito de ICMS.

Sendo assim, temos o sexto requisito para o direito ao crédito de ICMS atualmente e conforme a legislação que não seja material de uso e consumo, ou seja, não essencial para a realização do processo produtivo, de comercialização ou empresarial. Se a mercadoria ou material for essencial à atividade do estabelecimento e a realizar seu objeto social, dá direito ao crédito de ICMS para compensar com seu débito do próprio imposto.

Recentemente, a Secretaria da Fazenda proferiu a Decisão Normativa CAT- 4/2019 corroborando o entendimento acima exposto, *"verbis"*:

> 1. No conceito de insumo incluem-se a matéria-prima, o material secundário ou intermediário, o material de embalagem, o combustível e a energia elétrica, consumidos no processo industrial ou empregados na atividade de prestação de serviços.
>
> 2. O material de embalagem que é considerado insumo é aquele consumido pelo fabricante no processo industrial, ou seja, aquele que se agrega à mercadoria produzida, integrando-se a ela. Não faz parte desse conceito o material de embalagem disponibilizado no momento da venda.
>
> 3. As sacolas plásticas disponibilizadas gratuitamente para acondicionar e transportar os produtos comercializados em supermercados não integram o produto a ser revendido, nem são consumidas em processo de industrialização, motivo pelo qual não podem ser consideradas insumos e não se agregam aos custos das mercadorias. São itens de mera conveniência, pois os produtos poderiam ser vendidos sem seu fornecimento. Portanto, são materiais de uso e consumo, contabilmente correspondentes a despesa de vendas.
>
> 4. Corrobora com tal entendimento a jurisprudência do E. STJ, como, por exemplo, manifestado no acórdão proferido no AgRg no REsp 1.393.151-MG, Rel. Min. Humberto Martins, Segunda Turma, julgado em 16-12-2014, DJe 19-12-2014, segundo o qual "somente é possível classificar as alegadas 'sacolas plásticas' como bens destinados ao uso e consumo do estabelecimento, pois não têm essencialidade na atividade empresarial da contribuinte, sendo inclusive, prescindíveis, pois configuram mero regalo posto à disposição dos consumidores".

> 5. Dessa forma, é vedado o crédito relativo à entrada das sacolas plásticas pelo estabelecimento comercial que as distribuirá gratuitamente a seus clientes (artigo 20, § 1º, da Lei Complementar 87/1996 e artigo 66, inciso V, do RICMS/2000).
>
> 6. O referido crédito será admitido quando for superado o limite temporal previsto no artigo 33, inciso I, da Lei Complementar 87/1996.
>
> 7. Ficam revogadas as manifestações que, versando sobre a mesma matéria, concluíram de modo diverso.

A norma dispõe claramente que para o que for utilizado na comercialização dos produtos não é vedado o crédito, ou seja, tem o direito ao respectivo crédito de ICMS, pelo princípio da não cumulatividade, os bens utilizados para a realização da comercialização.

A norma jurídica é formada por proposições prescritivas e enunciados de condutas que visam a regulamentar as condutas intersubjetivas, através de mensagens deônticas para seus receptores e para os aplicadores do Direito.

Ao analisar a estrutura da norma, verifica-se que é permitido o crédito quando o bem for utilizado na comercialização dos produtos do contribuinte; não pode ser deturpada essa mensagem ou essa determinação, uma vez que as determinações do direito posto têm um mínimo redutível da mensagem deôntica constante no texto para buscar ter coerência com a mensagem normativa.

Não pode o intérprete ou aplicador do Direito desconsiderar o mínimo do conteúdo semântico dos signos presentes nos enunciados prescritivos. Se a norma estabelece que o que for usado na comercialização confere direito ao crédito de ICMS ao contribuinte, deve ser considerado que tudo que o comerciante utiliza para realizar suas vendas, confere-lhe este direito.

Quem sabe o que é necessário adquirir para realizar a comercialização de seus produtos é o empresário; não pode o Estado interferir e querer limitar ou interferir neste direito, não só por desrespeitar as determinações do princípio da não cumulatividade, bem como dos princípios da livre-iniciativa e da livre-concorrência previstos no art. 170 da Constituição Federal.

Portanto, quer pela aplicação da regra-matriz do crédito de ICMS e posteriormente da regra-matriz do direito ao crédito do imposto, quer pela interpretação sistemática e principiológica do ordenamento jurídico, respeitando o mínimo redutível do conteúdo deôntico do texto, o contribuinte tem direito a crédito das mercadorias e serviços que entender necessárias para a realização da atividade empresarial.

Diante da legislação e da jurisprudência atual, existem dois momentos do princípio da não cumulatividade, sendo o primeiro, o do crédito de ICMS, que para o contribuinte ter direito a escriturar esses créditos tem que inicialmente: (1) ter incidido o imposto na operação ou prestação de serviço anterior; (2) devidamente destacado o imposto em nota fiscal; (3) o adquirente ser o contribuinte de fato do imposto, ter arcado com o ônus financeiro; (4) a saída da mercadoria ou da prestação de serviço não pode ser isenta ou não incidir o ICMS; (5) a mercadoria ou o serviço adquirido não pode ser alheio à atividade empresarial e; (6) a mercadoria adquirida não pode ser material de uso e consumo, tem que ser essencial para a atividade produtiva, de comercialização e para a prestação de serviço.

O segundo momento do princípio da não cumulatividade é o momento em que efetivamente é realizado, ou seja, no momento da apuração do ICMS, quando ocorre o encontro de contas entre créditos e débitos do imposto, podendo compensar o montante do imposto que incidiu nas operações e prestações de serviços anteriores, com o montante cobrado nas posteriores.

6

CRÉDITOS DE BENS DO ATIVO PERMANENTE

Falamos no capítulo passado, que a edição da Lei Complementar 87/96 foi uma evolução para a aplicabilidade do princípio da não cumulatividade reconhecendo o direito dos contribuintes nos termos da teoria do crédito financeiro, diminuindo com isto os custos da produção, das mercadorias e dos serviços tributáveis pelo ICMS.

A Lei Complementar 87/96 veio a permitir o aproveitamento dos créditos de ICMS advindos de bens destinados ao ativo permanente, porém com o advento da Lei Complementar 102/2000, o direito a estes créditos foi fracionado a 1/48 (um quarenta e oito avos) por mês, conforme determina a nova redação dada ao § 5° do art. 20 da LC 87/96, *in verbis*:

> *Art. 20. [...]*
>
> *[...]*
>
> *§ 5° Para efeito do disposto no caput deste artigo, relativamente aos créditos decorrentes de entrada de mercadorias no estabelecimento destinadas ao ativo permanente, deverá ser observado:*
>
> *I - a apropriação será feita à razão de um quarenta e oito avos por mês, devendo a primeira fração ser apropriada no mês em que ocorrer a entrada no estabelecimento;*

> *II - em cada período de apuração do imposto, não será admitido o creditamento de que trata o inciso I, em relação à proporção das operações de saídas ou prestações isentas ou não tributadas sobre o total das operações de saídas ou prestações efetuadas no mesmo período;*
>
> *III - para aplicação do disposto nos incisos I e II deste parágrafo, o montante do crédito a ser apropriado será obtido multiplicando-se o valor total do respectivo crédito pelo fator igual a 1/48 (um quarenta e oito avos) da relação entre o valor das operações de saídas e prestações tributadas e o total das operações de saídas e prestações do período, equiparando-se às tributadas, para fins deste inciso, as saídas e prestações com destino ao exterior ou as saídas de papel destinado à impressão de livros, jornais e periódicos; (redação dada pela LC 120/2005)*
>
> *IV - o quociente de um quarenta e oito avos será proporcionalmente aumentado ou diminuído, pro rata die, caso o período de apuração seja superior ou inferior a um mês;*
>
> *V - na hipótese de alienação dos bens do ativo permanente, antes de decorrido o prazo de quatro anos contado da data de sua aquisição, não será admitido, a partir da data da alienação, o creditamento de que trata este parágrafo em relação à fração que corresponderia ao restante do quadriênio;*
>
> *VI - serão objeto de outro lançamento, além do lançamento em conjunto com os demais créditos, para efeito da compensação prevista neste artigo e no art. 19, em livro próprio ou de outra forma que a legislação determinar, para aplicação do disposto nos incisos I a V deste parágrafo; e*
>
> *VII - ao final do quadragésimo oitavo mês contado da data da entrada do bem no estabelecimento, o saldo remanescente do crédito será cancelado.*

Mais uma vez, citamos Aroldo Gomes de Mattos (2006) para trazer a definição de bens do ativo permanente:

> Ativo permanente, fixo ou imobilizado (expressões contábeis empregadas nesta Lei Complementar com sentidos equivalentes), é uma parte do balanço patrimonial que registra bens, valores e direitos adquiridos com o objetivo de assegurar permanentemente a "manutenção das atividades da companhia e da empresa" (Lei das S/A 6.404./76, art, 179, inc. IV), como v.g., móveis, utensílios, salas, prédios, automóveis etc. Nas operações

> com esses bens constam alguns que incidem o ICMS, e que, pelo princípio da não cumulatividade, este deve ser aproveitado e lançado na escrita fiscal". (p. 295)

Tudo que falamos a respeito dos créditos advindos de bens destinados para uso e consumo aplica-se também aos créditos de ICMS referente à aquisição de bens para o ativo permanente, uma vez que são mercadorias adquiridas pelo contribuinte, sob as quais incidiu o imposto em comento e por isso faz jus ao crédito, nos termos da regra-matriz do crédito de ICMS e tem direito de opor o crédito contra a Fazenda do Estado no momento da apuração do tributo como bem entender, conforme determina regra-matriz do direito ao crédito de ICMS.

Não existe o requisito do destino dado pelo contribuinte a mercadoria adquirida para fazer jus ao respectivo crédito de ICMS. A Constituição Federal somente estabeleceu que o contribuinte que adquirir mercadorias ou serviços tributáveis pelo ICMS, que arcarem com o encargo financeiro do imposto devidamente destacado em documento fiscal, tem direito de aproveitar o respectivo crédito no memento de apuração do ICMS.

São bens essenciais para o exercício e manutenção da atividade empresarial sendo um custo indispensável para o contribuinte que arca com encargo financeiro do ICMS que incidiu na operação mercantil deste tipo de mercadoria.

O Convênio ICM 66/88, em seu art. 31, inc. II, vedava o crédito advindo de mercadorias destinadas ao ativo fixo do estabelecimento e, conforme já salientamos, o Supremo Tribunal Federal considerou constitucional a vedação aos créditos das mercadorias adquiridas para o ativo permanente.

A lógica seria no caso do contribuinte vender um bem do ativo imobilizado em que não incide ICMS na sua venda, em razão de que não é uma operação de natureza mercantil;

o contribuinte não vende bens do ativo com habitualidade com a possibilidade de gerar e viver desses atos como comércio, com isso subsumisse na hipótese da alínea "b" do inc. II do § 2º do art. 155 da Constituição Federal, se a saída das mercadorias e prestações de serviços forem isentas ou não incidir o imposto, devem ser anulados os créditos relativos às operações e prestações anteriores. Por isso bens do ativo imobilizado ou permanente não concedem direito ao crédito do ICMS, ou seja, devido a uma operação posterior e futura que pode ou não ocorrer.

Porém, para estornar os créditos das entradas, tem-se que aguardar a destinação dada à mercadoria adquirida e sua consequente saída. No caso da aquisição dos bens do ativo imobilizado ou ativo permanente, quando da aquisição, o contribuinte tem o direito ao crédito do ICMS por estarem presentes os requisitos. No entanto, se ocorrer a venda do ativo imobilizado, como não terá a incidência do ICMS, devem ser estornados os créditos da entrada do ativo, logo, o correto, se não tiver a saída do ativo permanente devem ser mantidos os créditos correspondentes.

Infelizmente não é assim que se opera na prática, adquirindo bens para o ativo imobilizado, nos termos do § 5º do art. 20 da Lei Complementar nº 87/96, como já se supõe que não haverá incidência do imposto na saída do ativo permanente, a legislação estabelece um benefício legal, que o contribuinte pode se apropriar do crédito de ICMS da aquisição do ativo imobilizado na proporção de 1/48 por mês e na hipótese de alienação do bem antes de decorrido o prazo de 4 (quatro) anos, deve ser estornado os créditos remanescentes, bem como no caso de decorrido os 4 anos, o saldo remanescente deve ser cancelado.

O art. 20, § 5º, incs. I a VII, da Lei Complementar 87/96, com redação dada pela LC 102/2000, estabelece procedimento específico para apropriação dos créditos de ICMS advindos da aquisição de mercadorias destinadas ao ativo permanente.

A apropriação do crédito deve ser feita à razão de 1/48 (um quarenta e oito avos) por mês, sendo que a primeira fração deve ser apropriada no mês em que ocorrer a entrada do bem no estabelecimento do contribuinte.

No período de apuração do ICMS não é admitido o creditamento de que trata o inc. I do § 5º do art. 20 da LC 87/96, em relação à proporção das operações de saídas ou prestações isentas ou não tributadas sobre o total das operações de saídas ou prestações efetuadas no mesmo período.

Para aplicação do aproveitamento do crédito, o montante será obtido multiplicando-se o valor do respectivo crédito pelo valor igual a 1/48 (um quarenta e oito avos) da relação entre o valor das operações de saídas e prestações do período, equiparando-se às operações tributadas as saídas e prestações com destino ao exterior.

Estabelece ainda que "o quociente de 1/48 (um quarenta e oito avos) será proporcionalmente aumentado ou diminuído, *pro rata die*, caso o período de apuração seja superior ou inferior a um mês".

E na hipótese de alienação dos bens do ativo permanente, antes de decorrido o prazo de quatro anos da aquisição, não é admitido, a partir da data da alienação, o creditamento em relação à fração que corresponderia ao montante do quadriênio.

O lançamento dos créditos de bens do ativo permanente é feito em conjunto com os demais créditos, bem como em livro próprio ou outra forma que a legislação determinar.

Decorridos quatro anos da aquisição do bem para o ativo permanente, não sendo possível o aproveitamento do crédito conforme determina o § 5º do art. 20 da LC 87/96, o saldo remanescente do crédito será cancelado.

Ora, não existe justificativa jurídica para limitar ou fracionar o direito de aproveitamento dos créditos advindos dos bens do ativo permanente, e, sim, a razão para o aproveitamento do crédito à fração de 1/48 (um quarenta e oito avos) por mês a partir da aquisição do bem seria justificativa econômica.

A justificativa econômica seria em razão de que as máquinas são adquiridas e participam do processo produtivo e de comercialização, e compõem o custo da mercadoria vendida ou o preço do serviço prestado.

Ocorre que as máquinas participam do processo produtivo, de comercialização e da prestação de serviços ao longo dos anos, assim, seu custo seria diluído no preço de venda de várias mercadorias e prestações de serviço durante um lapso temporal e mais, as máquinas desgastam; não serão eternamente pertencentes ao ativo permanente, quando não forem mais utilizáveis e estiverem totalmente depreciadas serão retiradas do ativo.

Neste sentido, as palavras de Aroldo Gomes de Mattos (2006, p. 297) que:

> integradas ao ativo permanente, tais máquinas não ficarão indefinidamente imobilizadas, estáticas, inertes, já que ou serão revendidas depois usadas, ou se desgastarão inexoravelmente na dinâmica do processo industrial. Esse desgaste (depreciação) é repassado no custo das mercadorias fabricadas ou dos serviços prestados. Isso significa dizer que elas integrarão, em partículas, por mínimas que sejam, as etapas seguintes da circulação das mercadorias e das prestações de serviços, até a completa exaustão.

Desse modo, o aproveitamento fracionado dos créditos de ICMS advindos de bens do ativo permanente de 1/48 (um quarenta e oito avos) por mês seria com o intuito da equivalência e proporção da depreciação do bem.

A jurisprudência do Supremo Tribunal Federal firmou no sentido que o direito ao creditamento fracionado seria para recuperar o imposto que o contribuinte de fato arcou na aquisição de bens para o ativo permanente dentro do período de vida útil, *in verbis*:

> AGRAVO REGIMENTAL NO RECURSO EXTRAORDINÁRIO. LEI COMPLEMENTAR 87/96. SUPERVENIÊNCIA DA LC 102/2000. CRÉDITO DE ICMS. LIMITAÇÃO TEMPORAL À SUA EFETIVAÇÃO. VULNERAÇÃO DO PRINCÍPIO DA NÃO CUMULATIVIDADE. Imposto sobre Circulação de Mercadorias e Serviços. Crédito. Compensação. Aproveitamento integral do crédito decorrente das aquisições para o ativo permanente. Superveniência da Lei Complementar 102/2000. Limitação temporal para o aproveitamento ao longo do período de 48 meses. Restrição à possibilidade de o contribuinte recuperar o imposto pago, como contribuinte de fato, na aquisição de bens para o ativo fixo dentro do período de vida útil. Vulneração ao princípio da não cumulatividade. Inexistência. Precedente: ADI n. 2.325, Relator o Ministro Marco Aurélio, Sessão Plenária do dia 23.9.2004. Agravo regimental não provido.
>
> (AgReg no RE 392.991-7, 1ª Turma do STF. Rel. Min, Eros Grau, v.u., DJU 1 de 29.04.05, p. 27)

Ocorre que se o contribuinte não aproveitar ou não conseguir aproveitar o crédito de ICMS de bens do ativo permanente "ao final do quadragésimo oitavo mês contado da data da entrada do bem no estabelecimento, o saldo remanescente do crédito será cancelado", nos termos do inc. VII do § 5° do art. 20 da LC 87/1996.

Ou seja, após 4 (quatro) anos da aquisição do bem destinado ao ativo permanente, perde-se o direito ao crédito, assim os créditos de ICMS advindos de mercadorias destinadas ao ativo permanente sofrem outra desigualdade com relação às demais aquisições feitas pelo contribuinte que dão direito ao crédito, uma vez que além de ter seu aproveitamento fracionado, seu prazo decadencial é de 4 (quatro) anos contados a partir da aquisição da mercadoria, passados quatro anos sem a utilização dos respectivos créditos, estes são cancelados.

Enquanto dos outros créditos o direito de lançar na escrita fiscal, ou seja, de escriturá-los no livro de entradas e lançar em GIA são de cinco anos contados da emissão do documento fiscal de aquisição da mercadoria ou da prestação do serviço tributável pelo ICMS, conforme dispõe o parágrafo único do art. 23 da LC 87/96, *in verbis*:

> *Art. 23. O direito de crédito, para efeito de compensação com débito do imposto, reconhecido ao estabelecimento que tenha recebido as mercadorias ou para o qual tenham sido prestados os serviços, está condicionado à idoneidade da documentação e, se for o caso, à escrituração nos prazos e condições estabelecidos na legislação.*
>
> *Parágrafo único. O direito de utilizar o crédito extingue-se depois de decorridos cinco anos contados da data de emissão do documento.*

Desse modo, os créditos de ICMS referentes às mercadorias destinadas ao ativo permanente extinguem-se em quatro anos a contar da aquisição das mesmas, enquanto referente aos outros créditos, extingue-se o direito de escriturá-los em cinco anos a contar da emissão do respectivo documento fiscal.

Porém, uma vez devidamente escriturados, permanecerão na escrita fiscal do contribuinte até que sejam utilizados na compensação com os débitos, ou seja, o prazo é indeterminado para compensá-lo com os débitos de ICMS.

Mas não são somente estas restrições sobre o crédito advindo de bens do ativo permanente que sofreu o contribuinte quanto ao seu direito ao crédito de ICMS resguardado pelo princípio da não cumulatividade.

O inc. V do § 5º do art. 20 da LC 87/96 estabelece que no caso de alienação de bem do ativo permanente antes de decorrido o prazo decadencial de 4 (quatro) anos, cancela-se também o restante das frações que corresponderiam ao faltante do quadriênio.

Questão interessante referente aos créditos advindos dos bens do ativo permanente é que o inc. I do § 5º do art. 20 da LC 87/96 determina que estes créditos somente podem ser aproveitados à razão de 1/48 (um quarenta e oito avos) por mês e que a primeira fração dever ser apropriada no mês em que ocorrer a entrada da mercadoria no estabelecimento.

Ou seja, mais uma restrição ao direito de crédito não prevista na Constituição Federal.

Ocorre que a legislação não estabeleceu uma sanção ou consequência, para quem aproveitar os créditos de ICMS advindos dos bens do ativo permanente de forma diferente ou em fração maior que 1/48 (um quarenta e oito avos) por mês.

Os créditos advindos dos bens do ativo permanente, somente poderiam ser apropriados à razão de 1/48 (um quarenta e oito avos) por mês, conforme determina o art. 61, § 10, item 1 do RICMS/2000 e o art. 20, § 5º da Lei Complementar 87/96, com redação dada pela LC 102/2000.

Sendo assim, de forma alguma pode o contribuinte creditar-se de valor advindo de bens pertencentes ao seu ativo permanente sem observar as determinações do art. 20, § 5º, da LC 87/96, com redação dada pela LC 102/2000.

Normalmente, quando os contribuintes paulistas realizam o crédito de ICMS advindos de bens do ativo permanente em proporção maior a 1/48 (um quarenta e oito avos) no mês são autuados pelo fisco por crédito indevido do imposto e a multa é capitulada no art. 527, inc. II, alínea "j" do RICMS/2000 de São Paulo, que prevê as situações genéricas de crédito indevido, aplicando a multa de 100% (cento por cento) do valor do crédito.

Porém, a capitulação da multa empregada pela realização do creditamento está em dissonância com o ordenamento jurídico, por ser rigorosa demais proporcionalmente à infração cometida pelo contribuinte ao utilizar crédito superior a um quarenta e oito avos de bens do ativo permanente, tendo em vista que os créditos são legítimos e de natureza comprovada, porém a forma realizada é a única irregularidade cometida.

Ora, não se trata de crédito indevido o aproveitamento de crédito na proporção superior a um quarenta e oito avos ao mês na acepção da palavra, mas sim a forma irregular que foi feita desrespeitando as determinações legais para créditos advindos de bens do ativo permanente.

Existem situações em que o contribuinte não utilizou o crédito correspondente a 1/48 (um quarenta e oito avos) em determinado mês e na apuração subsequente do ICMS realizou a 2/48 (dois quarenta e oito avos), e assim sucessivamente não utilizou em vários meses de repente as utiliza de uma vez só.

Por exemplo, realiza a aproveitamento do crédito a 25/48 (vinte cinco quarenta e oito avos), por não ter utilizado em meses anteriores ou não se aproveitar em meses posteriores.

A infração cometida, nestes casos, estaria relacionada à forma em que foi realizado o crédito e o inciso II do art. 527 do RICMS/2000 de São Paulo não dispõe, em nenhuma de suas alíneas, sobre a infração cometida pela Contribuinte de forma clara e precisa, ou seja, quando se aproveita do crédito de ICMS advindo de bens do ativo permanente em frações maiores que um quarenta e oito avos, a consequência é tal multa ou a sanção é o estorno dos créditos.

Não existe a norma sancionatória para o não cumprimento do art. 20, § 5º, da Lei Complementar 87/96.

Existe apenas a previsão da citada alínea "j" do inc. II do art. 527 do RICMS/2000, que corresponde à prevista no art. 85, inc. II, alínea "j" da Lei Paulista 6.374/89, que trata da penalidade genérica no caso de creditamento indevido:

> *Art. 85. O descumprimento das obrigações principal e acessórias, instituídas pela legislação do Imposto sobre Operações Relativas à Circulação de Mercadorias e sobre Prestação de Serviços de Transporte Interestadual e Intermunicipal e de Comunicação, fica sujeito às seguintes penalidades:*
>
> *[...]*
>
> *II- infrações relativas ao crédito do imposto:*
>
> *[...]*
>
> *j) crédito indevido do imposto, em hipótese não prevista nas alíneas anteriores, incluída a de falta de estorno-multa equivalente a 100% (cem por cento) do valor do crédito indevidamente escriturado ou não estornado, sem prejuízo do recolhimento da respectiva importância;" (Esta alínea foi renomeada de "h" para "j" pela Lei 10.619 de 19.07.2000. Anteriormente fora renomeada de "g" para "h" pela Lei 9.329 de 26.12.1995).*
>
> *[...]*

Quando a Lei Complementar 102/2000 deu nova redação ao art. 20 da Lei complementar 87/1996, não previu ou tipificou como infração a não observância do creditamento referente à aquisição de bens do ativo permanente na fração de 1/48 (um quarenta e oito avos).

Posteriormente à edição da Lei Complementar em comento, a legislação do ICMS também não se adequou a essa inovação do ordenamento e tipificou o creditamento superior a 1/48 (um quarenta e oito avos) como indevido e estabeleceu uma sanção para tal ato.

Portanto, vejo que a capitulação da multa no art. 527, II, do RICMS não tipifica a situação em concreto do aproveitamento do crédito acima da fração de 1/48 (um quarenta e oito avos) e entendo que a melhor que se coaduna com a situação seria a penalidade prevista no art. 527, inc. V, alínea "o" do RICMS/2000, *in verbis*:

> *Artigo 527 - O descumprimento da obrigação principal ou das obrigações acessórias, instituídas pela legislação do Imposto sobre Circulação de Mercadorias e sobre Prestações de Serviços, fica sujeito às seguintes penalidades (Lei 6.374/89, art. 85, com alteração das Leis 9.399/96, art. 1°, IX, e 10.619/00, arts. 1°, XXVII a XXIX, 2°, VIII a XIII, e 3°, III):*
>
> *[...]*
>
> *V - infrações relativas a livros fiscais e registros magnéticos:*
>
> *[...]*
>
> *o) irregularidade de escrituração não prevista nas alíneas anteriores - multa equivalente a 1% (um por cento) do valor das operações ou prestações a que se referir a irregularidade.*
>
> *[...]*

No Direito Tributário, impera o princípio da legalidade estrita e da tipicidade, ou seja, tem que existir total e plena subsunção dos fatos à norma.

Desse modo, em respeito às determinações do art. 112, incs. I, II e IV, do Código Tributário Nacional que dispõe que "a lei tributária que define infrações, ou lhe comina penalidades, interpreta-se da maneira mais favorável ao acusado, em caso de dúvida, quanto à capitulação legal do fato; à natureza ou às circunstâncias matérias do fato, ou à natureza ou extensão dos seus efeitos; e à natureza da penalidade aplicável, ou sua graduação" entendo que a multa aplicada deve ser a prevista no art. 527, inciso V, alínea "o" do RICMS/2000.

O art. 112 do CTN determina expressamente que, existindo dúvida, deve ser aplicada a pena mais favorável ao contribuinte e havendo divergência quanto à legislação aplicável deve ser respeitado o princípio do *in dubio pro reo*.

Mesmo assim os contribuintes que utilizarem de créditos advindos de bens do ativo permanente acima de 1/48 (um quarenta e oito avos) por mês serão penalizados da forma mais gravosa do que as demais tipificações relativas ao crédito de impostos, que são de graus de condutas ilícitas mais elevada, o que demonstra uma incoerência e injustiça na capitulação da multa nos termos do art. 527, II, alínea "j" do RICMS/2000.

Sendo o direito de crédito de ICMS advindos de bens do ativo um direito constitucional, uma vez que o crédito para o contribuinte surge a partir do momento que adquire mercadorias e/ou serviços tributáveis pelo ICMS e arcar com o encargo financeiro do imposto, pouco importando a destinação que irá dar para a mercadoria em seu estabelecimento.

Desse modo, sendo o crédito de ICMS legítimo nestes casos, não pode ser o contribuinte penalizado com uma multa genérica para os casos de crédito indevido, quando realizou o aproveitamento em fração maior do que 1/48 (um quarenta e oito avos) por mês.

7

CRÉDITOS INIDÔNEOS ADVINDOS DE DOCUMENTOS FISCAIS INÁBEIS

A Lei Complementar 87/96 estabeleceu que o aproveitamento do crédito de ICMS está condicionado à idoneidade do documento fiscal, conforme dispõe o seu art. 23, *in verbis*:

> *Art. 23. O direito de crédito, para efeito de compensação com débito do imposto, reconhecido ao estabelecimento que tenha recebido as mercadorias ou para o qual tenham sido prestados os serviços, está condicionado à idoneidade da documentação e, se for o caso, à escrituração nos prazos e condições estabelecidos na legislação.*
>
> *Parágrafo único. O direito de utilizar o crédito extingue-se depois de decorridos cinco anos contados da data de emissão do documento.*

Já estabelecemos anteriormente que para o contribuinte fazer jus ao crédito de ICMS tem que adquirir mercadorias e serviços com a incidência dos impostos, arcar com o encargo financeiro deste e que esteja devidamente mencionado em documento fiscal.

Realmente, o crédito do ICMS somente é constituído quando vertido em linguagem competente, ou seja, devidamente destacado o imposto no respectivo documento fiscal para que o contribuinte tenha condições de escriturar a nota fiscal em seu livro de entradas e o crédito referente em seu livro de apuração.

Somente se pode falar da incidência do ICMS na operação anterior, se a operação mercantil ou a prestação do serviço de transporte ou comunicação é vertida em linguagem competente. O que não está vertido em linguagem competente é um mero evento; somente faz parte do mundo fenomênico, não é reconhecido pelo Direito e não gera efeitos jurídicos.

No entanto, condicionar o direito ao crédito à idoneidade do documento fiscal, ou seja, que o crédito de ICMS somente poderá ser aproveitado se a nota fiscal que estiver destacado o imposto seja hábil e idônea, tem que ser visto com cautela.

Entendo que assiste razão aos entes federados e ao legislador infraconstitucional preocuparem-se com a questão da inidoneidade dos documentos e dos contribuintes, para evitar a simulação de operações mercantis ou prestações de serviços, que tem como único objetivo simplesmente gerarem créditos escusos de ICMS, com o fito de para abater do imposto devido.

O problema do crédito inidôneo e da nota fiscal fria é considerado um câncer pela Fazenda Pública do Estado de São Paulo, pois cria a indústria dos vendedores de notas ficais frias para gerar créditos indevidos e com isso reduzirem indevidamente o ICMS a pagar no momento da apuração.

Porém, essa preocupação não pode ser sobrepor aos princípios constitucionais e acima dos negócios jurídicos realmente efetivados, em que o contribuinte adquire a mercadoria e arca com o encargo financeiro do ICMS incidente sobre a operação.

A Regra-matriz do crédito de ICMS estabelece as condições para que o contribuinte possa aproveitar o crédito e a regra-matriz de direito ao crédito do imposto determina quando e como o respectivo crédito é aproveitado e compensado. Nenhuma das duas normas retiradas do texto constitucional exige como condicionante a responsabilidade do adquirente/contribuinte de fiscalizar os atos de seus fornecedores ou prestadores de serviços.

Nesta linha, são as sábias palavras de José Eduardo Soares de Melo (2005, p. 236) dispondo que:

> Reputo necessária, obrigatória, louvável sob todos os aspectos, a preocupação fazendária em coibir os negócios ilícitos, espúrios, e, sobretudo, sonegatórios que tenham por escopo permitir transferências de créditos, simuladas em pseudas-vendas de bens e prestações de serviços.
>
> A superioridade do interesse público sobre o privado constitui princípio de Direito Administrativo, haurido pela compreensão dos inúmeros postulados constitucionais. A arrecadação dos tributos decorre da competência da pessoa de direito público, significando um autêntico poder-dever, indispensável para atender à eficaz prestação de serviços públicos.
>
> Todavia, demais princípios constitucionais também devem ser observados de modo coerente, harmônico e sistemático, para que a ação governamental não se torne desmedida, desrespeitando o estatuto do contribuinte.

Assim, não se pode colocar todas as operações mercantis acobertadas com documentos fiscais inábeis no mesmo balaio, tem que se respeitar os negócios efetivamente realizados, onde o contribuinte de fato agiu de boa-fé na aquisição das mercadorias e/ou serviços, colocando estes em situações diferentes daqueles que realizaram negócios ilícitos e espúrios.

Determina-se que o crédito torna-se indevido quando a documentação de entrada de mercadoria ou da prestação do serviço é considerada inidônea, nos termos do art. 36 da Lei Paulista 6.374/89, *in verbis*:

> *Art. 36. O Imposto sobre Operações Relativas à Circulação de Mercadorias e sobre Prestação de Serviços de Transporte Interestadual e Intermunicipal e de Comunicação é não cumulativo, compensando-se o imposto que seja devido em cada operação ou prestação com o anteriormente cobrado por este, outro Estado ou pelo Distrito Federal, relativamente a mercadoria entrada ou a prestação de serviço recebida, acompanhada de documento fiscal hábil, emitido por contribuinte em situação regular perante o fisco.*
>
> *§ 1º- Para efeitos deste artigo, considera-se:*
>
> *1- imposto devido, o resultante da aplicação da alíquota sobre a base de cálculo de cada operação ou prestação sujeita a cobrança de tributo;*
>
> *2- imposto anteriormente cobrado, a importância calculada nos termos do item precedente e destacada em documento fiscal hábil;*
>
> *3- documento fiscal hábil, o que atenda a todas as exigências da legislação pertinente, seja emitido por contribuinte em situação regular perante o fisco e esteja acompanhado, quando exigido, de comprovante do recolhimento do imposto;*
>
> *4- situação regular perante o fisco, a do contribuinte que, à data da operação ou prestação, esteja inscrito no cadastro de contribuintes, se encontre em atividade no local indicado, possibilite a comprovação da autenticidade dos demais dados cadastrais apontados ao fisco e não esteja enquadrado nas hipóteses previstas nos artigos 20 e 21.*
>
> *§ 2º - O Poder Executivo poderá estabelecer outras condições e requisitos para apropriação de créditos do imposto, mediante a implantação de sistemas ou mecanismos adequados de controle e de segurança dos documentos fiscais, que permitam combater a sonegação e resguardar os direitos dos contribuintes.*
>
> *§ 3º - Não se considera cobrado, ainda que destacado em documento fiscal, o montante do imposto que corresponder a vantagem econômica decorrente da concessão de qualquer subsídio, redução da base de cálculo, crédito presumido ou outro incentivo ou benefício fiscal em desacordo com o disposto no Artigo 155, § 2.º, inciso XII, alínea "g", da Constituição Federal.*

A norma supra considera documento fiscal idôneo ou hábil aquele emitido por contribuinte em situação regular perante o fisco. E ainda considera como contribuinte em situação regular aquele que na data da operação mercantil ou prestação de serviço esteja devidamente inscrito no cadastro de contribuintes, se encontre em atividade no local indicado e possibilite a comprovação da autenticidade dos dados cadastrais e da realização das operações mercantis e/ou prestação de serviço.

Ocorre que a norma em comento não pode ser aplicada indiscriminadamente, pois existem situações em que o contribuinte realmente realizou a operação mercantil ou contratou a prestação de serviço, arcou com o encargo financeiro do tributo e por isso faz jus ao aproveitamento do respectivo crédito.

O fato de o fisco verificar, posteriormente, a realização de determinada operação mercantil ou prestação de serviço, a qual o vendedor da mercadoria ou o prestador do serviço tributável não se encontra em situação regular e cassa a sua inscrição estadual, não pode ter o condão de cancelar o direito constitucional do contribuinte de fato opor contra a Fazenda Pública os créditos advindos da aquisição regular de mercadorias e serviços que sofreram a incidência do ICMS.

Ora, a Constituição Federal, ao estabelecer o princípio da não cumulatividade no ICMS, dispõe no inciso I do § 2º do art. 155 que "será não cumulativo, compensando se o que for devido em cada operação nas operações relativas à circulação de mercadorias ou prestação de serviços com o montante cobrado nas anteriores pelo mesmo ou outro Estado ou pelo Distrito Federal".

A norma constitucional garante ao Contribuinte o direito de creditar-se do montante do imposto devido nas operações anteriores com o montante devido nas operações posteriores ou futuras.

A redação constitucional estabelece a expressão "compensando-se o que for devido em cada operação com o montante cobrado nas operações anteriores". Em nenhum momento ficou consignado pela norma supra que pode ser compensado com o "montante pago ou recolhido nas operações anteriores".

O princípio da não cumulatividade é uma norma jurídica com forte conteúdo axiológico advindo de interesses econômicos para não elevar o custo da cadeia produtiva, não onerar as mercadorias e os serviços para o consumidor final e nortear a exigência do ICMS.

A norma constitucional utiliza a expressão "montante cobrado nas operações anteriores pelo mesmo ou outro Estado" como se fosse condição para aplicabilidade do princípio da não cumulatividade, que o fornecedor das mercadorias e serviços sujeitos ao ICMS tenham recolhido o imposto ou que a Fazenda Estadual tenha cobrado, para que o adquirente possa tomar o crédito para abater do débito do imposto.

Não é responsabilidade do adquirente de mercadoria ou serviço verificar se seu fornecedor ou seu prestador de serviço está recolhendo corretamente o ICMS que incidiria na operação mercantil ou prestação de serviço.

O ICMS incide sobre operações mercantis e prestações de serviço de transporte interestadual e intermunicipal e serviço de comunicação e o sujeito passivo do imposto (o fornecedor da mercadoria ou o prestador de serviço) ao realizar o fato jurídico tributário deve emitir nota fiscal descrevendo a operação ou prestação e esse mesmo documento fiscal é que garante ao contribuinte adquirente da mercadoria ou do serviço o direito ao crédito do imposto previsto no princípio da não cumulatividade.

No entanto, o contribuinte, adquirente da mercadoria, não tem poder de polícia para fiscalizar e exigir que seus fornecedores recolham o ICMS incidente na operação, pois a competência é privativa da autoridade administrativa, nos termos do art. 142, art. 194 e seguintes todos do CTN.

A Lei Complementar 87/96 também dispõe no mesmo sentido que a compensação será devida em cada operação com o montante cobrado nas operações anteriores e o art. 20 do mesmo diploma legal ratifica que é assegurado, ao sujeito passivo, o direito de creditar-se do imposto anteriormente cobrado em operações de que tenha resultado a entrada de mercadoria, real ou simbólica.

Tanto a determinação constitucional como a redação da norma geral do ICMS deixam claro que o direito a crédito está atrelado à realização da operação mercantil, pouco importando se o vendedor ou emissor da nota pagou ou não o imposto.

Neste sentido leciona o professor Roque Antônio Carrazza (2006, p. 251) que "o direito à compensação permanece íntegro ainda que um dos contribuintes deixe de recolher o tributo ou a Fazenda Pública de lançá-lo. Basta que as leis do ICMS tenham incidido sobre as operações ou prestações anteriores para que o abatimento seja devido".

O creditamento do ICMS de bens adquiridos não está condicionado ao fato de que o Imposto tenha sido pago na operação anterior e sim que ele seja devido, que tenha incidido na operação anterior, devidamente vertido em linguagem competente para que o contribuinte de fato possa escriturar em seu livro de entradas.

Neste sentido, José Eduardo Soares de Melo (2005) explica que o que importa é que a transação foi realizada, o negócio jurídico concretizado em documento fiscal, o adquirente tem direito de escriturar o respectivo crédito de ICMS:

> Mediante a aquisição de um bem industrial, comercial, ou determinado tipo de serviço, nasce para o contribuinte o direito à

> não cumulatividade tributária, operacionalizada por um crédito fiscal. Concretizando tal negócio jurídico, corporificado em nota fiscal (sempre que possível, o adquirente pode escriturar os respectivos créditos de ICMS, independentemente da situação empresarial e fiscal em que se encontra o fornecedor dos bens e serviços.
>
> O que importa considerar é que se a transação foi realizada com pessoa inscrita na repartição pública (justificada pela exibição da respectiva ficha cadastral), mesmo porque o STF já consagra a diretriz de que "o comprador de café, ao IBC, ainda que sem expedição de nota fiscal, habilite-se, quando da concretização do produto, ao crédito do ICM que incidir sobre a operação anterior" (Súmula 571). (p. 16)

Roque Antonio Carrazza ainda complementa que:

> é flagrantemente inconstitucional condicionamento à fruição dos créditos de ICMS – que nasce da Carta Magna – as exigências formais concernentes à documentação.
>
> Ora, a documentação, como é de comum sabença, tem função *ad probatione* e não *ad substancia*, do ato. Embora seja necessária, as falhas ou omissões nela contidas não têm o condão de impossibilitar o exercício do direito constitucional à compensação.

Se o contribuinte cumpriu devidamente com suas obrigações tributárias, a operação mercantil ou a prestação de serviço efetivamente aconteceu, não pode ser responsabilizado pelas obrigações de terceiros. Não tem o contribuinte o dever de fiscalizar as obrigações tributárias de seus fornecedores.

Não pode ser imputado ao Contribuinte o dever de fiscalizar e fazer às vezes da autoridade administrativa fiscal, em razão de que o art. 142 do Código Tributário Nacional determina claramente que a competência para verificar a ocorrência da obrigação tributária e calcular o montante devido é ato privativo da autoridade administrativa, competindo a esta verificar se o imposto foi recolhido.

O adquirente não está e não pode ser obrigado a verificar se seus fornecedores estão recolhendo o tributo em questão e não tem Poder de Polícia ou competência para tal, ou seja, não tem competência para fiscalizar as atividades e obrigações tributárias de seus fornecedores ou contratados.

De fato não pode ser penalizado o contribuinte, que provada a boa-fé, adquiriu mercadoria seguida de documento fiscal emitido por empresa que somente venha ser declarada inidônea posteriormente à operação.

Neste sentido, o Egrégio Superior Tribunal de Justiça firmou o entendimento que "as operações realizadas com empresa posteriormente declarada inidônea pelo Fisco devem ser consideradas válidas, não se podendo penalizar a empresa adquirente que agiu de boa-fé" (Resp 176.270/MG, Rel. Min. Eliana Calmon, DJ 04.06.2001).

Está pacificado na Superior Corte que ocorrendo as operações mercantis, o contribuinte de boa-fé tem direito ao creditamento do ICMS destacado nas notas fiscais inidôneas, posicionamento que foi confirmado em sede de Recurso Especial, Representativo de Controvérsia, que foi adotado a sistemática do art. 543-C do revogado Código de Processo Civil, conforme se pode observar nas ementas abaixo transcritas:

> PROCESSO CIVIL. RECURSO ESPECIAL REPRESENTATIVO DE CONTROVÉRSIA. ARTIGO 543-C, DO CPC/73. TRIBUTÁRIO. CRÉDITOS DE ICMS. APROVEITAMENTO (PRINCÍPIO DA NÃO CUMULATIVIDADE). NOTAS FISCAIS POSTERIORMENTE DECLARADAS INIDÔNEAS. ADQUIRENTE DE BOA-FÉ.
>
> 1. O comerciante de boa-fé que adquire mercadoria, cuja nota fiscal (emitida pela empresa vendedora) posteriormente seja declarada inidônea, pode engendrar o aproveitamento do crédito do ICMS pelo princípio da não cumulatividade, uma vez demonstrada a veracidade da compra e venda efetuada, porquanto o ato declaratório da inidoneidade somente produz efeitos a partir de sua publicação (Precedentes das Turmas de Direito Público: EDcl nos

EDcl no REsp 623.335/PR, Rel. Ministra Denise Arruda, Primeira Turma, julgado em 11.03.2008, DJe 10.04.2008; REsp 737.135/MG, Rel. Ministra Eliana Calmon, Segunda Turma, julgado em 14.08.2007, DJ 23.08.2007; REsp 623.335/PR, Rel. Ministra Denise Arruda, Primeira Turma, julgado em 07.08.2007, DJ 10.09.2007; REsp 246.134/MG, Rel. Ministro João Otávio de Noronha, Segunda Turma, julgado em 06.12.2005, DJ 13.03.2006; REsp 556.850/MG, Rel. Ministra Eliana Calmon, Segunda Turma, julgado em 19.04.2005, DJ 23.05.2005; REsp 176.270/MG, Rel. Ministra Eliana Calmon, Segunda Turma, julgado em 27.03.2001, DJ 04.06.2001; REsp 112.313/SP, Rel. Ministro Francisco Peçanha Martins, Segunda Turma, julgado em 16.11.1999, DJ 17.12.1999; REsp 196.581/MG, Rel. Ministro Garcia Vieira, Primeira Turma, julgado em 04.03.1999, DJ 03.05.1999; e REsp 89.706/SP, Rel. Ministro Ari Pargendler, Segunda Turma, julgado em 24.03.1998, DJ 06.04.1998).

2. A responsabilidade do adquirente de boa-fé reside na exigência, no momento da celebração do negócio jurídico, da documentação Documento: 950422 - Inteiro Teor do Acórdão - Site certificado - DJe: 27/04/2010 Página 1 de 16 Superior Tribunal de Justiça pertinente à assunção da regularidade do alienante, cuja verificação de idoneidade incumbe ao Fisco, razão pela qual não incide, à espécie, o artigo 136, do CTN, segundo o qual "salvo disposição de lei em contrário, a responsabilidade por infrações da legislação tributária independe da intenção do agente ou do responsável e da efetividade, natureza e extensão dos efeitos do ato" (norma aplicável, in casu, ao alienante).

3. *In casu*, o Tribunal de origem consignou que: "(...)os demais atos de declaração de inidoneidade foram publicados após a realização das operações (f. 272/282), sendo que as notas fiscais declaradas inidôneas têm aparência de regularidade, havendo o destaque do ICMS devido, tendo sido escrituradas no livro de registro de entradas (f. 35/162). No que toca à prova do pagamento, há, nos autos, comprovantes de pagamento às empresas cujas notas fiscais foram declaradas inidôneas (f. 163, 182, 183, 191, 204), sendo a matéria incontroversa, como admite o fisco e entende o Conselho de Contribuintes."

4. A boa-fé do adquirente em relação às notas fiscais declaradas inidôneas após a celebração do negócio jurídico (o qual fora efetivamente realizado), uma vez caracterizada, legitima o aproveitamento dos créditos de ICMS.

5. O óbice da Súmula 7/STJ não incide à espécie, uma vez que a insurgência especial fazendária reside na tese de que o reconhecimento, na seara administrativa, da inidoneidade das notas

> fiscais opera efeitos ex tunc, o que afastaria a boa-fé do terceiro adquirente, máxime tendo em vista o teor do artigo 136, do CTN.
>
> 6. Recurso especial desprovido. Acórdão submetido ao regime do artigo 543-C, do CPC, e da Resolução STJ 08/2008
>
> (Resp 1.148.444/MG - 2009/0014382-6. Relator: Luiz Fux. Órgão julgador: Primeira Seção. Data do Julgamento: 14/04/2010. Data do Registro: 27/04/2010.)

Portanto, o direito ao crédito começa a nascer quando o contribuinte de fato adquire mercadorias, insumos, matérias-primas ou serviços sujeitos ao ICMS, para que possa utilizar o crédito.

Desse modo, tem-se que para ter direito ao abatimento do crédito do ICMS, que surge quando o contribuinte adquire mercadorias, insumos, matérias-primas e/ou serviços tributáveis pelo imposto e que arca com o encargo financeiro do tributo, devidamente destacado em nota fiscal, não podendo ser o contribuinte responsabilizado ou ter seu direito ao crédito cerceado por irregularidades do seu fornecedor ou prestador de serviço.

Porém, isto tem que ser verificado caso a caso, verificando tanto a situação do comprador, como do vendedor e os documentos que comprovam ou tentam comprovar a realização da operação mercantil, a partir do processo de concretização da norma ao fato, conforme define Fredrich Müller:

> Os métodos da prática jurídica e da ciência do direito têm que ir além da interpretação do teor literal da norma.
>
> Não pode ser a norma analisada e interpretada isoladamente, pois ela sempre deve ser estudada aplicada a um caso. Uma norma isolada pode ser clara, mas aplicada no caso concreta se afigura destituída desta clareza. E isso somente se evidencia na tentativa efetiva de concretização.
>
> A subsunção é apenas aparentemente um procedimento lógico formal; na verdade, é um procedimento determinado no seu conteúdo pela respectiva compreensão de dogmática jurídica.

> Toda e qualquer norma somente faz sentido em vista a um caso a ser solucionado por ela.
>
> A solução é a concretização da norma jurídica em norma de decisão e do conjunto de fatos, juridicamente ainda não decidido, em caso jurídico decidido deve comprovar a convergência material de ambos, publicá-la e fundamentá-la.
>
> A ciência do direito tem como objetivo a racionalidade da aplicação do direito e como postulado de adequação do direito. Ciência do direito é uma ciência prática. No Estado Democrático de Direito não se pode abrir mão da discutibilidade ótima dos seus resultados e dos seus modos de fundamentação.
>
> Concretização é o processo constritivo de aplicação da norma que se utiliza todos os instrumentos à disposição do aplicador do direito, como jurisprudências, a dogmática e a ciência do direito para melhor adequar a norma a ser aplicada no fato.

Ademais, verificando-se que o adquirente ou contribuinte de fato realizou efetivamente a operação mercantil narrada nas notas fiscais e estando de boa-fé, não pode ser responsabilizado solidariamente ou subsidiariamente pela irregularidade cometida por terceiros e nem mesmo pode ser considerado que nestes casos a responsabilidade seja objetiva, nos termos do art. 136 do CTN, uma vez que o art. 137, I, do CTN dispõe que a responsabilidade é pessoal do agente quanto às infrações conceituadas como crime, *in verbis*:

> *Art. 137. A responsabilidade é pessoal ao agente:*
>
> *I - quanto às infrações conceituadas por lei como crimes ou contravenções, salvo quando praticadas no exercício regular de administração, mandato, função, cargo ou emprego, ou no cumprimento de ordem expressa emitida por quem de direito;*
>
> *II - quanto às infrações em cuja definição o dolo específico do agente seja elementar;*
>
> *III - quanto às infrações que decorram direta e exclusivamente de dolo específico:*
>
> *a) das pessoas referidas no artigo 134, contra aquelas por quem respondem;*

> *b) dos mandatários, prepostos ou empregados, contra seus mandantes, preponentes ou empregadores;*
>
> *c) dos diretores, gerentes ou representantes de pessoas jurídicas de direito privado, contra estas.*

Ora, caso de documento inidôneo está tipificado no art. 1º, IV, da Lei 8.137/90 como crime de conduta por parte do contribuinte: "elaborar, distribuir, fornecer, emitir ou utilizar documento que saiba ou deva saber falso ou inexato".

Sendo assim, no caso em tela, somente o emissor do documento inidôneo pode ser responsabilizado, nos termos do art. 137, I, do CTN. O contribuinte de boa-fé que não sabia que as notas fiscais padeciam de irregularidades no momento da operação mercantil ou da prestação de serviço não pode ter seus créditos glosados.

7.1 Nota fiscal inidônea e a reponsabilização do emissor do documento fiscal

Conforme expusemos, o emissor da nota fiscal considerada inidônea deve ser responsabilizado e a fiscalização sempre deve realizar todas as diligências possíveis para realizar o melhor trabalho fiscal, buscar a verdade material e realizar a correta subsunção do fato à norma, em respeito ao princípio da legalidade e da tipicidade.

São muito comuns e correspondem à maioria das atuações fiscais estaduais lavradas, as quais acusam o contribuinte de crédito indevido de ICMS advindo de notas fiscais consideradas inidôneas ou de recebimento de mercadorias desacompanhadas de nota fiscal hábil, em razão de que o emissor por algum motivo teve sua inscrição cassada e seus documentos fiscais declarados inidôneos de forma retroativa.

Na maioria esmagadora das vezes, somente o contribuinte adquirente da mercadoria ou serviço é acusado de crédito indevido de ICMS advindo de nota fiscal inidônea ou de deixar de recolher ICMS por receber mercadoria desacompanhada de nota fiscal e os sócios, representantes e gestores são encontrados pela fiscalização, esta nada faz contra eles, deixando-os livres de quaisquer ônus e responsabilidades tributárias.

As Fazendas Públicas Estaduais simplesmente preferem glosar os créditos de ICMS dos contribuintes advindos de notas fiscais de entrada que foram declaradas inidôneas em razão de que o emissor teve sua inscrição estadual cassada por alguma irregularidade e assim tentam recuperar valores do ICMS não recolhidos pela pessoa jurídica que emitiu as notas fiscais e não vinham recolhendo o respectivo imposto estadual. Se a empresa estivesse recolhendo devidamente o ICMS não teria sua inscrição cassada.

A perda da eficácia da inscrição estadual pode ocorrer por inatividade do estabelecimento, prática de atos ilícitos que tenham repercussões tributárias, indicação incorreta ou ocultação dos dados dos controladores ou beneficiários de empresas de investimentos sediadas no exterior, inadimplência fraudulenta, práticas de sonegação que levem ao desequilíbrio concorrencial, falta de comunicação de reativação das atividades, falta de solicitação de renovação de inscrição no prazo estabelecido, indeferimento do pedido de alterações de dados cadastrais e cancelamento ou não obtenção de registros, autorização ou licença para o exercício da atividade.

Ressalta-se que os motivos para cassação ou suspensão da inscrição estadual, o adquirente das mercadorias não tem como saber se seus fornecedores estão subsumidos nessas hipóteses. Os motivos que levam à cassação da inscrição estadual da pessoa jurídica são muito privativos e de difícil conhecimento por terceiros.

Tanto é privativo e de difícil ciência que a própria Secretaria da Fazenda libera ou liberou inscrição estadual para o fornecedor por entender que estava apta e regular para realizar atividades empresariais. Desse modo, o adquirente das mercadorias não tem como saber se seus fornecedores estão subsumidos nessas hipóteses. Mas independente disso, o Fisco vai em cima de quem realizou operações e se creditou de ICMS advindo de notas fiscais de que seus emissores tiveram suas inscrições cassadas.

Lógico que as declarações de inidoneidade dos documentos fiscais são sempre retroativas à data da cassação da inscrição estadual, pois o contribuinte com a inscrição cassada não consegue emitir notas fiscais e o adquirente tem como verificar sua situação fiscal. Assim, todos que realizaram operações em períodos anteriores à cassação da inscrição estadual entram na mira do fisco e têm seus créditos de ICMS glosados advindos de documentos considerados inidôneos.

Autuar quem realizou operações mercantis com fornecedores que tiveram suas inscrições cassadas é uma prática mais que usual dos Fiscos Estaduais, justamente em razão de quem adquiriu as mercadorias, tomou o respectivo crédito do ICMS ainda está em atividade empresarial e assim tem como serem cobrados valores a título das operações acobertadas com documentação fiscal considerada inidônea.

Sempre a acusação é direcionada e a relação jurídica tributária é constituída contra o adquirente das mercadorias por crédito indevido de ICMS advindo de notas fiscais inábeis ou inidôneas, quando escritura os créditos na apuração ou quando não se credita, muda-se a acusação e o adquirente é acusado de recebimento de mercadorias desacompanhadas de notas fiscais idôneas ou hábeis.

Nunca as acusações e atuações fiscais são direcionadas aos emissores das notas fiscais, embora muitas vezes encontrados, as empresas localizadas e os responsáveis identificados. As Fazendas Estaduais simplesmente se omitem e preferem autuar e acusar somente os compradores ou adquirentes das mercadorias.

No entanto, quando o acima descrito acontece, ou seja, encontram-se os responsáveis pelas notas fiscais ou pela empresa que teve sua inscrição cassada, a acusação está equivocada não ocorrendo a correta subsunção dos fatos à norma tributária, tendo em vista que os responsáveis pelos débitos de ICMS perante o Fisco saem ilesos. O Fisco ou sujeito ativo esquiva-se de realizar o verdadeiro trabalho de verificação do fato jurídico tributário, exigir os correspondentes tributos e responsabilizar quem de direito.

Compete à autoridade administrativa constituir o crédito tributário através do ato administrativo do lançamento, verificando corretamente a ocorrência do respectivo "fato gerador" da obrigação tributária, apresentando o motivo que levou ao lançamento e matéria tributável, conforme determina o art. 142 do CTN.

Realizada a subsunção do conceito de fato com aquele previsto na norma, compete à autoridade administrativa verter o evento tributário em linguagem competente para assim constituir o crédito tributário através do lançamento.

A autoridade administrativa tem o dever legal de constatar a ocorrência do fato jurídico tributário, apurar o "quantum" devido a título dos tributos devidos, identificar o sujeito passivo (contribuinte e responsáveis), realizar o lançamento do crédito tributário, para que assim seja constituída a relação jurídica tributária (art. 142, *caput*, do CTN).

Ademais, dispõe o parágrafo único do art. 142 do CTN que "a atividade administrativa de lançamento é vinculada e obrigatória. sob pena de responsabilidade funcional".

Ou seja, verificando a ocorrência do fato jurídico tributário, a autoridade administrativa está vinculada à correta aplicação da lei e não a aplicar discricionariamente, fazer juízos pessoais ou realizar o trabalho fiscal do modo que entender mais favorável para o si ou para o Fisco, e muito menos excluir o sujeito passivo da obrigação tributária.

Neste sentido, os ensinamentos de Ruy Barbosa Nogueira, ao lecionar que vinculada "é a atividade que não pode se separar da legalidade, tanto no que respeita ao conteúdo, quanto à forma" [29].

Corrobora este entendimento Hugo de Brito Machado, estabelecendo que "tomando conhecimento do fato gerador da obrigação principal, ou do descumprimento de uma obrigação acessória, que a este equivale porque faz nascer também uma obrigação tributária principal, no que concerne à penalidade pecuniária respectiva, a autoridade administrativa tem o dever indeclinável de proceder ao lançamento" [30].

A legislação do ICMS, como exemplo a do Estado de São Paulo, determina, no art. 30 do RICMS, que é nula a inscrição estadual, a partir da data da concessão ou da alteração mediante procedimento administrativo que constatar simulação de existência do estabelecimento ou da empresa; simulação do quadro societário da empresa; inexistência do estabelecimento para o qual foi concedida a inscrição; indicação incorreta da localização do estabelecimento; ou indicação de outros dados cadastrais falsos.

Se a fiscalização encontrou os sócios e responsáveis pela empresa, que teve sua inscrição cassada, (os documentos fiscais considerados inidôneos e não fez nada contra estes), não estabelecendo nenhuma obrigação tributária em face destes, o trabalho fiscal foi precário, não aplicou

---

29. "Curso de Direito Tributário", 14ª edição, Ed. Saraiva, 1995, p. 223.

30. "Curso de Direito Tributário", 30ª edição, Ed. Malheiros, 2009, p. 173.

disposições legais, ocorrendo, de forma discricionária, a aplicação da norma jurídica, tendo em vista que não foi realizada a correta subsunção do fato à norma, desrespeitando o princípio da legalidade, tipicidade tributária e ainda excluiu da relação jurídica tributária os responsáveis da obrigação, deixando estes livres de quaisquer ônus.

No Direito Tributário, impera o princípio da legalidade estrita tributária e da tipicidade, nos termos do art. 150, inc. I, da Constituição Federal, ou seja, tem que existir total e plena subsunção dos fatos à norma. O princípio da legalidade não é mero comando de que todos os critérios e aspectos necessários para exigir o tributo devem estar previstos em lei, que todos os critérios da Regra-Matriz de Incidência Tributária têm que estar na lei para que o tributo seja exigido, mas também que não tem a autoridade administrativa o poder de decidir qual lei irá aplicar ou se irá aplicar, e como será instaurada a relação jurídica tributária.

Luciano Amaro, quanto ao princípio da legalidade, ensina que

> o conteúdo do princípio da legalidade tributária vai além da simples autorização do Legislativo para que o Estado cobre tal ou qual tributo. É mister que a lei defina *in abstracto* todos os aspectos relevantes para que, in concreto, se possa determinar quem terá de pagar, quanto, a quem, à vista de que fatos ou circunstâncias. A lei deve esgotar, como preceito geral e abstrato, os dados necessários à identificação do fato gerador da obrigação tributária e à quantificação do tributo, sem que restem à autoridade poderes para discricionariamente, determinar se 'A' irá ou não pagar tributo, em face da determinada situação. Os critérios que definirão se 'A' deve ou não contribuir, ou que montante estará obrigado a recolher, devem figurar na lei e não no juízo de conveniência ou oportunidade do administrador público.[31]

31. "Direito Tributário Brasileiro". Ed. Saraiva. 17ª ed. 2011. p. 134

No tocante ao princípio da tipicidade, o Ilustre Mestre expõe que "a tipicidade tributária costuma qualificar-se de fechada ou cerrada, de sorte que o brocardo *nullum tributum sine lege* traduz o imperativo de que todos os elementos necessários à tributação do caso concreto se contenham e apenas se contenham na lei".[32]

O trabalho de cassação de inscrição de contribuinte em questão, que basicamente ocorre nos termos do arts. 30 e 31, do RICMS/2000 de São Paulo e Portaria CAT nº 95/2006, determinando todos os requisitos e rol que a Fiscalização deve seguir para verificar se o estabelecimento está operando ou não, conversar com o contador responsável, os sócios para entender as circunstâncias e o contexto. Após, somente, cassar a inscrição e declarar a inidoneidade quando verificar a inatividade da empresa e não encontrar seus sócios.

Não pode a fiscalização encontrar os sócios, gestores e o contador, no entanto nada fazer contra estes. Deve continuar diligenciando para averiguar as respectivas responsabilidades, bem como levantar seus patrimônios, para que respondam pelo passivo tributário que criaram e eventuais ilícitos tributários.

As autoridades administrativas fiscais simplesmente deixam os sócios gestores ou responsáveis pela empresa, que teve a inscrição cassada, ilesos e livres de quaisquer responsabilidades; com isso, a Fazenda Pública somente tem o trabalho singelo de verificar quem realizou operações mercantis com a empresa que teve sua inscrição cassada e os documentos declarados inidôneos. Como sempre fazem, esquecem os verdadeiros responsáveis e apenas exigem das contribuintes, que transacionaram com a empresa cassada, as obrigações tributárias devidas pelos fornecedores, através do pagamento dos créditos de ICMS destacados nas

32. "Op. Cit". p. 135

notas fiscais que seriam de responsabilidade das emitentes dos documentos fiscais, somente porque geralmente são empresas sólidas e por isso facilitaria o trabalho do fisco.

Insta salientar que as autuações por crédito indevido de ICMS não objetivam glosar os créditos do contribuinte ou que esses sejam estornados, mas sim têm a natureza jurídica de "esquentar" esses créditos considerados indevidos ou torná-los legítimos através do respectivo pagamento para as Fazendas Públicas e assim o contribuinte pode aproveitar e compensar com o imposto devido.

Totalmente equivocado o trabalho fiscal e contra a lei, pois, nesse caso, se entenderam que houve simulação por parte da empresa ou desvio de finalidade e os gestores agiram contrários à lei, deveriam aplicar as determinações do art. 135 do CTN e responsabilizados esses pessoalmente.

Achando os responsáveis por quaisquer eventos previstos no art. 30 do RICMS/2000, devem ser estes responsabilizados pelos créditos tributários devidos e os adquirentes ou empresas, que transacionaram com a emitente das notas fiscais, que teve sua inscrição cassada, se provado o interesse comum, devem responder solidariamente à obrigação tributária, nos termos do art. 124, I, do CTN.

Para haver a correta subsunção do fato à norma, seguindo todas as diretrizes do princípio da legalidade e da tipicidade tributária, não pode de forma alguma a Fiscalização se abster de aplicar as determinações legais e deixar os sócios, gestores e prepostos da empresa livres de quaisquer responsabilidades tributárias e ir direto em face dos adquirentes das mercadorias, somente em razão de escriturarem as notas fiscais de entrada.

Neste sentido, importante trazer à baila as declarações do ex-Diretor Adjunto da Diretoria Executiva da Administração Tributária da Secretaria da Fazenda do Estado de São Paulo – DEAT, Dr. Antônio Carlos de Moura Campos, em entrevista veiculada no Jornal FECONTESP, Ano II nº 17, Julho/Agosto de 2004, às páginas 05, citadas pelo MM. Juiz Sérgio Ricardo de Almeida quando relator do Recurso Ordinário DRT 6 540.135/2002:

> O Auto de Infração é também derrubado quando, nos documentos que compõem sua instrução, são identificadas as pessoas que promoveram vendas de mercadorias acobertadas por notas frias. Nos termos do Código Tributário Nacional, contribuinte é todo aquele que tem relação pessoal e direta com o fato gerador do imposto. Se o Fisco consegue identificar a pessoa que vendeu mercadorias com notas frias, deve direcionar a ação fiscal contra essa pessoa, e não contra o comprador.

E com isso concluiu o Emérito Juiz Sérgio Ricardo de Almeida:

> Dadas as circunstâncias do presente e especificamente neste processo administrativo, entendo que tais providências têm importância acentuada para a sua resolução, porém não ao ponto de caracterizar a precariedade da acusação fiscal e implicar no *(sic)* cerceamento do direito de defesa da empresa Recorrente.

A autoridade administrativa está vinculada às determinações legais; deve seguir o princípio da legalidade e impessoalidade nos termos do art. 37 da Constituição Federal e as determinações dos arts. 3º e 142 do Código Tributário Nacional. Não tem discricionariedade para não aplicar as disposições legais e excluir os sujeitos passivos e responsáveis da obrigação tributária.

Conforme já salientado, o Código Tributário Nacional prevê outra responsabilidade pessoal para os casos de ilícitos tributários, conforme dispõe o seu art. 137, que a responsabilidade é pessoal ao agente quanto às infrações à lei tipificadas como crime ou em cuja definição o dolo específico do agente seja elementar.

Nos termos do art. 30 do RICMS/2000, tratam de situações dolosas que visam ao não pagamento de tributos ou algum tipo de evasão fiscal, onde se encontram a emissão de notas fiscais falsas ou consideradas inidôneas, desse modo, devem ser aplicadas as determinações do art. 137 do CTN.

O art. 121 do CTN estabelece que sujeito passivo é a pessoa obrigada pelo pagamento do tributo ou penalidade pecuniária e que pode ser sujeito passivo da obrigação tributária, o contribuinte ou o responsável, sendo que este último, quando sem revestir a condição de contribuinte, sua obrigação decorra de expressa disposição de lei.

O art. 137, II, do CTN, dispõe que a responsabilidade tributária é pessoal do agente quanto às infrações conceituadas como crime. Ora, no caso de documento fiscal falso, está tipificado no art. 1º, IV da Lei nº 8.137/90 como crime de conduta por parte do contribuinte: "elaborar, distribuir, fornecer, emitir ou utilizar documento que saiba ou deva saber falso ou inexato".

Assim, deve a fiscalização percorrer todo o caminho para identificar quem foi o agente que buscou cometer o ato ilícito, para sua a responsabilidade e de forma exclusiva as consequências de ter desrespeitado a legislação supra e arcar sozinho com a obrigação tributária e as penalidades pecuniárias.

Conforme determina o princípio da individualização da pena, previsto no art. 5º, inc. XLV, da Constituição Federal, portanto, quem cometeu o fato típico deve ser penalizado, de forma alguma pode ser excluída a sua responsabilidade, bem como imputá-la a terceiros.

Corrobora este entendimento o brilhante Aliomar Baleeiro, ao ensinar que:

> O CTN trata apenas das infrações e sanções de natureza tributária, determinando a imputação a quem agiu dolosamente, todas as vezes em que o dolo for próprio da espécie.

> Portanto, a responsabilidade tributária por infrações será exclusiva e pessoal do agente que as praticou (excluindo-se a do contribuinte, se foram cometidas pelo responsável), em todos os casos em que forem praticadas com dolo específico ou elementar[33].

A autoridade administrativa está vinculada às determinações legais; deve seguir o princípio da legalidade e impessoalidade nos termos do art. 37 da Constituição Federal, dos arts. 135, 137 e 142 do Código Tributário Nacional. Não tem discricionariedade para não aplicar as disposições legais e excluir os sujeitos passivos e responsáveis da obrigação tributária.

Neste sentido ensina Paulo de Barros Carvalho que

> o ato jurídico do lançamento é vinculado, significando afirmar que se coloca entre aqueles para a celebração dos quais não atua o agente com qualquer grau de subjetividade. Há de ater-se ao único e objetivo caminho que o tipo legal prescreve, não lhe sendo outorgada qualquer porção de liberdade para sopesar, avaliativamente, os dados concretos de que dispõe, decidindo sobre a conveniência ou oportunidade da prática do ato. Pelo contrário, o representante do Poder Público, nos atos vinculados há de se pautar sua atuação nos estritos termos que a lei estipula, guardando-lhe plena e integral aderência. Exatamente assim o ato de lançamento tributário, não se permite atuação discricionária. Declara-o, prescritivamente, o art. 142 do Código Tributário Nacional, e o sistema do direito positivo confirma.[34]

Portanto, ao apenas autuar o adquirente das mercadorias acobertadas com notas fiscais inidôneas, tem-se um trabalho fiscal precário, que não observou os procedimentos de praxe e as determinações legais, agindo com discricionariedade ao realizar o lançamento, não aplicando a legislação tributária no caso em concreto e estabelecendo uma relação jurídica sem os responsáveis pela obrigação

---

33. "Direito tributário brasileiro". 12.Ed. Rio de Janeiro: Forense, 2013, p.1161.

34. "Curso de Direito Tributário", Ed. Saraiva, 18ª Edição, p. 409

tributária. Parecendo apenas ser a forma e modo mais conveniente para o Fisco.

Excluir os responsáveis pelas operações quando encontrados pela Fiscalização e somente autuar os adquirentes e compradores da empresa que teve sua inscrição cassada e os documentos fiscais declarados inidôneos, não é realizar a correta subsunção do fato à norma, com a consequente constituição da relação jurídica-tributária entre Fazenda Estadual, a empresa que teve a inscrição cassada, seus sócios e representantes, bem como responsabilizar os adquirentes se comprovadas as circunstâncias de interesse comum ou até mesmo se agiram com dolo e conluio em algumas das hipóteses do art. 137 do CTN.

Corrobora este entendimento o Egrégio Tribunal de Justiça do Estado de São Paulo, conforme se pode verificar e parte do voto proferido pelo E. Desembargador Moacir Peres, relator designado para o Acórdão da Apelação Cível nº 1040162-31.2018.8.26.0053, voto nº 32.069, "verbis":

> A autora fundamenta o seu pedido no fato de a Fazenda Pública de São Paulo ter identificado os responsáveis pela empresa, sem, contudo, exigir deles o imposto devido.
>
> De fato, o documento de fls. 85 comprova que a Administração Tributária confirmou, em 30.09.2010, a existência da empresa Kapquímica Indústria e Comércio Ltda. no endereço constante da Declaração Cadastral do Estado (DECA). No mesmo dia, o gestor da referida empresa, Sr. Edson da Silva Santos, foi encontrado no endereço pessoal de seu irmão, Agnaldo da Silva Santos, que figura com sócio do estabelecimento. Em 06.10.2010, o Sr. Adão Pires da Silva, contador responsável, munido de procuração assinada por outro sócio, compareceu à Delegacia Regional Tributária para prestar esclarecimentos sobre o funcionamento da empresa.
>
> Em 07.04.2011, nova diligência foi realizada no local, ocasião em que foi encontrado novamente o Sr. Edson da Silva Santos. No transcorrer da diligência, também compareceu o sócio Claudinei Pereira dos Santos no local. Em nova diligência, ocorrida em

> 14.06.2011, foi encontrado o Sr. David Vieira Pereira, que se identificou com funcionário do estabelecimento.
>
> Os trabalhos fiscais concluíram pela simulação da existência da empresa Kapquímica Indústria e Comércio Ltda., vez que não se exercia, no estabelecimento, a atividade relativa ao objeto social, bem como pela simulação do quadro societário, declarando-se a nulidade da inscrição em 17.07.2013, com efeitos retroativos desde 10.11.2018 (fls. 244/254).
>
> Contudo, tendo o trabalho fiscal identificado as pessoas envolvidas na alegada simulação, as exigências fiscais deveriam ser reclamadas da pessoa física ou da pessoa jurídica que, mesmo sem habitualidade, administrem ou sejam sócias de fato da empresa, ou, ainda de pessoas interpostas que tenham participado da prática das infrações à legislação tributária.

Desse modo, não pode o trabalho fiscal ocorrer de forma discricionária na aplicação da norma jurídica, tendo em vista que não foi realizada a correta subsunção do fato à norma, desrespeitando o princípio da legalidade e tipicidade tributária e ainda excluir da relação jurídica tributária os sujeitos passivos e os responsáveis da obrigação, deixando estes livres de quaisquer ônus.

Portanto, toda vez que os responsáveis pela pessoa jurídica que emitiu as notas fiscais consideradas inidôneas não são responsabilizados e não constam do auto de infração como sujeitos passivos, tem-se um trabalho fiscal precário, que não observou os procedimentos de praxe e as determinações legais, agindo com discricionariedade ao realizar o lançamento tributário, não aplicando a legislação no caso em concreto e estabelecendo uma relação jurídica sem os responsáveis pelas obrigações tributárias, com efeito, o auto de infração deve ser anulado.

8

BENEFÍCIOS E INCENTIVOS FISCAIS

A Constituição Federal estabeleceu em seu art. 155, § 2º, inc. XII, alínea "g", que "cabe à lei complementar regular a forma como, mediante deliberação dos Estados e do Distrito Federal, isenções, incentivos e benefícios fiscais serão concedidos e revogados".

A Lei Complementar 24/75 foi recepcionada pela atual Constituição Federal, nos termos do art. 34 da ADCT, como a legislação competente que disciplina a concessão de isenções, incentivos e benefícios fiscais e o Supremo Tribunal Federal já reconheceu esta recepção pelo ordenamento constitucional vigente:

> CONSTITUCIONAL. TRIBUTÁRIO. ICMS. "GUERRA FISCAL". BENEFÍCIOS FISCAIS: CONCESSÃO UNILATERAL POR ESTADO-MEMBRO. Lei 2.273, de 1994, do Estado do Rio de Janeiro, regulamentada pelo Decreto estadual 20.326/94. C.F., art. 155, § 2º, XII, g. I. - Concessão de benefícios fiscais relativamente ao ICMS, por Estado-membro ao arrepio da norma inscrita no art. 155, § 2º, inciso XII, alínea *g*, porque não observada a Lei Complementar 24/75, recebida pela CF/88, e sem a celebração de convênio: inconstitucionalidade. II. - Precedentes do STF. III. - Ação direta de inconstitucionalidade julgada procedente.

(ADI 1179/SP – Pleno – Rel. Min. Carlos Velloso – v.u. – julg. 13.11.2002 – DJ 19.12.2002)

Desse modo, a concessão de benefícios, incentivos fiscais e isenções do ICMS possuem uma sistemática própria cabendo à legislação complementar regulamentar, sendo exceção a regra prevista no § 6º do art. 150 da CF/88.

O art. 1º da LC 24/75 estabelece que as isenções, incentivos e benefícios fiscais e financeiro-fiscais serão concedidos ou revogados nos termos dos convênios celebrados pelos Estados e pelo Distrito Federal, *in verbis*:

> *Art. 1º As isenções do Imposto sobre Operações relativas à Circulação de Mercadorias serão concedidas ou revogadas nos termos de convênios celebrados e ratificados pelos Estados e pelo Distrito Federal, segunda esta Lei.*
>
> *Parágrafo único. O disposto neste artigo também se aplica:*
>
> *I – à redução da base de cálculo;*
>
> *II – à devolução total ou parcial, direta ou indireta, condicionada ou não, do tributo, ao contribuinte, a responsável ou a terceiros;*
>
> *III – à concessão de créditos presumidos;*
>
> *IV – a quaisquer outros incentivos ou favores fiscais ou financeiro-fiscais, concedidos com base no Imposto sobre Circulação de Mercadorias, dos quais resulte redução ou eliminação, direta ou indireta, do respectivo ônus;*
>
> *V – às prorrogações e às extensões das isenções vigentes nesta data.*

Assim, faz-se necessária a edição de Convênio entre os Estados e o Distrito Federal, âmbito do CONFAZ para concessão ou revogação de isenções, redução de base de cálculo, devolução total ou parcial, direta ou indireta, condicionada ou não do ICMS, concessão de créditos presumidos e quaisquer outros incentivos ou benefícios fiscais ou financeiros concedidos com base no ICMS que resulte redução ou eliminação direta ou indireta do respectivo ônus.

Robson Maia Lins (*RDDT* 106) faz uma ponderação interessante que para a concessão da isenção ou benefício fiscal do ICMS é necessária a celebração do Convênio pelo CONFAZ, porém a revogação pode ser feita pela Unidade da Federação interessada e por lei estadual:

> Ora, se o Convênio nem concede nem retira direitos da Fazenda e do contribuinte, não é verossímil, por maior razão que altere a facultatividade de exercício de competência constitucional. Do contrário, o Estado que quisesse voltar a tributar determinada operação contemplada em Convênio autorizativo de isenção colocar-se-ia em situação equiparada à de um refém de sua própria competência. É dizer: somente depois de revogado o Convênio pela maioria de quatro quintos é absolutamente inconstitucional, porquanto se estaria limitando a competência constitucional tributária por meio Convênio.
>
> (...)
>
> Assim, o Convênio/Confaz é condição necessária para que os Estados concedam isenção de ICMS, mas não o é para revogá-la, entendida a expressão "revogá-la" como revogação da legislação estadual (e não do Convênio/Confaz). E a razão é simples: a "guerra fiscal" que o Convênio visa combater ocorre exatamente na concessão do benefício fiscal e não na sua revogação. Esta, longe de gerar benefício fiscal, agrava a situação dos contribuintes, o que não resta vedado pela norma inserta no art. 155, §2º, XII, "g" da Constituição Federal.

A legislação complementar em comento estabelece que incentivos ou benefícios fiscais seriam redução de base de cálculo, à devolução total ou parcial do tributo, à concessão de créditos presumidos e quaisquer outros que resultem em uma diminuição do ônus do ICMS para o contribuinte; bem como os parcelamentos, os programas especiais de parcelamento e as recuperações fiscais.

José Eduardo Soares de Mello (2005), citando Geraldo Ataliba e José Artur Lima Gonçalvez, disciplina que:

> o Poder Público estabelece situações desonerativas de gravames tributários, mediante a concessão de incentivos e benefícios

> fiscais, com o natural objetivo de estimular o contribuinte à adoção de determinados comportamentos, tendo como subjacente o propósito governamental a realização de diversificados interesses públicos.
>
> Argutamente fora observado o seguinte:
>
> "Os incentivos fiscais manifestam-se, assim sob várias formas jurídicas, dêsde a forma imunitória até a de investimentos privilegiados, passando pelas isenções, alíquotas reduzidas, suspensão de impostos, manutenção de créditos, bonificações, créditos especiais – dentre eles os chamados créditos-prêmio – e outros tantos mecanismos, cujo fim último é, sempre, o de impulsionar ou atrair, os particulares para a prática das atividades que o Estado elege como prioritárias, tornando, por assim dizer, os particulares para a prática das atividades que o Estado elege como prioritárias, tornando, por assim dizer, os particulares em participantes e colaboradores da concretização das metas postas como desejáveis ao desenvolvimento econômico e social por meio da adoção do comportamento ao qual são condicionados". (p. 281)

A doutrina e a jurisprudência não fazem distinção entre incentivo fiscal e benefício fiscal, porém há uma pequena diferença.

O benefício fiscal seria uma vantagem concedida ou um favor concedido para o contribuinte reduzir sua carga tributária ou o valor dos tributos que tem a pagar, que pode ser através das formas estabelecidas no art. 1º e incs. da LC 24/75.

Incentivo fiscal seria um estímulo concedido através de benefício fiscal, para que o Poder Público receba algo em troca, que a parte que recebeu o incentivo por meio do benefício tributário invista parte do resultado em atividades ou projetos de interesse do ente político que concedeu a benesse, como, instalar um estabelecimento na região, mantendo um mínimo de empregos para gozar do benefício.

Podemos dizer então que o incentivo fiscal sempre é concedido através de um benefício ou surge tendo o benefício fiscal como instrumento para obter a contrapartida, onde o benefício é o meio para atingir o resultado final que seria o incentivo.

Marcelo de Lima Castro Diniz e Felipe Cianca Fortes (2006) percebem também a distinção de incentivo e benefício fiscal e afirmam que:

> dentre as inúmeras espécies de incentivos, encontram-se os incentivos fiscais, ou seja, incentivos que alcançam as obrigações tributárias, a o alterar ou mutilar a regra-matriz de incidência, acarretando redução da prestação tributária, visando ao fomento geral, regional ou setorial, em busca do bem comum. Roberto Ferraz reitera a necessária promoção do bem comum, ressaltando que os incentivos devem ser efetivamente incentivos, isto é, devem "induzir um resultado diretamente e não apenas por via reflexa ou aleatória", de forma que, caso não haja qualquer tipo de compromisso associado à concessão do incentivo fiscal, a única certeza que se terá é a de que o Estado abriu mão de receita. Assim, norma jurídica que não exija contrapartida diretamente vinculada à promoção do bem comum não institui incentivo fiscal, mas sim benefício fiscal, gerando privilégio diretamente dirigido ao contribuinte. (p. 273)

Outra distinção que a Lei Complementar 24/75 faz é a de incentivos fiscais e incentivos financeiro-fiscais, porém são meras denominações, uma vez que estes últimos têm a questão do financiamento do pagamento do tributo por parte do Estado ou por parte de uma instituição financeira ligada ao ente político, que no fundo não passa de um incentivo fiscal, pois objetiva reduzir as despesas com imposto, no caso, o ICMS.

Pedro Guilherme Accorsi Lunardelli explica bem analisando o art. 1º e incisos, da Lei Complementar 24/75, que o incentivo concedido pelas Unidades da Federação, independentemente do instrumento jurídico que dê suporte, estando vinculado ao ICMS, será sempre um incentivo fiscal, *in verbis*:

> Note-se que todos os incisos transcritos apontam o critério tributário como ponto de partida para se reconhecer estar ou não

> um determinado incentivo inserido no conjunto dos denominados fiscais.
>
> Note-se, também, que os incisos II e IV embora deixem transparecer características financeiras, na medida em que aludem a situações que ocorrem posteriormente à liquidação do crédito fiscal, não se afastam do já mencionado critério identificador tributário.
>
> Com efeito, no inciso II, a devolução de valores pelos Estados-membros está marcadamente atrelada a um anterior recolhimento de determinado crédito fiscal próprio do ICMS.
>
> No mesmo sentido visualizamos o inciso IV, porquanto refere-se claramente àquele estímulo que, inobstante configure o retorno financeiro do ônus arcado pelo contribuinte, está ligado à circunstância de um anterior pagamento também relacionado ao ICMS.
>
> O critério unificador dessas situações hipoteticamente vislumbradas pela LC 24/75 é sempre a existência de uma relação jurídica tributária atinente ao ICMS.
>
> Depreende-se, desse modo, os significados desses dispositivos. Os incentivos outorgados pelos Estados, seja qual for o instrumento jurídico que lhes dê suporte, mas que estejam vinculados a propriedades pertencentes ao ICMS, deverão ser qualificados como incentivos fiscais, submetendo-se aos rigores e forma que a legislação constitucional estabelece. (RDDT 14)

Para o presente estudo importa a figura do crédito presumido, pois tanto na forma de incentivo ou como na de benefício fiscal, trata-se de um crédito conferido ao contribuinte através de uma ficção jurídica para abater do ICMS devido.

No caso do ICMS, a norma jurídica cria ou instituiu um crédito presumido para o contribuinte abater do imposto devido, tendo assim influência direta no princípio da não cumulatividade, como veremos à frente.

O crédito presumido é mais um componente que é utilizado no momento de apuração do imposto, alterando o critério material e quantitativo da regra-matriz de direito ao crédito de ICMS.

9

"GUERRA FISCAL"

9.1 Concessão unilateral de benefício fiscal unilateral e glosa dos créditos referentes de operações interestaduais de mercadorias advindas de unidades da federação com benefício fiscal

Como o ICMS é o tributo que gera maior arrecadação no país e sendo de competência das Unidades da Federação é utilizado também para outros fins, estabelecendo assim a "Guerra Fiscal" entre os Estados Federados e o Distrito Federal no âmbito do imposto sobre circulação de mercadorias e sobre prestação de serviços de transporte interestadual e intermunicipal e de comunicação.

As unidades da Federação utilizando suas competências constitucionais para instituírem e legislarem sobre o imposto concedem benefícios fiscais e financeiros para atrair empresas para suas regiões, visam, assim, a desenvolver-se economicamente, gerando empregos e consequentemente aumentar suas arrecadações.

A famigerada "Guerra Fiscal" é questão bem dificultosa e conturbada. Envolve a concessão de benefícios fiscais de forma unilateral por uma Unidade da Federação, de outro lado à glosa de créditos de ICMS também unilateralmente por outra Unidade Federativa e no meio dessa guerra, o contribuinte responsável e pagar essa conta.

O Brasil não é um país homogêneo; é uma federação de características continentais, com regiões mais desenvolvidas economicamente que outras, e também com unidades da Federação mais atraentes para investimentos para negócios que outras.

Com isso, as unidades federativas que têm características industriais e comerciais têm maior receita que as que não têm estes setores desenvolvidos.

É fácil perceber quais os Estados da Federação têm maior receita proveniente de ICMS devido a suas características.

Mas voltando ao tema em debate, como a Constituição Federal estabeleceu para os estados e para o Distrito Federal a competência tributária para instituir o ICMS, também previu regras e aspectos ao imposto para evitar que este fosse utilizado no como tributo com características fiscais de arrecadação, mas sim extrafiscais para atrair e retirar determinados contribuintes de uma unidade da Federação para outra, ou que determinada região se desenvolva muito mais industrialmente que outra.

Para minimizar a "Guerra Fiscal" entre as unidades federativas no âmbito do ICMS, o art. 155, § 2º, inc. XII, "g", da CF/88, estabeleceu que compete à legislação complementar disciplinar sobre a concessão de isenções, incentivos e benefícios fiscais serão concedidos e revogados, mediante deliberação dos Estados e do Distrito Federal.

O legislador constitucional teve uma preocupação para evitar conflitos em torno do ICMS, entre as Unidades de Federação e que o imposto não fosse utilizado para trazer prejuízos à economia brasileira e aos Estados.

Porém, estes dispositivos constitucionais não foram suficientes para evitar os conflitos dos Estados e do Distrito Federal no âmbito do ICMS, tanto que o Estado de São Paulo editou o Comunicado CAT-36 de 29.07.2004, informando que o aproveitamento de créditos provenientes de operações com benefício fiscal de ICMS não autorizados por convênio celebrado pelo CONFAZ, nos termos da Lei Complementar 24/75, estão impossibilitados de serem aproveitados e indicou quais eram as Unidades da Federação que concederam benefícios que impossibilitariam o direito de crédito no Estado Bandeirante, *in verbis*:

> *COMUNICADO CAT 36, de 29-07-2004*
>
> *(D.O.E. de 30-07-2004; Rep 31-07-2004)*
>
> *Esclarece sobre a impossibilidade de aproveitamento dos créditos de ICMS provenientes de operações ou prestações amparadas por benefícios fiscais de ICMS não autorizados por convênio celebrado nos termos da Lei Complementar 24, de 7-1-1975*
>
> *O Coordenador da Administração Tributária, tendo em vista o disposto nos artigos 155, § 2°, I, e XII, "g" e 170, IV, da Constituição Federal, bem como o disposto nos artigos 1° e 8°, I da Lei Complementar 24, de 7 de janeiro de 1975, e no artigo 36, §3°, da Lei Estadual 6.374, de 1° de março de 1989;*
>
> *Considerando a necessidade de esclarecer o contribuinte paulista e de orientar a fiscalização quanto a operações realizadas ao abrigo de atos normativos concessivos de benefício fiscal que não observaram a legislação de regência do ICMS para serem emanados, esclarece que:*
>
> *1 - o crédito do Imposto sobre Operações Relativas à Circulação de Mercadorias e sobre Prestações de Serviços de Transporte Interestadual e Intermunicipal e de Comunicação - ICMS, correspondente à entrada de mercadoria remetida ou de serviço prestado a estabelecimento localizado em território paulista, por estabelecimento localizado em outra unidade federada que se beneficie com*

> *incentivos fiscais indicados nos Anexos I e II deste comunicado, somente será admitido até o montante em que o imposto tenha sido efetivamente cobrado pela unidade federada de origem;*
>
> *2 - o crédito do ICMS relativo a qualquer entrada de mercadoria ou recebimento de serviço com origem em outra unidade federada somente será admitido ou deduzido, na conformidade do disposto no item 1, ainda que as operações ou prestações estejam beneficiadas por incentivos decorrentes de atos normativos não listados expressamente nos Anexos I e II.*
>
> *ANEXO I*
>
> *[...]*
>
> *ANEXO II*
>
> *[...]*

No presente estudo, utilizaremos a situação do Estado de São Paulo, que tenta combater os incentivos fiscais concedidos pelas outras unidades da Federação, através da autotutela e da glosa unilateral dos créditos do ICMS, a situação das Unidades da Federação que concedem benefícios fiscais que o Estado de São Paulo entende como inconstitucionais, sendo que, no caso, para facilitar o estudo utilizaremos o incentivo concedido pelo Distrito Federal denominado TARE e também a situação do contribuinte que é a parte mais fraca e injustiçada no meio desta "Guerra".

Portanto, o presente estudo visa a analisar a concessão do benefício fiscal sem aprovação do CONFAZ, a glosa unilateral dos créditos de ICMS advindos de Unidades Federativas concedentes do benefício, como deveriam ser resolvidos estes conflitos e a situação do contribuinte.

9.2 Do benefício fiscal concedido pelo Distrito Federal

O Distrito Federal como não tem como fonte das suas receitas o ICMS, criou o Termo de Acordo de Regime Especial – TARE para atrair as empresas atacadistas e distribuidoras para sua região e ainda conseguir arrecadar algo com o Imposto sobre circulação de mercadorias.

O incentivo fiscal em questão foi criado pelo Distrito Federal nos termos do art. 37, II, "b", da Lei do Distrito Federal 1.254/96, com redação dada pela Lei do DF 2.381/99 e estabelecido pelo Decreto 25.372/2004, que estabelece em seu art. 1º:

> *Art. 1º Em substituição ao regime normal de apuração do Imposto sobre Operações Relativas à Circulação de Mercadorias e sobre Prestações de Serviços de Transporte Interestadual e Intermunicipal e de Comunicação - ICMS, os contribuintes inscritos nas atividades de comércio atacadista ou distribuidor poderão ser autorizados a abaterem, a título de montante do imposto cobrado nas operações e prestações antecedentes, o equivalente aos seguintes percentuais sobre o montante das operações e prestações de saídas de mercadorias ou serviços com incidência do imposto:*
>
> *I - de 7% (sete por cento) até 16% (dezesseis por cento) nas operações ou prestações sujeitas à aplicação de alíquota de 17% (dezessete por cento);*
>
> *II - de 2% (dois por cento) até 11% (onze por cento) nas operações ou prestações sujeitas à aplicação da alíquota de 12% (doze por cento);*
>
> *III - de 15% (quinze por cento) até 24% (vinte e quatro por cento) nas operações ou prestações sujeitas à aplicação da alíquota de 25% (vinte e cinco por cento).*
>
> *§ 1º A sistemática de apuração a que se refere este artigo será aplicada por período mensal, a partir da celebração de Termo de Acordo de Regime Especial entre a empresa e o Distrito Federal, e somente será concedida a contribuinte que realize mensalmente, no mínimo, 80% (oitenta por cento) de suas operações ou prestações com o setor público, com pessoas jurídicas contribuintes do ICMS e empresas do setor de construção civil contribuinte do ISS, observado o limite anual de 90% (noventa por cento).*
>
> *[...]*
>
> *§ 4º A opção pelo regime de apuração previsto neste artigo implicará:*
>
> *a) renúncia a créditos referentes a mercadorias sujeitas ao regime especial de que trata este Decreto, inclusive sobre as*

> *mercadorias em estoque na data da celebração do Termo de Acordo a que se refere o § 1º deste artigo, observado o parágrafo seguinte;*
>
> *b) na obrigatoriedade de destinar contribuição mensal em favor do Fundo de Apoio à Arte e à Cultura ou do Programa de Incentivo à Arrecadação e Educação Tributária - PINAT, conforme estabelecido no Decreto nº 24.031, de 09 de setembro de 2003.*
>
> .
>
> *[...]*

O decreto em comento estabeleceu um novo regime de apuração do ICMS, substituindo a sistemática de praxe, no qual conforme dispõe seu artigo 1º, os contribuintes atacadistas e distribuidores beneficiários do TARE recebem créditos presumidos do imposto relativo à entrada de mercadorias para abater com o ICMS devido na saída.

O Decreto nº 25.372/2004 determina que para gozar deste benefício que substitui ao regime normal é necessária a renúncia de quaisquer créditos de ICMS.

As portarias da SEFAZ do DF 384, de 3 de agosto de 2001 e 556, de 3 de setembro de 2002 fixaram os percentuais de crédito sobre o montante de saídas de mercadorias com incidência do ICMS, a título do montante cobrado na anterior. Assim, se alíquota é de 12% (doze por cento) do produto considera-se que na operação anterior foi de 11% (onze por cento) e outras situações previstas nas portarias, com isso o contribuinte está obrigado apenas a recolher 1% (um por cento) de ICMS ao Distrito Federal.

A Resolução do Senado Federal 22/89 fixou a alíquota nas operações e prestações interestaduais do ICMS em 12% (doze por cento) e nas operações e prestações realizadas nas Regiões Sul e Sudeste, destinadas às Regiões Nordeste e Centro-Oeste e ao Estado do Espírito Santo a alíquota em 7% (sete por cento).

Quando se envia mercadoria para o Distrito Federal no regime normal de apuração do ICMS, recolhe-se o imposto a alíquota de 7% (sete por cento) e quando se vende a mercadoria para as regiões Sul e Sudeste, em específico São Paulo, tem que se recolher a alíquota de 12% (doze por cento). Pelo princípio da não cumulatividade, faz-se o encontro de ICMS cobrado na operação anterior com o devido na posterior, e o contribuinte recolhe apenas 5% (cinco por cento).

Desse modo, com o benefício do TARE, o contribuinte ao enviar a mercadoria para o Distrito Federal recolhe 7% (sete por cento) ao Estado de origem, renúncia este crédito e em troca o DF concede um crédito presumido de 11% (onze por cento), tendo assim o contribuinte apenas que recolher 1% (um por cento) de imposto quando realiza uma operação mercantil de retorno para o estado de São Paulo.

O Egrégio Supremo Tribunal Federal ao apreciar a Ação Cível Originária 541-1-DF proposta pelos Estados da Bahia e São Paulo, declarou inconstitucional o Termo de Acordo de Regime Especial 001/1998, por violar a Lei Complementar 24/75, trazendo prejuízos aos demais entes da federação, conforme se pode observar na ementa abaixo transcrita:

> Ação Cível Originária. 2. Estados de São Paulo e Bahia. Termo de Acordo de Regime Especial 01/98, celebrado entre o Distrito Federal e empresa particular. 3. Possibilidade de desconstituição dos efeitos de acordo ou convênio administrativo após o término da vigência. Inocorrência de prejudicialidade. 4. Ação prejudicada, apenas, no período entre 1º.07.99 e 31.07.99, por celebração do TARE 44/99, dispondo sobre o mesmo objeto. 5. Vício formal. Acordo firmado em desobediência à forma estabelecida na Lei Complementar 24/75. Fixação de alíquota de ICMS diversa da fixada na Resolução 22, do Senado Federal. 6. Passagem ficta de mercadorias. Inocorrência de fato gerador. Prejuízo na incidência do ICMS aos Estados requerentes. Violação do pacto federativo e princípios tributários. 7. Ação Cível Originária julgada procedente.
>
> (Pleno – STF – ACO 541-1 – DF – Rel. Min. Gilmar Mendes – v.u. – j. 19.04.2006 – DJU 30.06.2006, p. 06).

Porém, o ministro Gilmar Mendes, quando relator da ação em comento proferiu seu voto no sentido que o benefício econômico está na compensação do imposto à alíquota de 11% (onze por cento) enquanto o correto seria a aplicação da alíquota de 7% (sete por cento), *in verbis*:

> Preconizo que, a concessão do chamado "regime especial" feita pelo Distrito Federal em benefício de Martins Comércio e Distribuição S/A institucionalizaria a circulação apenas escritural de mercadoria com a finalidade de permitir a exigência de imposto sobre hipótese que não se consagra como fato gerador típico. Permetir-se-ia ainda, a compensação do imposto calculado sobre a alíquota de 11% (onze por cento), enquanto na operação anterior a alíquota aplicada foi de 7%, (sete por cento) reduzindo a capacidade atribuída aos Estados-membros.

No julgamento da Ação em epígrafe, o Ministro Cezar Peluso fez questão de proferir seu voto e consignar que nas operações com TARE, o benefício fiscal é de 4% (quatro por cento) do valor da operação, *in verbis*:

> O Termo de Acordo foi usado com o objetivo diverso do que se propõe (benefício fiscal pessoal e específico em detrimento de regime especial de arrecadação), com a clara finalidade de atrair para o Distrito Federal uma filial da corré, apenas para efeitos formais de trânsito de notas, concedendo-lhe um benefício de ordem de 4% do valor da operação em contrapartida.

A Secretaria de Estado dos Negócios da Fazenda do Estado de São Paulo realizou estudo de Análise de Impacto Financeiro do benefício Fiscal concedido pelo Distrito Federal, datado de 20 de abril de 2005 e já estabelecia o benefício econômico em 4% (quatro por cento) do valor da operação:

> Quanto ao Distrito Federal, o Decreto 20.322/99 e alterações, permite aos seus contribuintes (dos segmentos atacadistas/distribuidor) a substituição do regime normal de apuração pela concessão de crédito de 2% (dois) a 11% (onze por cento) (do valor

> das saídas) nas operações ou prestações sujeitas à alíquota de 12% (doze por cento), mediante celebração de TARE. Através do artigo 3º da Portaria 384/01, o Distrito Federal determinou que, nas transferências de mercadorias para estabelecimentos da mesma empresa situados em outra Unidade Federada, aplica-se o percentual constante do item 1 do art. 1º, isto é 11% (onze por cento). Desta forma, o DF autoriza o seu contribuinte a substituir o crédito original de uma mercadoria (7% [sete por cento] sobre o valor de entrada) por um valor maior, correspondente a 11% (onze por cento) do valor de saída da mercadoria. O imposto apurado e recolhido para o DF, pelo estabelecimento lá situado, nas condições da TARE, é de apenas 1% (um por cento) sobre o valor de saída (débito de 12% [doze por cento] menos crédito de 11% [onze por cento] sobre a saída). O contribuinte paulista adquirente dessa mercadoria se creditará de 12% (doze por cento) no valor da NF, embora no valor da mercadoria esteja embutido apenas 1% (um por cento) de imposto (recolhido para o Distrito Federal). Consideramos para efeito de avaliação do imposto financeiro que neste caso, o benefício fiscal é de aproximadamente de 4% (quatro por cento) sobre os valores transferidos do DF para SP entre os estabelecimentos da mesma empresa.

Ou seja, o contribuinte, com filial signatária do TARE, compra as mercadorias nas regiões Sul e Sudeste e enviam para o Distrito Federal à alíquota de 7% (sete por cento). Renunciando estes créditos, o DF concede incentivo fiscal para ser aplicado na remessa dessas mercadorias ao Estado de São Paulo, um crédito de 11% (onze por cento) e como a alíquota interestadual no retorno dessas mercadorias é de 12% (doze por cento), a Contribuinte recolhe apenas 1% (um por cento) ao Distrito Federal.

9.3 Da glosa unilateral dos créditos pelo Estado de São Paulo

Com a instituição deste benefício fiscal, o estado de São Paulo perde arrecadação de ICMS, pois antes dele as operações que eram realizadas internamente e por isso o Estado recebia em seus cofres o ICMS a alíquota de 18% (dezoito por cento), com a criação do TARE passou a receber o imposto sobre circulação de mercadoria a alíquota de 12% (doze por cento).

Diante desta perda de arrecadação, o estado de São Paulo reagiu com a impossibilidade do contribuinte paulista poder aproveitar-se dos créditos de ICMS advindos de operações interestaduais realizadas com pessoa jurídicas estabelecidas ou com filiais no Distrito Federal.

O estado de São Paulo passou a glosar os créditos provenientes de operações amparadas pelo benefício fiscal do TARE do Distrito Federal e esta medida foi tomada por entender que o benefício concedido para o contribuinte através do TARE é inconstitucional, em razão de que não foi aprovado pelo Confaz, nem mesmo levado à apreciação.

Como o considerado benefício fiscal concedido pelo Distrito Federal não foi submetido ao CONFAZ, entende a FESP que desrespeita assim as determinações do art. 155, § 2º, XII, "g" da Constituição Federal, o que torna os créditos aproveitados pela Recorrente indevidos segundo o Comunicado CAT 36/2004, que "esclarece sobre a impossibilidade de aproveitamento de créditos de ICMS provenientes de operações e prestações amparadas por benefícios fiscais de ICMS não autorizados por convênio, celebrados nos termos da Lei Complementar 24/75".

O art. 1º da Lei Complementar 24/75 estabelece que "as isenções do imposto sobre operações relativas à circulação de mercadorias serão concedidas ou revogadas nos termos de convênios celebrados e ratificados pelos Estados e pelo Distrito Federal, segundo esta Lei".

A Lei Complementar 24/75 determinou, em seus arts. 2º e 8º, que a concessão de benefício somente será válida através da aprovação dos estados e que caso não seja feito dessa forma, acarreta na nulidade, ineficácia do crédito concedido e na exigência do Imposto não pago, *in verbis*:

> *Artigo 2º Os convênios que alude o art. 1º, serão celebrados em reuniões para as quais tenham sido convocados representantes de todos os Estados e do Distrito Federal, sob a presidência de representantes do Governo Federal.*
>
> *[...]*
>
> *§ 2º - A concessão de benefício dependerá sempre de decisão unânime dos Estados representados; a sua revogação total ou parcial dependerá de aprovação de quatro quintos, pelo menos, dos representantes presentes.*
>
> *[...]*
>
> *Art. 8º A inobservância dos dispositivos desta Lei acarretará, cumulativamente: dos dispositivos desta Lei acarretará:*
>
> *I – a nulidade do ato e a ineficácia do crédito fiscal atribuído ao estabelecimento recebedor da mercadoria;*
>
> *II – a exigibilidade do imposto não pago ou devolvido e a ineficácia ou ato que conceda remissão do débito correspondente.*
>
> *[...]*

A Fazenda, nesta esteira, aplica o art. 36, § 3º da Lei Estadual 6.374/89, com redação dada pela Lei 9.359/96, para glosar os créditos de ICMS advindos de operações mercantis realizadas com empresas que têm o benefício fiscal concedidos por outras unidades da federação à margem do CONFAZ, *in verbis*:

> *Art. 36. O Imposto sobre Operações Relativas à Circulação de Mercadorias e sobre Prestação de Serviços de Transporte Interestadual e Intermunicipal e de Comunicação é não cumulativo, compensando-se o imposto que seja devido em cada operação ou prestação com o anteriormente cobrado por este, outro Estado ou pelo Distrito Federal, relativamente a mercadoria entrada ou a prestação de serviço recebida, acompanhada de documento fiscal hábil, emitido por contribuinte em situação regular perante o fisco.*
>
> *[...]*
>
> *§ 3º - Não se considera cobrado, ainda que destacado em documento fiscal, o montante do imposto que corresponder a vantagem econômica decorrente da concessão de qualquer subsídio, redução da base de cálculo, crédito presumido ou outro incentivo ou benefício*

fiscal em desacordo com o disposto no Artigo 155, § 2.º, inciso XII, alínea "g", da Constituição Federal.

Apesar dos fortes argumentos para cancelar os créditos do contribuinte que adquiriu mercadorias vindas do Distrito Federal de pessoa jurídica signatária do Termo de Acordo de Regime Especial – TARE, entendo que a glosa dos créditos advindos de operações mercantis realizadas com o Distrito Federal fere princípios e normas constitucionais.

9.4 Dos direitos e garantias do contribuinte perante a "Guerra Fiscal"

As Unidades da Federação para atrair investimentos e empresas para suas regiões concedem incentivos fiscais à míngua de propor autorização junto ao CONFAZ para a concessão do incentivo.

O contribuinte, por sua vez, tendo conhecimento do benefício fiscal concedido, no caso em tela pelo Distrito Federal, celebra acordo para poder usufruir as benesses do incentivo.

Ora, o benefício fiscal no Distrito Federal foi instituído pela Lei Distrital 1.254/1996, com redação dada pela Lei Distrital 2.381/99 e estabelecido pelo Decreto 20.322/1999, alterado e consolidado pelo Decreto 25.372/2004.

Sendo assim, temos a situação que o mercado obriga o contribuinte a diminuir sua carga tributária através da celebração do acordo com o Distrito Federal para otimizar seus custos e poder concorrer e sentir-se seguro em gozar do benefício, uma vez que as normas que o instituíram foram expedidas pelos entes competentes do Distrito Federal, gozam assim da presunção de legitimidade, existem e são dotadas da presunção *juris tantum.*

O mercado dita as regras para os contribuintes exercerem suas atividades empresariais, o Distrito Federal edita as normas competentes para a concessão do benefício, ou seja, ente político através de lei estimula o incentivo fiscal, o contribuinte sente-se seguro para aproveitar o benefício.

Nesta linha de raciocínio concluiu Oswaldo Santos de Carvalho (2006), na sua tese de conclusão de mestrado, que:

> não é difícil perceber que os contribuintes que promovem operações de circulação de mercadorias e prestação de serviços interestaduais estão autuando sobre solo minado quando falamos em "guerra fiscal" por conta dos benefícios fiscais concedidos sem amparo em Convênio. Mais que isso: estão muitas vezes encurralados, posto que premidos pela ordem concorrencial; uns se valem dos atrativos oferecidos e deslocam suas unidades fabris e comerciais para outras Unidades Federadas (com toda a insegurança de que tais benefícios serão mantidos pelos gestores políticos vindouros) e outros, às vezes, figuram como destinatários das mercadorias eivadas de benefícios fiscais (e por vezes até os desconhecem), e, por isso, não têm os créditos reconhecidos, e, portanto, são glosados, acrescidos de rubricas moratórias e multas. (p. 187)

Desta feita, não pode o contribuinte ser prejudicado e ter seus créditos glosados por entender o Estado de São Paulo ser inconstitucional o benefício concedido pelo Distrito Federal, o contribuinte não era obrigado a saber esta condição, a ele não cabe fazer o controle de constitucionalidade das leis editadas pelo Distrito Federal que instituíram o TARE.

Esta é uma realidade que dita a iniciativa privada, as unidades federativas criando benefícios, que influenciam na livre-concorrência entre os contribuintes e estes ficam em uma encruzilhada entre a disputa de mercado, o exercício de sua atividade econômica e a glosa dos créditos das mercadorias advindas da unidade da Federação que concedeu o benefício.

Se o benefício fiscal concedido pelo distrito goza de presunção de legitimidade para o contribuinte, advém de uma norma existente, vigente e eficaz, a partir do momento que o contribuinte celebrou o acordo para uso e gozo do incentivo, não pode a lei de outro estado retirar a eficácia e a existência do ato jurídico estabelecido entre o contribuinte e o Distrito Federal em respeito ao princípio da segurança jurídica.

O princípio da segurança jurídica é considerado um sobreprincípio, uma vez que é voltado a todos e, principalmente ao aplicador da lei quer ao próprio legislador, sendo assim, a todos devem prestigiar este princípio quando editarem, interpretarem ou executarem as normas jurídicas, não se tem notícia de nenhum ordenamento que o contenha como regra expressa. Ele se efetiva através da aplicação dos princípios como o da legalidade, da anterioridade, da igualdade, irretroatividade e outros.

Este princípio está previsto na nossa Constituição implicitamente em várias normas para que o Estado, reconheça, aplique e garanta os direitos constitucionais.

Muitos alegam que o princípio da segurança jurídica está no XXXVI, do art. 5º da CF/88, mas também está previsto nos arts. 1º, 2º, 5º, 34 e 85, entre outros.

Estabilidade do Direito brasileiro através das cláusulas pétreas, art. 60, § 4º, da CF também é imperativo do princípio da segurança jurídica.

A emérita professora e desembargadora federal Diva Malerbi[35] brilhantemente definiu que o princípio da segurança jurídica é um ideário do Estado Democrático disciplinando que

> há um sistema de garantias, que o ordenamento jurídico oferece, da sua própria eficácia, que é um direito certo. O Direito

35. "Segurança jurídica e tributação", *RDT* 47/206.

> brasileiro visa essencialmente evitar a surpresa, o arbítrio que verificamos no dia a dia, colocando a segurança jurídica não só como um valor supremo a ser alcançado pelo Estado Democrático Brasileiro, mas como um direito fundamental, como um próprio sistema de garantias, porque diz assim: "garantindo-se nos seguintes termos", e a todos os incisos do art. 5º vão dizer de que forma a segurança vem garantida. Podemos separar nesses incisos todas as formas que vêm garantidas. (*RDT* 47)

O princípio da segurança jurídica está implícito em todos os princípios e garantias constitucionais, tanto os que regem a tributação, como os que resguardam os cidadãos e os contribuintes, desse modo não pode o estado de São Paulo utilizar sua competência para legislar sobre o ICMS e desrespeitar os direitos e garantias da recorrente e anular os créditos advindos de mercadorias adquiridas de outra Unidade da Federação.

Até mesmo, em razão do que dispõe o art. 5º, inc. XXXVI, da CF/88 que "a lei não prejudicará o direito adquirido, o ato jurídico perfeito e a coisa julgada".

O Prof. Roque Antonio Carrazza (2003, p. 385) ensina que "o princípio da segurança jurídica ajuda a promover os valores supremos da sociedade, inspirando a edição e a boa aplicação das leis, dos decretos, das portarias, das sentenças, dos atos administrativos etc."

E continua o cultuado professor:

> O Direito, com sua positividade, confere segurança às pessoas, isto é, cria condições de certeza e igualdade que habilitam o cidadão a sentir-se senhor de seus próprios atos e dos atos dos outro.
>
> Portanto, a certeza e a igualdade são indispensáveis à obtenção da tão almejada segurança jurídica.
>
> Com efeito, uma das funções mais relevantes do Direito é "conferir certeza à incerteza das relações sociais" (Becker), subtraindo do campo de atuação do Estado e dos Particulares qualquer resquício de arbítrio. Como o Direito é a imputação de efeitos a

> determinados fatos" (Kelsen), cada pessoa tem elementos para conhecer previamente as consequências de seus atos. (p. 386)

Desse modo, o princípio da segurança jurídica garante a todos a estabilidade das situações e relações jurídicas, protegendo-as também através da cláusula geral de boa-fé, da teoria da aparência e do princípio da confiança.

Como já salientado, o contribuinte quando adere ao Termo de Acordo de Regime Especial concedido pelo Distrito Federal através de lei existente, vigente e eficaz, acredita na competência do DF para editar normas e mais, esta norma goza de presunção de legitimidade e o acordo celebrado entre a contribuinte e o DF é um ato jurídico perfeito que não pode ser anulado por lei de outra unidade da Federação.

A norma foi editada pelo Distrito Federal, o contribuinte adere ao regime especial, não pode vir uma norma de outro estado e tentar conferir incerteza a essa relação entre contribuinte-Lei-Estado.

Ou seja, o contribuinte não pode ser punido por ter observado a norma editada por unidade federativa com competência tributária para legislar sobre ICMS, devendo assim ser preservada a segurança jurídica nas relações tributárias.

Uma coisa é dizer que ninguém se escusa de suas obrigações e/ou responsabilidades sob a alegação de desconhecimento de lei, outra coisa é querer imputar a responsabilidade ou ônus por não ter feito juízo de que o benefício concedido pelo Distrito Federal é inconstitucional, ou melhor, pode ser declarado inconstitucional pelo Supremo Tribunal Federal.

Portanto, não pode o Estado de São Paulo glosar unilateralmente os créditos do contribuinte advindos de mercadorias adquiridas do Distrito Federal, em respeito ao princípio da Segurança Jurídica, que é um sobreprincípio que objetiva resguardar a estabilidade do ordenamento jurídico e das relações jurídicas.

A Constituição Federal, ao dispor sobre os princípios e garantias da ordem econômica, assegura aos Contribuintes o direito ao livre exercício de suas atividades econômicas e à livre-concorrência, conforme dispõe seu art. 170.

Com a Guerra Fiscal, tanto a Unidade da Federação que concede o benefício fiscal de forma unilateral desrespeita o princípio da livre-concorrência, pois praticamente obrigada a todas as pessoas jurídicas visadas pelo programa que concede o benefício a aderirem ao mesmo como, de outro lado, a Unidade Federativa, que glosa os créditos unilateralmente prejudica a atividade econômica das sociedades empresariais que também desobedece aos princípios que regem a ordem econômica.

O princípio da livre-iniciativa é um princípio fundamental do Estado Democrático de Direito Brasileiro, conforme dispõe o art. 1°, IV, da Constituição Federal, que determina que "a República Federativa do Brasil, formada pela união indissolúvel dos estados e municípios e do Distrito Federal, constitui-se em Estado democrático de direito e tem como fundamentos os valores sociais do trabalho e da livre-iniciativa".

Não pode o contribuinte que está tentando trabalhar, gerando empregos e exercendo a livre-iniciativa ter seus direitos e garantias desrespeitados e pagar a conta da "Guerra Fiscal" entre os Estados.

Ora, os Estados para se desenvolverem, atraírem empresas e aumentarem suas arrecadações promovem a "Guerra Fiscal", estabelecem a insegurança jurídica, incertezas para os contribuintes, criam tratamentos diferenciados, condições desiguais, ferem os princípios da legalidade, isonomia e da segurança jurídica, desrespeitando toda a ordem jurídica e ainda querem que o contribuinte arque com esse ônus.

Na “Guerra Fiscal”, o contribuinte está apenas lutando com a concorrência quando anuiu com as regras do programa que instituiu o benefício fiscal ou um terceiro de boa-fé quando adquire mercadorias da Unidade Federativa que concedeu o incentivo e acredita na legitimidade das normas editadas pelo Distrito Federal.

Não pode o contribuinte suportar o ônus de outrem, sendo uma tremenda injustiça ser penalizada, sendo que a discussão jurídica deve restringir-se às Unidades Federativas envolvidas, ou seja, a que concede o benefício e a que se sente prejudicada.

Ademais, a glosa unilateral dos créditos em questão por determinação do art. 36, § 3º, da Lei Paulista 6.374/89 fere as determinações do art. 152 da CF/88, uma vez que está estabelecendo tratamento diferenciado às mercadorias advindas de outras unidades da Federação, o que é vedado pela norma constitucional em comento.

9.5 Da competência do Supremo Tribunal Federal

A Fazenda do Estado de São Paulo, além de desrespeitar princípios e garantias constitucionais ao promover a glosa unilateral dos créditos oriundos de Estados que concederam benefício fiscal à margem do CONFAZ, é incompetente para tal ato, uma vez que não tem competência para considerar inconstitucional ou válida legislação ou norma de outra Unidade Federativa.

Alguns doutrinadores entendem que o fato do Estado de São Paulo não aplicar legislação de outra Unidade da Federação ou considerá-la inconstitucional seria o caso de intervenção da União Federal no Estado prevista no art. 34 e incisos da CF/88.

No entanto, entendo que não se encontra expresso nos casos de intervenção federal nas Unidades da Federação o caso de conflito de normas entre os entes federativos. Portanto, afasto esta hipótese extrema na questão da "Guerra Fiscal".

É certo que o art. 155, § 2º, XII, "g", da CF/88 estabeleceu que compete à lei complementar regular a forma como, mediante deliberação dos Estados e do Distrito Federal, as isenções, os incentivos e os benefícios fiscais serão concedidos e revogados e, por sua vez, a Lei Complementar 24/75 disciplinou que a concessão de benefícios fiscais se não for celebrada através de convênios e ratificados pelos estados e Distrito Federal implica a nulidade do ato e a ineficácia do crédito fiscal atribuído ao estabelecimento recebedor da mercadoria.

No entanto, isto não quer dizer que a Fazenda do Estado de São Paulo tenha competência para declarar indevidos os créditos referentes da aquisição de mercadorias advindas do Distrito Federal, apesar do § 3º do art. 36 da Lei Paulista 6.374/89, com redação dada pela Lei 9.359/96, dispor que não dá direito ao crédito de ICMS "não se considera cobrado, ainda que destacado em documento fiscal, o montante do imposto que corresponder a vantagem econômica decorrente da concessão de qualquer subsídio, redução da base de cálculo, crédito presumido ou outro incentivo ou benefício fiscal em desacordo com o disposto no art. 155, § 2.º, inciso XII, alínea "g", da Constituição Federal.".

O que a Fazenda do Estado de São Paulo está realizando, por via transversa, é o controle de constitucionalidade e validade de norma editada por outra Unidade da Federação, o qual é de competência exclusiva do Poder Judiciário e o controle de constitucionalidade de lei ou ato estadual compete ao Supremo Tribunal Federal.

Resta claro que com essa ação, a Fazenda do Estado de São Paulo está invadindo a competência do Poder Judiciário. No Estado Democrático de Direito, há a tripartição dos Poderes em Legislativo, Executivo e Judiciário, que são independentes e harmônicos, conforme dispõe o art. 2º da CF/88.

A preocupação é tanta com a independência, separação e competência dos três poderes no Estado Democrático de Direito, que a Constituição Federal estabeleceu como cláusula pétrea, sendo vetada qualquer proposta de emenda constitucional tendente a abolir a separação dos poderes, conforme dispõe seu o art. 60, § 4º, III.

Cada Poder tem sua competência privativa e independente devidamente estabelecida pela Constituição Federal, no caso, o capítulo III da atual Carta Política, em seus arts. 92 a 126, estabelece a competência, prerrogativas e por que não dizermos os poderes do Poder Judiciário.

Por sua vez, o art. 102, inc. I, alíneas "a" e "f", da Constituição Federal determinam expressamente que compete ao Supremo Tribunal Federal principalmente julgar as inconstitucionalidades de lei ou ato normativo estadual e os conflitos entres os Estados e o Distrito Federal, *verbis*:

> *Art. 102. Compete ao Supremo Tribunal Federal, precipuamente, a guarda da Constituição, cabendo-lhe:*
>
> *I - processar e julgar, originariamente:*
>
> *a) a ação direta de inconstitucionalidade de lei ou ato normativo federal ou estadual e a ação declaratória de constitucionalidade de lei ou ato normativo federal;*
>
> *[...]*
>
> *f) as causas e os conflitos entre a União e os Estados, a União e o Distrito Federal, ou entre uns e outros, inclusive as respectivas entidades da administração indireta.*
>
> *[...]*

Nesta linha de raciocínio, que compete ao Poder Judiciário resolver a questão da "Guerra Fiscal", somente o Supremo Tribunal Federal pode dirimir os conflitos entre as Unidades da Federação e declarar inconstitucional lei ou ato estadual, o que demonstra a incompetência da Fazenda do Estado de São Paulo em considerar válido ou não lei ou benefício fiscal concedido por outra Unidade Federativa, tendo em vista que a própria Carta Magna disciplina como o Poder Executivo do Estado que se sentir prejudicado deve proceder nestes casos e quais as consequências.

O art. 103 da CF/88 institui todas as diretrizes para o Estado que se sentir prejudicado com o benefício fiscal instituído por outra Unidade da Federação, tanto que, em seu inc. V, estabelece que o governador do estado ou do Distrito Federal pode propor ação direta de inconstitucionalidade, e seu § 2° determina que "declarada a inconstitucionalidade por omissão de medida para tornar efetiva norma constitucional, será dada ciência ao Poder para adoção das providências necessárias e, em se tratando de órgão administrativo, para fazê-lo em trinta dias".

Com efeito, o caminho e estratégia tomada pela Fazenda do Estado de São Paulo em glosar o crédito tributário de contribuinte que adquire mercadorias do Distrito Federal é totalmente equivocada e inconstitucional, e prejudica terceiro alheio a esta "Guerra Fiscal", pois até mesmo como a Constituição Federal expressa: é um conflito entre as Unidades Federativas.

Ou seja, sendo a "Guerra Fiscal" um conflito entre as Unidades Federativas, mais especificamente os Estados e o Distrito Federal, compete ao Supremo Tribunal Federal processar e julgar essa demanda.

Corrobora este entendimento a brilhante lição do professor José Eduardo Soares de Melo (2005, p. 292), lecionando que:

> Assim os Estados (e o DF) que se sentem prejudicados – em razão da fuga de empresas para outras regiões do país – possuem substancial fundamento para pleitear a invalidação dos incentivos outorgados unilateralmente.
>
> Entretanto, a "Guerra Fiscal" não pode atingir terceiros estranhos aos benefícios, como é o caso dos adquirentes de mercadorias, ou dos tomadores de serviços (transporte interestadual, intermunicipal, e de comunicação), especialmente quando se encontrarem estabelecidos em distinta unidade da federação.
>
> Os mencionados adquirentes de bens e serviços não podem sofrer a glosa de crédito fiscal, ou qualquer outra medida constritiva, por parte do fisco estadual (ou distrital) de sua jurisdição, sob assertiva de que o Estado (ou o DF), da localidade do fornecedor da mercadoria, ou do serviço, concedera indevido incentivo fiscal.

Portanto, resta evidente que está sendo desrespeitado o princípio da tripartição dos poderes, uma vez que a Fazenda do Estado de São Paulo não tem competência para declarar e julgar a constitucionalidade e validade de uma lei ou norma jurídica editada por outra Unidade da Federação, sendo essa competência privativa do Poder Judiciário.

Neste sentido, dispôs o dr. Oswaldo Santo de Carvalho em sua tese de conclusão de mestrado que:

> o Estado que se ver prejudicado pelos demais com a concessão de benefícios fiscais sem prévio Convênio, na forma prevista no art. 155, § 2º, XII, g, da Constituição de 1988 e na LC 24/75, deveria buscar o amparo da Ação Direta de Inconstitucionalidade, nos termos do art. 102 da Carta Maior, e não se valer indevidamente da autotutela, prejudicando terceiros, punindo-os com a glosa de seus créditos, sem o necessário concurso do Poder Judiciário.(p. 186)

9.6 Do princípio do pacto federativo

Além de o Estado de São Paulo não ter competência para avaliar a validade de norma de outra unidade federativa, desrespeitando o princípio da tripartição dos poderes, tal ato também fere o pacto federativo que seria a igualdade dos estados e do Distrito Federal e autonomia.

O nobre colega de mestrado André Almeida Blanco, muito bem definiu sobre o Pacto Federativo em seu artigo "Invasão da competência tributária para instituição de ICMS e a glosa de créditos decorrentes de Aquisição de Mercadorias Coroadas com Incentivo Fiscal concedido à margem do CONFAZ":

> Observamos acerca do Pacto Federativo uma regra constitucional que deve ser considerada como um pilar essencial à estruturação da República, antes mesmo de serem conhecidos e analisados os limites de sua autonomia, as formas de financiamento do exercício de sua soberania, aí compreendida a faixa de competência para imposição de tributos.
>
> A autonomia dos estados também é consagrada como princípio fundamental, constante do artigo 1º.
>
> Trazemos à colação as lições de JOSÉ AFONSO DA SILVA, acerca do Pacto Federativo, em especial no que concerne aos Estados federados: "A federação consiste na união de coletividades regionais autônomas que a doutrina chama de Estados federados (nome adotado pela Constituição, cap. III, do tít. III), Estados-membros ou simplesmente Estados. (...) Os Estados-membros são entidades federativas componentes, dotadas de autonomia e também de personalidade jurídica de Direito Público Interno. (...) Os Estados federados são titulares tão só de autonomia, compreendida como governo próprio dentro do círculo de competências traçadas pela Constituição Federal. (...) A autonomia federativa assenta-se em dois elementos básicos: (a) na existência de órgãos governamentais próprios (...); (b) na posse de competências exclusivas, um mínimo, ao menos, que não seja ridiculamente reduzido. Esses pressupostos da autonomia federativa estão configurados na Constituição."
>
> Acerca da competência dos Estados Federados dedicamos capítulo específico. Sem prejuízo de tal análise, resta firmada a premissa de que há competências a cargo dos Estados, como forma de assegurar sua autonomia e o pacto federativo. Entretanto, tal competência não pode suplantar as atribuições conferidas a cada ente da federação, sob pena de macular o próprio pacto federativo.

> Se a Constituição Federal não atribui determinada competência ao Estado Federal, seus agentes (componentes do Poder Legislativo e do Poder Executivo, em especial importantes no presente caso) não estão autorizados a tratar desta matéria, sob pena de desequilíbrio na federação.
>
> Assim como a separação dos poderes, a autonomia dos Estados constitui em cláusula pétrea, imutável até mesmo por emenda constitucional, como prevê o artigo 60, § 4º, da Constituição Federal.

A partir do momento que o estado de São Paulo edita uma norma não reconhecendo a de outra unidade da Federação, ocorreu um conflito entre normas de mesma hierarquia, porém o Estado Paulista quer reconhecer que a sua é superior à da outra Unidade, com isso pode e tem competência para negar eficácia à norma de outro Estado.

Tal situação é um completo absurdo jurídico, não tem como existir hierarquia entre leis estaduais e distritais, Não pode a norma de uma unidade da Federação negar eficácia à norma de outra unidade.

Portanto, resta evidente que a Fazenda do Estado de São Paulo não tem competência para realizar a glosa unilateral dos créditos advindos de mercadorias adquiridas do Distrito Federal; tal ato fere princípios e garantias constitucionais do Estado Democrático de Direito e da própria República Federativa.

Desta feita, as determinações do art. 8º, inc. I, da Lei Complementar 24/75 são inconstitucionais, sendo vedada a sua aplicabilidade imediata por parte do Estado, somente podem ser utilizadas no processo de concretização quando o Poder Judiciário for provocado para expedir uma norma individual e concreta, ou geral e concreta.

9.7 Do desrespeito ao princípio da não cumulatividade

O desrespeito ao ordenamento jurídico é tamanho com a "Guerra Fiscal", que a glosa unilateral dos créditos também desrespeita o primado constitucional da não cumulatividade que é a essência do ICMS; é um traço característico e marcante do imposto, que se fosse observado conforme os mandamentos e aspectos constitucionais, ter-se-ia uma redução tremenda da carga tributária e ajudaria a alcançar a Justiça Fiscal. Porém, infelizmente, este princípio vem sendo desrespeitado cotidianamente pelos três poderes.

Conforme já salientado, a Constituição Federal, ao estabelecer o princípio da não cumulatividade no ICMS, dispõe no inciso I do § 2º do art. 155 que "será não cumulativo, compensando se o que for devido em cada operação nas operações relativa à circulação de mercadorias ou prestação de serviços com o montante cobrado nas anteriores pelo mesmo ou outro Estado ou pelo Distrito Federal".

A norma constitucional garante ao Contribuinte o direito de creditar-se do montante do imposto devido nas operações anteriores com o montante devido nas operações posteriores ou futuras, ou seja, a norma constitucional estipula que dado o fato de realizar a compensação de créditos e débitos no momento da apuraçao do ICMS, deve ser então obrigado o Estado a observar os créditos de ICMS do contribuinte na extinção do crédito tributário.

O professor Roque Antonio Carrazza (2006, p. 302) com sua peculiar *expertise* definiu que:

> o ICMS deve necessariamente sujeitar-se ao princípio da não cumulatividade, que tendo sido considerado, pela Constituição, um dos traços característicos deste tributo, não de ter seu alcance nem diminuído nem, muito menos, anulado por normas infraconstitucionais. (...) tal princípio está todo voltado contra os Estados e o Distrito Federal, porquanto a incidência do ICMS

> em cada operação ou prestação determina o surgimento de uma relação de crédito, em favor dos contribuintes.

Ora, a redação constitucional estabelece a expressão "compensando-se o que for devido em cada operação com o montante cobrado nas operações anteriores". Em nenhum momento ficou consignado pela norma supra que pode ser compensado com o montante pago ou recolhido nas operações anteriores.

A Lei Complementar 87/96 também dispõe no mesmo sentido que a compensação será devida em cada operação com o montante cobrado nas operações anteriores e o art. 20 do mesmo diploma legal ratifica que é assegurado ao sujeito passivo o direito de creditar-se do imposto anteriormente cobrado em operações de que tenha resultado à entrada de mercadoria, real ou simbólica.

Tanto a determinação constitucional como a redação da norma geral do ICMS deixa claro que o direito a crédito está atrelado à realização da operação mercantil, se há incidência da norma do ICMS sobre o fato jurídico tributário, pouco importando se o vendedor ou emissor da nota pagou ou não o imposto.

Insta salientar que a norma constitucional que prevê o primado da não cumulatividade estabelece que o direito ao abatimento do imposto ou o creditamento do ICMS ocorre com a compensação do que for devido pelo sujeito passivo da obrigação tributária com o montante que ele, como contribuinte de fato, suportou com o ônus financeiro do imposto nas operações ou prestações anteriores.

O surgimento da norma de incidência do direito ao crédito ou compensação do ICMS acontece no momento da apuração do imposto. Ocorre, primeiramente, a incidência da norma que faz surgir o crédito em si do imposto, a qual tem como critério material da regra-matriz do crédito do

ICMS adquirir mercadorias e/ou serviços tributáveis pelo imposto, o critério temporal o momento em que ocorreram as operações mercantis ou as prestações de serviços.

Incidiu a regra-matriz do crédito do ICMS, o contribuinte faz jus ao crédito, pouco importando a situação do seu fornecedor e se ele goza de algum benefício fiscal, até mesmo porque não vem destacado em documento fiscal. O que consta na nota fiscal é o valor do ICMS, que o adquirente suporta todo o ônus do encargo financeiro deste imposto, quando compra a mercadoria.

Quem se aproveita do benefício fiscal é somente o vendedor da mercadoria, este é que deixa de recolher parte do ICMS, o que pouco importa para o adquirente e contribuinte de fato do ICMS, permanecendo íntegro o seu direito de aproveitamento e compensação dos créditos e débitos do imposto em comento.

O creditamento do ICMS de bens adquiridos não está condicionado a que o Imposto tenha sido pago na operação anterior e sim que ele seja devido. Está condicionado às determinações da regra-matriz do crédito de ICMS e da regra-matriz do direito ao crédito de ICMS.

Se o contribuinte cumpriu devidamente com suas obrigações tributárias, não pode ser responsabilizado pelas obrigações de terceiros. Não tem o contribuinte o deve de fiscalizar as obrigações tributárias de seus fornecedores e muito menos se o benefício fiscal a que este faz jus é constitucional ou não.

Ou seja, ocorrendo a incidência da norma do ICMS sobre a operação mercantil surge o direito ao crédito, independentemente da existência de benefício fiscal; houve a incidência do imposto sobre circulação de mercadorias sobre operações interestaduais, foi cobrado na operação em tela 12% (doze por cento) sobre o valor da negociação das mercadorias, pouco importa se foi concedido pelo Distrito

Federal um crédito presumido ou se abriu mão das receitas que lhe eram devidas, mas incidiram as leis do ICMS sobre a operação interestadual, pouco importando como será pago e sua forma de pagamento perante o sujeito ativo do imposto, que no caso é o DF.

As únicas hipóteses em que a Constituição Federal veda o direito ao crédito e determina a sua anulação, são nos casos de isenção e não incidência, conforme dispõe alíneas "a" e "b" do inc. II do § 2º do art. 155 da CF/88.

Temos claramente que a Constituição Federal somente estabeleceu duas hipóteses de restrição ao direito ao crédito de ICMS e, mais, somente estipulou duas situações que acarretam a anulação dos créditos, que é no caso de isenção ou não incidência.

Assim, verifica-se que o inc. I do art. 8° da Lei Complementar 24/75 não foi recepcionado pela Constituição Federal de 1988, tendo em vista que prevê uma nova hipótese de vedação ou anulação do crédito de ICMS, qual seja, quando o contribuinte adquire mercadoria de Unidade Federativa que concedeu benefício fiscal sem a aprovação do CONFAZ.

Desse modo, o art. 8º, inc. I, da LC 24/75 não está em consonância com as determinações e restrições do princípio constitucional da não cumulatividade do ICMS, o qual é o primado norteador da natureza do imposto.

José Eduardo Soares de Melo (2005) leciona que:

> o preceito restritivo ao crédito de ICMS, aos exclusivos casos de isenção ou não incidência (art. 155, par. 2º, II, CF, concede aos Estados e DF) a faculdade de dispor em sentido diverso, ao estabelecer a exceção seguinte: "salvo determinação em contrário da legislação". Em decorrência, o que pode ocorrer é a legislação ordinário conceder o crédito, e não vedá-lo. (p. 235)

Ademais, como exaustivamente salientado, o contribuinte não pode ser penalizado com a glosa dos créditos, inclusive em razão de que o creditamento do ICMS de bens adquiridos não está condicionado a que o Imposto tenha sido pago na operação anterior, mas sim que ele seja devido.

Não tem o contribuinte o dever de fiscalizar as obrigações tributárias de seus fornecedores e muito menos apurar se o benefício fiscal a que este faz jus é constitucional ou não.

Mais uma vez, colacionamos as sábias palavras do professor José Eduardo Soares de Melo:

> Ademais, o adquirente das mercadorias situado em outra unidade federativa, tendo amparo documental contendo todos os elementos do negócio mercantil, não tem a obrigação de pesquisar a respeito da situação tributária do vendedor das mercadorias, indagando sobre a concessão de incentivos, e eventual medida judicial que tenha sido proposta para suspender a sua eficácia etc. (p. 235)

De fato, não pode ser penalizado o contribuinte que adere de boa-fé ao programa de unidade federativa que concede benefícios fiscais, pois conforme salientado não cabe a este fazer controle de constitucionalidade de normas editadas por ente competente.

Tenho para mim também que o art. 36, § 3º, da Lei Estadual 6.374/89, com redação dada pela Lei 9.359/96, que confere a Fazenda o direito de glosar os créditos de ICMS advindos de operações mercantis realizadas com empresas que têm o benefício fiscal do Distrito Federal, não guarda relação de pertinência com o ordenamento jurídico, pois não se coaduna com as disposições constitucionais e as determinações da Lei Complementar 87/96 sobre o princípio da não cumulatividade.

Importante ressaltar que tanto a norma constitucional como a complementar estabelecem que se dará direito ao crédito de ICMS, ou seja, que a compensação será devida em cada operação com o montante cobrado nas anteriores.

Em nenhum momento ficou consignado, pelas normas supramencionadas, que o ICMS poderá ser compensado com o montante pago ou recolhido nas operações anteriores.

Inclusive o art. 20 da LC 87/96 reforça o entendimento que é assegurado ao sujeito passivo o direito de creditar-se do imposto anteriormente cobrado em operações de que tenha resultado a entrada de mercadoria, real ou simbólica.

Tanto a determinação constitucional como a redação da norma geral do ICMS deixam claro que o direito ao crédito está atrelado à realização da operação mercantil, se há incidência da norma do ICMS sobre o fato jurídico tributário pouco importando se o vendedor ou emissor da nota pagou ou não o imposto.

Desta forma, o art. 36 da citada Lei Paulista (6.374/89) inovou no ordenamento jurídico estabelecendo outra diretriz ao princípio da não cumulatividade por definir que imposto cobrado nas operações anteriores é imposto pago e mais que não se considera cobrado o imposto o quanto corresponder a vantagem econômica advinda de benefício fiscal, *in verbis*:

> *Art. 36. O Imposto sobre Operações Relativas à Circulação de Mercadorias e sobre Prestação de Serviços de Transporte Interestadual e Intermunicipal e de Comunicação é não cumulativo, compensando-se o imposto que seja devido em cada operação ou prestação com o anteriormente cobrado por este, outro Estado ou pelo Distrito Federal, relativamente a mercadoria entrada ou a prestação de serviço recebida, acompanhada de documento fiscal hábil, emitido por contribuinte em situação regular perante o fisco.*
>
> *[...]*
>
> *§ 3º - Não se considera cobrado, ainda que destacado em documento fiscal, o montante do imposto que corresponder a vantagem*

> *econômica decorrente da concessão de qualquer subsídio, redução da base de cálculo, crédito presumido ou outro incentivo ou benefício fiscal em desacordo com o disposto no Artigo 155, § 2.º, inciso XII, alínea "g", da Constituição Federal.*

Ora, resta claro que as determinações da norma supra estão em total desacordo com as determinações constitucionais e da própria lei complementar que disciplina o ICMS, conforme amplamente exposto.

Pela regra constitucional do ICMS, imposto cobrado é o devido, bastando a simples incidência da norma do imposto sobre circulação de mercadorias para que ocorra o direito subjetivo do sujeito ativo exigir o tributo e o dever jurídico do sujeito passivo de pagar.

Se o sujeito ativo não quis cobrar ICMS ou abriu mão do direito subjetivo de exigir o imposto, pouco importa para o contribuinte e não interfere no direito ao crédito disciplinado pelo princípio da não cumulatividade, que é inerente ao ICMS.

Neste sentido são as palavras do tantas vezes citado professor Roque Antonio Carrazza (2006, p. 306):

> Basta que as leis de ICMS tenham incidido sobre as operações ou prestações anteriores para que o abatimento seja devido.
>
> Inconstitucional, pois, o art. 36, § 3º, da Lei 6.374/1989, do Estado de Sao Paulo, quando estabelece que "não se considera cobrado, ainda que destacado em documento fiscal, o montante do imposto que corresponder a vantagem econômica decorrente da concessão de qualquer subsídio, redução da base de cálculo, crédito presumido ou outro incentivo ou benefício fiscal em desacordo com o disposto no art. 155, par. 2º, inciso XII, alínea "g", da Constituição Federal".

Desse modo, entendo ser inconstitucionais e ilegais as determinações do art. 36 da citada Lei Paulista que fundamenta a presente autuação fiscal.

9.8 Conclusões sobre a "Guerra Fiscal"

O imposto sobre operações relativas à circulação de mercadorias e sobre prestações de serviços de transporte interestadual e intermunicipal e de comunicação, ainda que as operações e as prestações se iniciem no exterior – ICMS é o tributo melhor disciplinado na Constituição Federal, que estabeleceu princípios, aspectos e características específicas ao tributo, deu tratamento especial prescrevendo uma série de regras para harmonizar sua cobrança pelas Unidades Federadas, inclusive criando instrumentos para impossibilitar a "Guerra Fiscal", mas as determinações constitucionais não são suficientes para tal.

A "Guerra Fiscal" envolve a concessão de benefícios fiscais de forma unilateral por uma Unidade da Federação, de outro lado, a glosa de créditos de ICMS também unilateralmente por outra e o contribuinte no meio disso tudo.

No caso, o Distrito Federal utiliza a sua competência para legislar sobre ICMS e institui o benefício fiscal sem aprovação do Confaz para atrair o contribuinte e arrecadar mais o imposto.

Como o considerado benefício fiscal concedido pelo Distrito Federal não foi submetido ao Confaz, entende a FESP que desrespeita assim as determinações do art. 155, § 2º, XII, "g" da Constituição Federal, o que torna os créditos aproveitados pela Recorrente indevidos segundo o Comunicado CAT 36/2004, que "esclarece sobre a impossibilidade de aproveitamento de créditos de ICMS provenientes de operações e prestações amparadas por benefícios fiscais de ICMS não autorizados por convênio celebrado nos termos da Lei Complementar 24/75".

Tal entendimento advém das determinações do art. 155, XII, alínea "g", da Constituição Federal que dispõe que cabe à lei complementar regular a forma de concessão dos benefícios fiscais e a legislação complementar seria a 24/75, que disciplina sobre a concessão de benefícios fiscais e financeiros.

A Lei Complementar 24/75 estabelece em seus arts. 2º e 8º que a concessão de benefício somente será válida através da aprovação dos Estados e que caso não seja feito dessa forma acarreta na nulidade, ineficácia do crédito concedido.

O Estado São Paulo aplica as determinações do art. 2º c/c o art. 8º da LC 24/75 e promove a glosa unilateral dos créditos com base no art. 36, § 3º, da Lei Paulista 6.374/89.

A glosa dos créditos do contribuinte paulista é totalmente indevida e inconstitucional.

As normas que instituem benefícios fiscais pelas Unidades Federativas gozam da presunção de legitimidade, existem no Ordenamento Jurídico e são dotadas da presunção *juris tantum.*

Se o benefício fiscal concedido pelo Distrito Federal goza de presunção de legitimidade para o contribuinte, advém de uma norma existente, vigente e eficaz, a partir do momento em que o contribuinte celebrou o acordo para uso e gozo do incentivo, não pode a lei de outro Estado retirar a eficácia e a existência do ato jurídico estabelecido entre o Contribuinte e o Distrito Federal em respeito ao princípio da segurança jurídica.

O contribuinte não tem o dever e competência para fazer o controle de constitucionalidade dos benefícios fiscais, quando adere ou se faz valer de incentivos ou quando adquire mercadorias das unidades da Federação que os instituíram.

Não pode o contribuinte que está tentando trabalhar, gerando empregos e exercendo a livre-iniciativa ter seus direitos e garantias desrespeitados e pagar a conta da

"Guerra Fiscal" entre os Estados e o Distrito Federal. Não pode o contribuinte ser condenado a assumir o ônus da Guerra Fiscal.

A glosa unilateral dos créditos em questão por determinação do art. 36, § 3°, da Lei Paulista 6.374/89 fere as determinações do art. 152 da CF/88, uma vez que está estabelecendo tratamento diferenciado às mercadorias advindas de outras Unidades da Federação.

Não é de competência do Poder Executivo da Unidade da Federação que se sentir lesada pelo benefício fiscal, avaliar, julgar a validade e constitucionalidade de uma norma editada por outra Unidade Federativa, não podendo realizar autotutela das normas que lhe prejudicam.

O Estado que se sentir lesado pela concessão de benefício fiscal sem prévio convênio deve recorrer ao Poder Judiciário e não fazer ou realizar autotutela glosando créditos e prejudicando terceiros.

A "Guerra Fiscal" é um conflito entre as Unidades Federativas, e conforme o art. 102, inc. I, alíneas "a" e "f", da Constituição Federal conflito entre lei ou ato normativo estadual e os conflitos entres os Estados e o Distrito Federal é de competência do Supremo Tribunal Federal.

A Constituição Federal somente estabeleceu duas hipóteses de restrição ao direito ao crédito de ICMS e, mais, somente estipulou duas situações que acarretam a anulação dos créditos, que é no caso de isenção ou não incidência e, por isso, o inc. I do art. 8° da Lei Complementar 24/75 não foi recepcionado pela Constituição Federal de 1988, tendo em vista que prevê uma nova hipótese de vedação ou anulação do crédito de ICMS, qual seja, quando o contribuinte adquire mercadoria de Unidade Federativa que concedeu benefício fiscal sem a aprovação do CONFAZ.

A glosa unilateral dos créditos de ICMS provenientes de benefício fiscal é inconstitucional, uma vez que fere o princípio da não cumulatividade do ICMS que somente veda o direito ao crédito e determina a sua anulação nos casos de isenção e não incidência.

Pela regra constitucional do ICMS, o imposto cobrado é o devido, basta a simples incidência da norma do imposto sobre a circulação de mercadorias para que ocorra o direito subjetivo do sujeito ativo exigir o tributo e o dever jurídico do sujeito passivo de pagar.

Se o sujeito ativo não quis cobrar ICMS ou abriu mão do direito subjetivo de exigir o imposto, pouco importa para o contribuinte e não interfere no direito ao crédito disciplinado pelo princípio da não cumulatividade, que é inerente ao ICMS.

O art. 36 da citada Lei Paulista (6.374/89) é inconstitucional e inovou no ordenamento jurídico estabelecendo outra diretriz ao princípio da não cumulatividade por definir que imposto cobrado nas operações anteriores é imposto pago e mais que não se considera cobrado o imposto quando corresponder à vantagem econômica advinda de benefício fiscal.

10

SALDO CREDOR E AS GLOSAS DOS CRÉDITOS

Para o contribuinte poder escriturar o crédito de ICMS em sua escrita fiscal e posteriormente aproveitá-lo no momento de apuração do imposto, é necessário que adquira mercadorias e serviços com a incidência do tributo devidamente destacado em nota fiscal.

O Crédito do ICMS que o contribuinte pode utilizar para se debitar do imposto devido, lançando-o na chamada "conta gráfica", sendo esta uma conta-corrente do ICMS, em que no seu livro registro de entradas o contribuinte escritura todas as notas fiscais de compra e prestações de serviços com destaque do crédito de ICMS e no seu livro registro de saídas, escritura as notas fiscais de operações e prestações de serviços que tiveram débito do ICMS.

No final do período de apuração, que geralmente é mensal, faz o encontro dos créditos e débitos no livro registro de Apuração do ICMS, recolhendo o imposto no prazo corresponde se o débito for maior que o crédito.

Caso ocorra dos créditos de ICMS serem superiores ao débito no final do exercício mensal de apuração, o contribuinte transporta este saldo para o período seguinte e assim subsequentemente, conforme dispõe o inc. III do art. 24 da Lei Complementar 87/96.

Este saldo é denominado de saldo credor, o acúmulo de créditos maiores que os débitos, que geralmente ocorre quando o contribuinte tem estoque enorme de mercadorias, as entradas foram maiores que as saídas.

Importante destacar que, conforme bem explicou Aroldo Gomes Matos (2006, p. 373), saldo credor é diferente do denominado saldo credor acumulado ou crédito acumulado, este termo utilizado pela Secretaria da Fazenda do Estado de São Paulo:

> Esclarecido, assim, aritmeticamente, o que seja "saldo credor", podemos definir "saldos credores acumulados" como aqueles que vão se acumulando gradual e constantemente com os dos períodos subsequentes. Já s Secretaria de Fazenda do Estado de São Paulo diferencia "saldo credor" de "crédito acumulados" da seguinte forma:
>
> "O saldo credor constitui a mera diferença favorável ao contribuinte verificada entre todos os créditos e débitos apurados em determinado período. O crédito acumulado constitui espécie de crédito distinta dos demais quanto 'as respectivas formas de geração, apropriação e utilização. O primeiro é apurado através do Livro Registro de Apuração do ICMS (RAICMS); o segundo, através do Demonstrativo de Geração de Crédito Acumulado, disciplinado na Portaria CAT - 53/96."
>
> Tais saldos credores acumulados ocorrem com frequência em pelo menos duas hipóteses: (1ª) com empresas dedicadas à exportação de mercadorias e serviços para o exterior, cujas entradas são tributadas sendo as respectivas saídas imunes; e (2ª) em decorrência da aplicação de alíquota e base de cálculo diversificadas em operações e prestações de entrada (maiores) e de saída (menores).

O princípio da não cumulatividade como vetor influente no subsistema do ICMS, ao estabelecer a compensação, através do crédito e débito, possibilita ao contribuinte o direito subjetivo de pagar o ICMS apenas sobre a diferença entre seus créditos e débitos, ou somente com seus créditos do imposto, caso estes sejam maiores que os débitos.

Conforme já estabelecido, a regra-matriz do direito ao crédito de ICMS estabelece o método de apuração do imposto a pagar (o débito) em determinado período de apuração (geralmente mensal), concedendo ao contribuinte o direito de compensar o crédito advindo da entrada de mercadorias e serviços com o débito, sendo oponível ao fisco, quando apresentada esta sistemática pelo contribuinte nos termos da lei, quais seja, através dos devidos registros contábeis, lançamento em GIA – Guia de Informação e Apuração do ICMS e o recolhimento da diferença apurada no prazo correspondente.

O princípio da não cumulatividade somente opera e influencia o subsistema do ICMS no momento de que o contribuinte tem o direito subjetivo de lançar o crédito em sua escrita fiscal e o opor contra o Estado, surgindo uma nova relação jurídica em que o contribuinte passa a ser o sujeito ativo que tem o direito subjetivo de abater do imposto devido o montante do ICMS que incidiu na aquisição de mercadorias e serviços tributáveis pelo imposto e, de outro lado, o Estado passa a ser o sujeito passivo que tem o dever de acatar o abatimento e este momento ocorre na apuração do tributo.

O creditamento do ICMS previsto na regra-matriz do direito ao crédito do imposto é uma faculdade do contribuinte, que somente é realizado no momento de apuração e extinção do imposto, e quando contribuinte exerce este direito constitucional da compensação dos créditos de ICMS com seus débitos do próprio imposto, passa a ser obrigatório ao Estado observar os créditos opostos pelo contribuinte para pagamento do tributo.

Importante ressaltar que existem três momentos distintos na sistemática do ICMS; o primeiro, que se refere à incidência do imposto quando ocorre operação mercantil ou prestação de serviço tributável pelo tributo em comento; o segundo momento refere-se ao surgimento do crédito de ICMS, que ocorre quando o contribuinte adquire mercadoria ou prestação de serviço com a incidência do imposto, devidamente vertido em linguagem competente; e, por fim, o terceiro momento é o direito ao crédito de ICMS, da efetivação do encontro de contas entre crédito e débito do imposto, que ocorre no momento de apuração e extinção do imposto devido, sendo o pleno exercício do direito de crédito ou direito de creditamento.

Assim, no primeiro momento, temos a regra-matriz de incidência do ICMS, no segundo, a regra-matriz do crédito de ICMS e no terceiro, a regra-matriz do direito ao crédito de ICMS.

Estabelecendo estas premissas, a pergunta que se faz é: no caso do contribuinte ter saldo credor em determinado período, pode ser autuado e penalizado por ter-se creditado indevidamente quando o saldo é maior também é maior que o crédito indevido?

Como, quando o contribuinte possui saldo credor e é autuado por ter-se creditado indevidamente, por ter adquirido mercadorias com notas fiscais inidôneas, por ter lançado, em sua escrita, créditos advindos de uso e consumo, ou por ter adquirido mercadorias de estabelecimento de outra Unidade da Federação que usufrui de benefício fiscal sem autorização do CONFAZ?

Para mim, causa estranheza autuar contribuinte por se creditar indevidamente, sendo que este apenas apurou o crédito em sua escrita fiscal, não se creditou efetivamente ou no sentido semântico da palavra, na sistemática crédito e débito, conforme determina a regra-matriz de direito ao crédito de ICMS.

Quando o contribuinte lançou, em sua escrita fiscal, créditos considerados indevidos, não cometeu nenhuma lesão ao erário, apenas realizou o consequente previsto na regra-matriz do crédito de ICMS, ele não está obrigado a nada e nem o Estado. Ele apenas realizou a primeira etapa para exercer ou realizar o creditamento.

Ora, dado o fato do contribuinte ter adquirido mercadoria com a incidência do ICMS, deve ser-lhe permitido o direito ao respectivo crédito.

Em um momento posterior, o da apuração do ICMS, o contribuinte tem a faculdade de opor os créditos contra o fisco e quando este tem saldo credor não necessariamente foram opostos os créditos indevidos para compensar com os débitos.

O art. 20 da Lei Complementar 87/96 dispõe claramente que o momento que o contribuinte se credita é quando incide a regra-matriz do direito ao crédito, ao dispor que "para a compensação a que se refere o artigo anterior, é assegurado ao sujeito passivo o direito de creditar-se do imposto anteriormente cobrado".

Portanto, somente se pode falar que o contribuinte se creditou indevidamente quando opôs os créditos contra o Estado no momento de apuração do ICMS. Quando o contribuinte possui saldo credor não se pode afirmar que utilizou dos créditos indevidos para abater do imposto extinto.

Nenhum prejuízo ao Fisco traz o contribuinte que possui saldo credor, pois efetivamente não se aproveitou dos supostos créditos considerados indevidos para compensar com o ICMS devido na operação posterior. Portanto, não pode ser penalizado com as multas referentes a crédito indevido previstas no art. 527, II, do RICMS/2000, que variam com a penalidade de exigência do imposto teoricamente abatido mais multa equivalente a 10% (dez por cento) a 100% (cem por cento), do valor indicado no documento como o da operação ou prestação.

Ressalta-se que a legislação prevê o pagamento das multas consignadas no artigo em comento, independente do pagamento do imposto, ou seja, exige-se o ICMS do contribuinte nas acusações de crédito indevido, pois se admite que o contribuinte utilizou o referido crédito para abater do débito no momento da apuração do ICMS, quando incide a regra-matriz do direito ao crédito do imposto.

Portanto, o simples fato do contribuinte ter escriturado créditos considerados indevidos não lhe pode ser imputada nenhuma das multas previstas no art. 527, inc. II do RICMS/2000, pois ele apenas realizou o que está previsto na regra-matriz do crédito de ICMS; o verdadeiro creditamento indevido somente ocorre quando incide a regra-matriz do direito ao crédito de ICMS.

Ademais, o art. 37 da Constituição Federal estabelece que a administração pública deve obedecer aos princípios da legalidade, impessoalidade e eficiência e o art. 150, IV, da Carta Política expressa o princípio do não confisco, que visa a proteger o contribuinte de exageros do estado na usurpação do patrimônio do cidadão.

O juiz federal Leandro Paulsen (2008, p. 255) ensina que:

> são inadmissíveis as multas excessivamente onerosas, insuportáveis, irrazoáveis. O princípio da proporcionalidade impede se possa reconhecer validade, e.g., a uma multa moratória de 60% (sessenta por cento). O descompasso entre o ilícito e a punição cominada é gritante. Conforme se vê abaixo, o STF já reduziu multas desproporcionais. Note-se que tanto a instituição de tributos como a previsão de multas devem conformar-se não apenas ao princípio da legalidade mas também aos demais princípios, sob pena de invalidade. Não é o fato de a multa estar prevista em lei que dispensa a análise da validade do dispositivo. Veja-se, quanto a tal ponto, breve nota introdutória ao princípio da legalidade (art. 150, I), em que se destaca a supremacia da

> constituição e o controle jurisdicional da validade das leis. Cabe chamar atenção ainda para o fato de que não há impedimento a que se reduza multa excessiva, expurgando-a do excesso inconstitucional. Mas só se deve afastar a multa sob o argumento da desproporcionalidade quanto tal seja, efetivamente, a única solução, ou seja, quando não haja lei posterior mais benéfica, cuja aplicação, por força do art. 106, II, c, do CTN, seja suficiente para a redução da alíquota a patamar aceitável, dispensando, assim, a análise da questão constitucional.

Ora, se o contribuinte possui saldo credor resta evidente que no abatimento do ICMS, o imposto foi devidamente extinto, não existiu sonegação assim as multas previstas no art. 527, inc. II do RICMS/2000 estão totalmente abusivas, desproporcionais, irrazoáveis e têm caráter confiscatório, neste sentido, já se posicionou o Egrégio Supremo Tribunal Federal, pacificando que as multas punitivas não podem ser desproporcionais e confiscatórias, *in verbis:*

> AÇÃO DIRETA DE INSCONSTITUCIONALIDADE. § 2º E 3º DO ART. 57 DO ATO DAS DOSPOSIÇÕES CONSTITUCIONAIS TRANSITÓRIAS DA CONSTITUIÇÃO DO ESTADO DO RIO DE JANEIRO. FIXAÇÃO DE VALORES MÍNIMOS PARA MULTAS PÉLO NÃO RECOLHIMENTO E SONEGAÇÃO DE TRIBUTOS ESTADUAIS. VIOLAÇÃO AO INCISO IV DO ART. 150 DA CARTA DA REPÚBLICA. A desproporção entre o desrespeito à norma tributária e sua consequência jurídica, a multa, evidencia o caráter consfiscatório desta, atentando contra o patrimônio do contribuinte, em contrariedade ao mencionado dispositivo do texto constitucional federal. Ação julgada procedente.
>
> (STF, ADIn 551, Informativo 297 do STF, fev/2003)

A contribuinte, quando tem saldo credor, ressalta-se não deixa de recolher imposto e não traz nenhum prejuízo ao erário, o que torna totalmente desproporcional exigência de imposto mais as multas em questão sobre eventual dano trazido, não sendo assim mais uma punição e sim um desrespeito à propriedade e atividade econômica, que está sendo lesada indevidamente.

Apesar, da legislação não dispor expressamente acerca da necessidade de verificação de falta de recolhimento do imposto como condição à autuação, a cobrança da importância creditada somente tem sentido, e cabimento, nas situações em que se verifica, concretamente, prejuízo ao erário, ou seja, nas hipóteses em que o imposto, efetivamente, deixa de ser recolhido em razão do creditamento indevido.

Não se trata, assim, de ausência de previsão legal, mas sim da correta interpretação da norma tributária ao caso concreto, cumprindo lembrar que dentre as formas de interpretação existentes a mais adequada ao ordenamento jurídico brasileiro é, como sabido, a interpretação sistemática, que se contrapõe à interpretação literal.

Nesta esteira, a argumentação lançada pela fiscalização no sentido de que a única forma de obrigar o contribuinte a "retirar" o valor indevidamente creditado em sua escrita fiscal seria o lançamento de ofício, apenas tem sentido nas situações em que, de fato, o creditamento indevido importou em não recolhimento do imposto. Do contrário, estar-se-ia admitindo o enriquecimento ilícito por parte do Estado.

Desta feita, se no caso concreto, em razão da existência de saldos credores – situação que, obviamente, o dispositivo em comento não precisaria contemplar, por se tratar de exceção à regra geral – o creditamento indevido não ensejou a falta de recolhimento do imposto, a exigência do "recolhimento da importância creditada" perde sua utilidade, pois havendo saldo credor não há que se falar em recomposição de valores que deixaram de ser recolhidos aos cofres públicos. Isto porque, como detalhadamente exposto, nenhum valor deixou de ser recolhido, justamente em razão da existência de saldo credor do imposto.

Está desrespeitando o princípio da razoabilidade considerar como creditamento indevido o simples fato de lançar em sua escrita fiscal créditos viciados, quando o contribuinte possui saldo credor suficiente para responder pelo ICMS devido no momento da apuração.

O Ministro Luiz Fux, quando relator do Recurso Especial 728.999/PR, definiu com precisão o princípio da razoabilidade e como deve ser observado pelo ente público, *in verbis*:

> TRIBUTÁRIO. IMPOSTO DE RENDA DE PESSOA FÍSICA. PREENCHIMENTO INCORRETO DA DECLARAÇÃO. MULTA POR DESCUMPRIMENTO DE OBRIGAÇÃO ACESSÓRIA. INAPLICABILIDADE. PREJUÍZO DO FISCO. INEXISTÊNCIA. PRINCÍPIO DA RAZOABILIDADE.
>
> 1. A sanção tributária, à semelhança das demais sanções impostas pelo Estado, é informada pelos princípios congruentes da legalidade e da razoabilidade.
>
> 2. A atuação da Administração Pública deve seguir os parâmetros da razoabilidade e da proporcionalidade, que censuram o ato administrativo que não guarde uma proporção adequada entre os meios que emprega e o fim que a lei almeja alcançar.
>
> 3. A razoabilidade encontra ressonância na ajustabilidade da providência administrativa consoante o consenso social acerca do que é usual e sensato. Razoável é conceito que se infere a contrario sensu; vale dizer, escapa à razoabilidade "aquilo que não pode ser". A proporcionalidade, como uma das facetas da razoabilidade revela que nem todos os meios justificam os fins. Os meios conducentes à consecução das finalidades, quando exorbitantes, superam a proporcionalidade, porquanto medidas imoderadas em confronto com o resultado almejado".
>
> (RESP 728.999/PR, Rel. Min. Luiz Fux, 1ª T., j. 12.09.2006, DJ. 26.10.2006)

Marco Aurélio Grecco defende que contribuintes com saldo credor não podem ser punidos como tendo realizado a conduta de creditamento indevido e ser lhes imputada a multa de 100% (cem por cento):

> Pune-se o crédito indevido porque a arrecadação em determinado período é fruto da operacionalização da conta gráfica (débitos

> e créditos) e, portanto, computar um crédito superior àquele ao qual o contribuinte tiver direito – que resulta na falta de recolhimento (ou num menor recolhimento) – configurará resultado não desejado pelo ordenamento positivo e gerado num risco novo juridicamente desaprovado (=aumento indevido de créditos).
>
> Note-se que um dos elementos indispensáveis deste tipo de infração é a “perda de arrecadação tributária”, pois só este bem jurídico a ser protegido pela norma sancionadora é que justifica a penalidade da dimensão examinadora (=100% [cem por cento]). Caso fosse outro o bem jurídico a proteger, por exemplo, “clareza de escrituração pra fins de controle”, então a multa seria manifestamente desproporcional, em patente violação ao devido processo legal material consagrado no artigo 5°, LIV da CF/88.
>
> Além disso, conforme expõe a Consulta. Não existe resultado que agride o bem jurídico protegido. Não há perda de arrecadação, pela singela razão que há créditos acumulados em dimensão superior ao dos créditos questionados. Como elas esclarecem, ainda que estornando, ou desconsiderando, o valor dos créditos objeto de divergência, mesmo assim elas permanecem titulares de um volume significativo de créditos acumulados.
>
> Ou seja, o fato de as Consulentes terem creditado o valor ora questionado pelo Fisco não alterou o valor do ICMS a recolher, pela singela razão de não haver ICMS a recolher, por força dos créditos acumulados.
>
> Em suma, não há tipicidade na conduta descrita pelas Consulentes, a justificar a aplicação de pena de multa de 100% (cem por cento) do valor do crédito objetado. (*RDT* 148)

Desse modo, o contribuinte que tem saldo credor suficiente para arcar com o débito do ICMS não realiza a conduta tipificada como creditamento indevido, apenas realizou o primeiro momento para exercer o direito ao crédito, que seria a hipótese prevista na regra-matriz do crédito de ICMS, assim a penalidade e a multa não estão devidamente tipificadas, bem como sendo totalmente desproporcional a infração cometida, ferindo os princípios da razoabilidade e do não confisco.

O contribuinte apenas exerceu a faculdade de escriturar os créditos de ICMS referentes à aquisição de mercadorias; assim, entendo que a infração cometida seria em relação à irregularidade na escrituração, devendo ser penalizado nos termos do art. 527, inc. V, alínea "o" do RICMS/2000, *in verbis*:

> *Art. 527 [...]*
>
> *V - infrações relativas a livros fiscais e registros magnéticos:*
>
> *[...]*
>
> *o) irregularidade de escrituração não prevista nas alíneas anteriores - multa equivalente a 1% (um por cento) do valor das operações ou prestações a que se referir a irregularidade.*
>
> *[...]*

Insta salientar que, em respeito às determinações do art. 112, incs. I, II e IV, do Código Tributário Nacional que dispõe que "a lei tributária que define infrações, ou lhe comina penalidades, interpreta-se da maneira mais favorável ao acusado, em caso de dúvida, quanto à capitulação legal do fato; à natureza ou às circunstâncias matérias do fato, ou à natureza ou extensão dos seus efeitos; e à natureza da penalidade aplicável, ou sua graduação" somente pode ser aplicada a multa prevista no art. 527, inciso V, alínea "o" do RICMS/2000.

11

DO DIREITO AO CRÉDITO DE ICMS NAS OPERAÇÕES COM DIFERIMENTO DO IMPOSTO

O conceito de Diferimento não está definido na legislação, assim adoto definição de diferimento dada pela Secretaria da Fazenda do Estado de São Paulo, que exarou em diversas respostas a consultas, como de substituição tributária pra trás, que diferimento significa transferência de responsabilidade tributária para contribuinte que participe de uma das etapas subsequentes da operação da circulação de mercadoria, conforme respostas abaixo transcritas:

> DIFERIMENTO - CONCEITO Diferimento é uma palavra que o Código Tributário Nacional não utilizou. Mas ela aparece no artigo 4º do ATO Complementar 31, de 28.12.66, e na legislação de todos os Estados e significa "transferência de sujeição passiva", ou transferência da responsabilidade tributária para um contribuinte que participe de uma das subsequentes etapas da circulação da mercadoria. Diferimento não é benefício fiscal; não retira as operações do campo de incidência do imposto; apenas transfere para etapa futura da circulação o montante do lançamento tributário. É medida adotada no interesse do Erário, com o fito de simplificar o controle de arrecadação e a fiscalização do pagamento do imposto.
>
> (RC 11.792, de 24.04.78 - BT 134, pág. 559)

> Nas saídas de mercadorias com diferimento do imposto, este sempre é devido, ficando, porém, seu lançamento e recolhimento transferidos para determinado momento, previsto no Regulamento. Note-se que, nestas saídas, o adquirente torna-se o contribuinte substituto do tributo, de imediato beneficiado com o favor fiscal, refletido na diminuição do preço das mercadorias adquiridas, assumindo, evidentemente, a obrigação do pagamento do imposto.
>
> (RC 9.750, de 15.07.76 - BT 104, pág. 376)

O diferimento é a postergação do pagamento do imposto para a etapa posterior, ficando a responsabilidade para a próxima pessoa da cadeia produtiva. Assim ocorre a incidência do imposto na operação diferida, porém não é destacado na nota fiscal e o adquirente não é o contribuinte de fato do imposto pela aquisição da mercadoria. O adquirente será o contribuinte de direito, somente irá recolher o imposto diferido na etapa subsequente e com isso repassando o ônus financeiro para outrem.

Com efeito, o diferimento somente ocorre para diminuir o preço da mercadoria adquirida e simplificar o controle e arrecadação do tributo. A responsabilidade pelo recolhimento do imposto é transferida para o adquirente da mercadoria, quando der a saída desta em etapa subsequente.

Tem-se assim que o custo da mercadoria com diferimento do ICMS é mais baixo, uma vez que o adquirente não arca com o ônus financeiro do imposto, ficando este ônus para a etapa subsequente.

Portanto, o contribuinte que adquirir mercadorias com o ICMS diferido não faz jus ao crédito do imposto, pois ocorreu a incidência, porém não há o destaque do tributo na nota fiscal e ele não arca com o ônus financeiro do tributo na entrada da mercadoria, faltando esses requisitos para ter direito ao crédito do ICMS, conforme traçado na regra-matriz do crédito de ICMS.

Contudo, a Secretaria da Fazenda de São Paulo já decidiu e posicionou-se inúmeras vezes que não é obrigatório seguir o regime, que os contribuintes podem renunciar a essa opção e recolher normalmente o ICMS, consequentemente destacar o crédito do imposto, consoante resposta à consulta 9508, de 08.04.76 e julgamento proferido pela Câmara Superior do Tribunal de Impostos e Taxas no Recurso Especial DRT-04-10649/2007, de 02.05.2013.

Transcrevo a resposta à Consulta 9508/76 da Secretaria da Fazenda do Estado de São Paulo:

> DIFERIMENTO Renúncia Possibilidade, independentemente de autorização do fisco - Procedimento. Resposta à Consulta n. 9.508, de 08.04.1976 - Boletim Tributário n. 81, p. 246. 1. Em petição dirigida ao Sr. Secretário da Fazenda a interessada expõe que, tendo como atividade normal a fiação e beneficiamento de fibras naturais e sintéticas, "é obrigada a faturar os produtos de sua fabricação com incidência do ICM, enquanto que, nas devoluções dos produtos beneficiados para terceiros, deverá usufruir do diferimento do ICM", na forma estabelecida pelo art. 53 do Regulamento do ICM, aprovado pelo Decreto n. 5.410, de 30.12.74; que "essa sistemática de diferimento do tributo não lhe é interessante, demandando a contratação de pessoas especializadas para o faturamento que exige, ora o destaque do imposto e ora o diferimento", conforme a natureza da operação e a situação do destinatário da mercadoria; que, sendo "empresa exportadora, possui sua escrita fiscal, sempre, um elevado saldo credor de ICM, em decorrência da habitualidade de suas exportações"; que "havendo saldo credor não há interesse em usar o diferimento do tributo nas operações de beneficiamento, porque isso lhe tira a possibilidade do débito que seria feito se o imposto fosse cobrado imediatamente, e de redução do saldo credor ..." 2. Em face do exposto, requer "autorização para deixar de usar o benefício do diferimento do ICM, para fazer o tributo incidir imediatamente, ou seja, no momento da devolução do produto beneficiado ao cliente...", o que lhe possibilitará, ao lado das saldas tributadas dos produtos de sua fabricação, reduzir o elevado saldo credor decorrente do incentivo de exportação. 3. Muito embora apresentada sob a forma de requerimento, a solicitação inicial, encaminhada a este órgão para manifestação, é recebida e protocolada como consulta e, corno tal, respondida, nos termos do art. 124 do Decreto n. 51.197, de

27.12.1968. 4. Dispõe o art. 53 do Regulamento do ICM, aprovado pelo Decreto n. 5.410, de 30.12.1974, que "o lançamento do imposto incidente nas saídas de mercadorias efetuadas com destino a outro estabelecimento ou com destino a trabalhadores autônomos ou avulsos que prestem serviço pessoal, num e noutro caso para industrialização, fica diferido para o momento em que, após o retomo dos produtos industrializados ao estabelecimento de origem, autor da encomenda, por este for promovida a subsequente saída dos mesmos produtos". 5. O parágrafo do mesmo artigo estabelece (item 2) que o diferimento compreende também "as saldas dos produtos, promovidas pelo estabelecimento industrializador, em retomo ao autor da encomenda", enquanto que o § 5°, com a redação dada pelo inciso V do art. 1° do Decreto n. 7.009, de 07.11.1975, estatui que "nos casos em que o estabelecimento de origem, autor da encomenda, se localize neste Estado, o diferimento previsto neste artigo compreende, também, a parcela do valor acrescido correspondente ao valor dos serviços prestados a que se refere o art. 29". 6. Assim sendo, quando o estabelecimento autor da encomenda se localize no território do Estado, nos casos em que, no respectivo processo de industrialização, não haja, por parte do estabelecimento industrializador (a requerente), fornecimento de qualquer mercadoria, nenhum tributo será devido por ocasião das saídas, em retomo, dos produtos resultantes da industrialização, eis que totalmente alcançadas as operações pelo diferimento do pagamento do imposto. E é sobre autorização para deixar de usufruir desse diferimento que trata o pedido inicial. 7. Conforme já tivemos oportunidade de nos manifestar em outra oportunidade, o diferimento a que se refere o art. 53 do Regulamento do ICM objetiva tão somente evitar o comprometimento do capital de giro das empresas, não sendo o imposto exigido desde logo, postergado seu pagamento por ocasião da saída do produto final. A regra, contudo, não é de aplicação obrigatória, facultado, consequentemente, aos contribuintes, o direito à sua renúncia, independentemente de autorização do fisco, podendo ser efetuado destarte, o destaque do imposto quando das remessas das mercadorias para industrialização e/ou por ocasião das suas saídas, em retorno, ao estabelecimento de origem. 8. Corno as operações envolverão sempre 2 (dois) estabelecimentos - o do autor da encomenda e o do industrializador, no caso a requerente -, entendemos deva esta, antes do recebimento de cada encomenda, obter anuência prévia dos estabelecimentos encomendantes para a aplicação da sistemática do regime de tributação, pois o que convém à peticionaria pode não convir aos seus clientes; deverá também, sempre que isso ocorra, ser encaminhada comunicação ao Posto Fiscal de

> jurisdição dos estabelecimentos intervenientes nas operações. 9. Lembramos, por oportuno, em face dos problemas apresentados pela interessada, das dificuldades de utilização de seu crédito acumulado, e tendo em vista a origem deste, que, além das formas de seu aproveitamento inicialmente previstas no Regulamento do ICM (transferências a estabelecimentos da mesma empresa, de empresas interdependentes, de fornecedores), existe, atualmente, aquela a que se refere o parágrafo 4º do art. 466 (acrescentado pelo inciso VIII do art. 1° do Decreto n. 7.394, de 30.12.19751: "4° Em casos excepcionais, a requerimento do interessado, poderá ser autorizada a transferência de crédito entre estabelecimentos de empresas que não sejam interdependentes". José Bento Pane, Consultor Tributário. De acordo. Antônio Pinto da Silva, Consultor Tributário-chefe.

Ante o exposto, o diferimento é um regime optativo para diminuir o custo do produto; pode o Contribuinte renunciar ao diferimento e destacar o ICMS que incidiu na operação, sem autorização do Fisco e o adquirente da mercadoria terá os requisitos necessários para ter direito ao crédito do ICMS.

Em resposta a consulta mais recente, a Secretaria da Fazenda concluiu que pode o contribuinte renunciar ao diferimento desde que comunique ao destinatário da mercadoria e aos Postos Fiscais em que ambos estão localizados:

> INDUSTRIALIZAÇÃO SOB ENCOMENOA RENÚNCIA A SUSPENSÃO E AO DIFERIMENTO o estabelecimento encomendante, que remete mercadoria para industrialização, poderá, com expressa concordância do estabelecimento destinatário e comunicação aos Postos Fiscais da localidade de ambos, renunciar à suspensão do ICMS, prevista no artigo 402 do RICMS/OO. Urna vez renunciada à suspensão do lançamento do imposto na remessa dos produtos para industrialização, a operação de retorno dos produtos industrializados deverá ser normalmente tributada pelo imposto, não se aplicando assim as normas contidas no artigo 403 do mesmo diploma legal. Não há possibilidade, entretanto, de apenas o industrializador renunciar ao diferimento no retorno da industrialização. A renúncia, se houver, há de ser total (suspensão e diferimento).
>
> (RC 572/01, de 28.08.01 - BT out/01, pág. 755)

Não concordo que o regime do diferimento seja optativo, seria obrigatório e de forma alguma poderia dar direito ao crédito ao estabelecimento adquirente da mercadoria, contudo, se tiver que optar por uma posição, entendo que a solução de consulta acima apresenta mais segurança jurídica, deixando claro que o diferimento não estabelece direito a crédito, porém, pode o contribuinte renunciar ao regime, desde que informando a todas as partes envolvidas.

12

CRÉDITO DE ICMS NA TRANSFERÊNCIA DE MERCADORIA ENTRE ESTABELECIMENTOS DE MESMA TITULARIDADE

A celeuma continua sobre o direito ao crédito de ICMS quando contribuinte realiza a transferência de mercadoria entre estabelecimentos de mesma titularidade sem a incidência do imposto e nesse caso devem ser estornados os créditos.

Desde a Súmula 166 do STJ, editada em 14.08.1996, dispondo que “Não constitui fato gerador do ICMS o simples deslocamento de mercadoria de um para outro estabelecimento do mesmo contribuinte”, muitos contribuintes, que tinham decisão judicial nesse sentido e estavam aproveitando na operação de transferência de mercadorias entre seus estabelecimentos, eram notificados pelas Secretarias das Fazendas Estaduais para responder se estavam estornando os créditos de ICMS referentes às mercadorias transferidas.

A questão ficou mais forte quando o Supremo Tribunal Federal, no julgamento do Agravo no Recurso

Extraordinário nº 1255885, com repercussão geral reconhecida – Tema 1099, fixou a tese confirmando o entendimento pretérito que "Não incide ICMS no deslocamento de bens de um estabelecimento para outro do mesmo contribuinte localizados em estados distintos, visto não haver a transferência da titularidade ou a realização de ato de mercancia".

Ao fixar a tese que não incide ICMS nas transferências de mercadorias entre estabelecimentos de mesma titularidade, trouxe muitos reflexos para os contribuintes e aos fiscos estaduais, em especial se o contribuinte deve estornar os créditos de ICMS das mercadorias que foram deslocadas para outro estabelecimento de mesma titularidade ou tem direito à manutenção e aproveitamento dos créditos pelo princípio da não cumulatividade.

Essa questão já era para estar resolvida desde o início da exigência do ICMS com fundamento na Constituição Federal de 1988, tendo em vista que o Supremo Tribunal Federal já tinha o posicionamento, desde a época do antigo ICM, da não incidência do imposto sobre a transferência de mercadoria entre estabelecimentos de mesma titularidade ou nas palavras do Pleno do STF, em 3/12/75, no julgamento dos Embargos de Divergência no Recurso Extraordinário nº 75.026/RS, Relator para o acórdão Ministro Aliomar Baleeiro, que entendia que o ICM pressupunha "negócio jurídico, que transfira o domínio da coisa duma para outra pessoa. Os estabelecimentos da mesma Empresa são uma só pessoa", conforme ementa abaixo transcrita:

> Ementa: - ICM. Para sua incidência não basta o simples deslocamento físico da mercadoria do estabelecimento comercial, industrial ou produtor. Faz-se mister que a saída importe num negócio jurídico ou operação econômica.
>
> Embargos conhecidos e recebidos.

A jurisprudência já era pacífica, bastava os entes políticos, com competência tributária para instituir ICMS, respeitá-la, não exigir o imposto sobre a transferência de mercadorias entre estabelecimentos de mesmo titular e já disciplinar a sistemática do aproveitamento dos créditos do imposto nessa situação. Contudo, preferiram contrariar a hipótese tributária constitucional do ICMS-mercadoria e a jurisprudência pacífica dos Tribunais Superiores, trazendo transtorno e insegurança jurídica para os contribuintes e ao mercado.

Passados quase 50 anos, ainda estamos discutindo a celeuma do crédito do ICMS nessas operações de transferência, devido à indisposição das Unidades Federativas em regulamentar a situação da melhor forma para os contribuintes.

A Constituição Federal confere aos Estados e ao Distrito Federal, em seu art. 155, II, a competência para instituir o imposto sobre operações relativas à circulação de mercadorias e sobre prestações de serviços de transporte interestadual e intermunicipal e de comunicação, ainda que as operações e as prestações se iniciem no exterior – ICMS.

Neste presente estudo, somente interessa o ICMS como o imposto que incide sobre operações de circulação de mercadorias ou operações mercantis (sucessor do antigo ICM), nos termos do art. 155, inc. II, da Constituição Federal, que tem como critério material da sua regra-matriz de incidência realizar operações de circulação de mercadorias.

Tratando do ICMS apenas como o imposto que incide sobre operações de circulação de mercadorias, ou operações mercantis, nos termos do art. 155, inc. II, da Constituição Federal, "compete aos estados e ao Distrito Federal instituir impostos sobre operações relativas à circulação de mercadorias, ainda que as operações se iniciem no exterior", tem-se como critério material da sua regra-matriz de incidência realizar operações de circulação de mercadorias.

O art. 155, inc. II, da CF, ao estabelecer que o ICMS incide sobre operações relativas à circulação de mercadorias, determina qual hipótese de incidência e as circunstâncias que as normas ordinárias deverão respeitar para guardar relação de pertinência com a norma básica e serem, consequentemente, consideradas válidas.

Analisando a regra-matriz ou arquétipo tributário do ICMS traçado pela Constituição Federal, quando determina que o imposto incide sobre operações relativas à circulação de mercadorias, não tenho dúvidas que institui como critério material (o núcleo da hipótese de incidência) realizar operações mercantis.

Ora, operações de circulação de mercadorias nada mais são do que realizar atos de comércio, mercancia com bens ou objetos. O termo mercadoria vem do Direito Comercial, como sendo bem destinado ao ato de comércio e circulação de mercadoria, ou seja, seria no sentido de transferência do bem através de ato mercantil, negócio jurídico em que ocorre a mudança da propriedade devido à mercancia.

Estabelecer que o critério material da hipótese de incidência do ICMS é realizar operações mercantis advém justamente do termo mercadoria, pois somente é considerada mercadoria a coisa móvel destinada ao comércio.

A hipótese de incidência do ICMS prevê como materialidade a operação jurídica (ato jurídico mercantil), cujo objeto seja uma mercadoria, quando praticada por produtor, comerciante ou industrial que promove a circulação com transferência de propriedade e o que diferencia o bem móvel (gênero) de mercadoria (espécie) para fins de incidência do ICMS é a destinação comercial dada a ele.

Portanto, o critério material da regra-matriz de incidência tributária do ICMS é realizar operações mercantis, pois quando está prescrito operações de circulação de mercadorias, nada mais é do que praticar atos de comércio com bens destinados à venda e revenda, onde ocorra transferência de titularidade da mercadoria, entre o comprador e o vendedor.

A transferência da titularidade da mercadoria pode ser real, através da saída do estabelecimento vendedor e a entrada no comprador, como simbólica, que tem como suporte físico apenas a documentação que garante a operação jurídica.

No entanto, apesar de a Constituição Federal estabelecer claramente a hipótese de incidência tributária do ICMS sobre operações de circulação de mercadorias que já vinha do antigo ICM e era pacificado pela jurisprudência, o legislador infraconstitucional elegeu situações diversas como hipótese de incidência do imposto, desrespeitando seu arquétipo tributário constitucional, como exemplo o disposto no inc. I. do art. 12 da Lei Complementar n° 87/96, estabelecendo que "considera-se ocorrido o fato gerador do imposto no momento da saída de mercadoria de estabelecimento de contribuinte, ainda que para outro estabelecimento do mesmo titular".

O fato de considerarem a simples saída de um bem, como hipótese de incidência do ICMS, ou elegerem como critério material da regra-matriz de incidência realizar saída de "mercadoria" é por interpretarem isoladamente o vocábulo "circulação", considerando como movimentação, algo semelhante, ou dando maior ênfase a este vocábulo em relação aos outros dois.

Por isso, é importante realizar uma interpretação sistemática, principiológica e buscando a unidade mínima e irredutível da mensagem deôntica da norma, para evitar as ambiguidades e vaguidades.

Respeitando o mínimo de conteúdo semântico que contém o texto prescritivo, "realizar operações de circulação de mercadorias", sempre se chegará à interpretação jurídica mais legítima e mais fiel às determinações do direito constitucional posto e que somente podem ser consideradas como hipóteses de incidência do ICMS as práticas de operações mercantis, evitando assim situações totalmente díspares ao arquétipo constitucional do tributo estabelecido.

Portanto, as controvérsias estabelecidas pela legislação do ICMS surgem muitas vezes por desrespeito à regra-matriz de incidência tributária prevista na Constituição Federal, que estabelece como critério material realizar operações mercantis, e se fosse respeitada a unidade mínima irredutível deste comando, dentro do contexto do imposto, estariam pacíficas as discussões sobre a transferência de "mercadorias" (estoque) entre filiais de uma mesma empresa, restando claro que não é fato jurídico tributável.

Neste sentido, pacificou o Supremo Tribunal Federal no julgamento do Recurso Extraordinário (ARE) 1.255.885, com repercussão geral – Tema 1.099, que não incide ICMS nos casos em que a circulação da mercadoria não tiver caráter mercantil e transferência de titularidade, conforme ementa abaixo vazada:

> Recurso extraordinário com agravo. Direito Tributário. Imposto Sobre Circulação de Mercadorias e Serviços (ICMS). Deslocamento de mercadorias. Estabelecimentos de mesma titularidade localizados em unidades federadas distintas. Ausência de transferência de propriedade ou ato mercantil. Circulação jurídica de mercadoria. Existência de matéria constitucional e de repercussão geral. Reafirmação da jurisprudência da Corte sobre o tema. Agravo provido para conhecer em parte do recurso extraordinário e, na parte conhecida, dar-lhe provimento de modo a conceder a segurança. Firmada a seguinte tese de repercussão

> geral: Não incide ICMS no deslocamento de bens de um estabelecimento para outro do mesmo contribuinte localizados em estados distintos, visto não haver a transferência da titularidade ou a realização de ato de mercancia.

Portanto, o Supremo Tribunal Federal declarou inconstitucional o art. 12, I, da Lei Complementar 87/96, que impede as Unidades da Federação de exigirem ICMS sobre a transferência de mercadorias entre estabelecimentos do mesmo titular.

Ao julgar a Ação Declaratória de Constitucionalidade - ADC nº 49, proposta pelo Governador do Estado do Rio Grande do Norte, o STF declarou inconstitucionais os arts. 11, § 3º, inciso II, 12, inciso I e 13, § 4º da Lei Complementar nº 87/96, artigos estes que fundamentavam a exigência do ICMS sobre transferência de mercadorias entre estabelecimentos de mesma titularidade, "verbis":

> DIREITO CONSTITUCIONAL E TRIBUTÁRIO. AÇÃO DECLARATÓRIA DE CONSTITUCIONALIDADE. ICMS. DESLOCAMENTO FÍSICO DE BENS DE UM ESTABELECIMENTO PARA OUTRO DE MESMA TITULARIDADE. INEXISTÊNCIA DE FATO GERADOR. PRECEDENTES DA CORTE. NECESSIDADE DE OPERAÇÃO JURÍDICA COM TRAMITAÇÃO DE POSSE E PROPRIDADE DE BENS. AÇÃO JULGADA IMPROCEDENTE.
>
> 1. Enquanto o diploma em análise dispõe que incide o ICMS na saída de mercadoria para estabelecimento localizado em outro Estado, pertencente ao mesmo titular, o Judiciário possui entendimento no sentido de não incidência, situação esta que exemplifica, de pronto, evidente insegurança jurídica na seara tributária. Estão cumpridas, portanto, as exigências previstas pela Lei n. 9.868/1999 para processamento e julgamento da presente ADC.
>
> 2. O deslocamento de mercadorias entre estabelecimentos do mesmo titular não configura fato gerador da incidência de ICMS, ainda que se trate de circulação interestadual. Precedentes.
>
> 3. A hipótese de incidência do tributo é a operação jurídica praticada por comerciante que acarrete circulação de mercadoria e transmissão de sua titularidade ao consumidor final.

> 4. Ação declaratória julgada improcedente, declarando a inconstitucionalidade dos artigos 11, §3°, II, 12, I, no trecho "ainda que para outro estabelecimento do mesmo titular", e 13, §4°, da Lei Complementar Federal n. 87, de 13 de setembro de 1996.

As Unidades Federativas já fiscalizavam as empresas, que tinham decisões favoráveis que as desobrigavam de recolher o ICMS sobre transferências de mercadorias entre seus estabelecimentos, se estavam estornando os créditos do imposto, agora diante da tese firmada pelo Supremo Tribunal Federal, que não incide ICMS sobre transferência de mercadorias entre estabelecimentos de mesma titularidade, essa questão ganhou maior relevância: se deve o contribuinte estornar os créditos do imposto referentes às mercadorias, que posteriormente foram remetidas para outro estabelecimento de mesma titularidade, tendo em vista que o STF declarou inconstitucional a incidência do imposto em tal operação e com isto poderia entrar na regra da alínea "b" do inciso II do § 2° do art. 155 da Constituição Federal.

Tal celeuma não devia existir, basta respeitar conceitos já há muitos anos sedimentados no direito brasileiro e toda questão já estaria resolvida trazendo segurança jurídica ao sistema, para todos e garantindo o direito ao crédito de ICMS por ser legítimo, porém, insiste o erário público em inventar situações e interpretações nebulosas para dificultar a vida dos contribuintes. Poderia agir em consonância com o direito e buscar promover o bom relacionamento entre o fisco e o contribuinte.

A base da discussão surge em razão que o direito ao crédito de ICMS advém do princípio da não cumulatividade do imposto, previsto no art. 155, § 2°, da Constituição Federal, que estabelece que saídas de mercadorias em que não incidem o imposto acarretam a anulação dos respectivos créditos de ICMS das entradas das mesmas mercadorias e não incidência do imposto não gera direito ao crédito de ICMS.

O princípio da não cumulatividade é uma norma jurídica com forte conteúdo axiológico advindo de interesses econômicos para não elevar o custo da cadeia produtiva, não onerar as mercadorias e os serviços para o consumidor final.

Disciplinam os incisos I e II do § 2º do art. 155 da CF sobre o princípio da não cumulatividade do ICMS, dispondo, no inc. I, que o imposto "será não cumulativo, compensando-se o que for devido em cada operação relativa à circulação de mercadorias ou prestação de serviços com o montante cobrado nas anteriores pelo mesmo ou outro Estado ou pelo Distrito Federal".

A norma constitucional utiliza a expressão "montante cobrado nas operações anteriores pelo mesmo ou outro Estado" como se fosse condição para aplicabilidade do princípio da não cumulatividade, que o fornecedor das mercadorias e serviços sujeitos ao ICMS tenham recolhido o imposto ou que a Fazenda Estadual tenha cobrado, para que o adquirente possa tomar o crédito para abater do débito do imposto.

O princípio constitucional da não cumulatividade assegura ao contribuinte o direito de abatimento do imposto que incidiu na aquisição das mercadorias ou prestações de serviços de transportes interestadual e intermunicipal ou de comunicação com o imposto devido nas operações ou prestações de serviços realizadas pelo sujeito passivo do imposto.

A norma constitucional garante ao Contribuinte o direito de creditar-se do montante do imposto que incidiu nas operações anteriores com o montante devido nas operações posteriores ou futuras.

Portanto, a não cumulatividade cria a sistemática de compensação do ICMS que o contribuinte pode (direito subjetivo) compensar o montante do imposto que incidiu nas operações anteriores com o ICMS devido nas operações e prestações de serviços posteriores.

É um direito subjetivo do contribuinte exercer a não cumulatividade na apuração do ICMS, tendo em vista que a forma de extinção principal do crédito tributário devido pelo contribuinte é o pagamento em moeda, conforme determina o art. 3º c/c com o art. 156, I, ambos do CTN, mas o contribuinte do ICMS tem a faculdade de saldar o seu ICMS devido com os créditos referentes à aquisição de mercadorias ou serviços sujeitos à incidência do imposto.

O Crédito do ICMS é uma moeda que o contribuinte pode utilizar para se debitar do imposto devido, utilizando sua escrita fiscal. Ou seja, o crédito de ICMS tem natureza monetária, porém apenas para "pagar", abater do ICMS devido pelo contribuinte.

Sendo assim, o princípio da não cumulatividade estabelece o método de apuração do imposto a pagar (o débito) em determinado período de apuração (geralmente mensal), concedendo ao contribuinte o direito de compensar o crédito advindo da entrada de mercadorias e serviços com o débito, sendo oponível ao fisco, quando apresentada esta sistemática pelo contribuinte nos termos da lei, quais sejam, através dos devidos registros contábeis, apuração do ICMS e o recolhimento da diferença apurada no prazo correspondente.

Desse modo, ao realizar a operação mercantil ou a prestação de serviço ocorre a incidência do ICMS, em que o sujeito passivo da obrigação tributária tem o dever de pagar o imposto, para depois o adquirente da mercadoria ou da prestação de serviço tenha o crédito do imposto, desde que seja contribuinte do tributo em epígrafe.

Posteriormente, quando o adquirente das mercadorias, insumos ou matérias-primas ou das prestações de serviços tributáveis pelo ICMS, realizar operações mercantis ou prestações de serviços sujeitas ao mesmo imposto, então surge o seu direito de realizar a compensação prevista pelo princípio da não cumulatividade ou o abatimento entre crédito e débito, para apurar o quanto tem a pagar a título de ICMS.

Tem-se, portanto, que do mesmo suporte fático surgem duas relações jurídicas, quais sejam, quando da realização da operação mercantil ou prestação de serviço tributável pelo ICMS, devidamente vertida em linguagem competente, surge a obrigação tributária que o fisco, como sujeito ativo, tem o direito subjetivo de exigir o imposto e o fornecedor ou prestador do serviço o dever de pagar, e também ocorre a relação jurídica do direito a crédito do adquirente da mercadoria ou do serviço, na qual este aparece como sujeito ativo com direito subjetivo de exigir a compensação de seus créditos com os seus débitos, e o Estado, de outro lado, como sujeito passivo tem a obrigação de aceitar.

Desse modo, temos dois momentos distintos no mesmo suporte fático; o primeiro é quando ocorre a incidência do ICMS, quando uma das quatro hipóteses de incidência do imposto é realizada no mundo fenomênico e vertida em linguagem competente, ou seja, quando realizada a operação mercantil ou a prestação de serviço de transporte estadual, intermunicipal, de comunicação ou a importação e o fornecedor ou importador verte em linguagem competente emitindo o documento fiscal (nota fiscal), ou o fisco verificando a ocorrência no mundo fenomênico realiza o lançamento. O segundo momento é o surgimento do crédito do ICMS, que ocorre quando o adquirente da mercadoria ou da prestação de serviço recebe o documento fiscal que prescreve a operação e escritura o documento nos livros contábeis, ou seja, ao receber a mercadoria com seu respectivo documento fiscal, adquire o direito subjetivo de lançá-lo em sua escrita fiscal e abater do imposto devido nas operações anteriores.

O terceiro momento é o direito ao crédito do imposto, da efetivação do encontro de contas, da compensação dos créditos de ICMS advindos das operações anteriores, com o montante devido nas posteriores, que ocorre no momento de apuração do imposto devido no exercício, realizando o abatimento dos créditos e débitos em conta gráfica e lançando em apuração. Tal momento também é conhecido como *creditamento*.

Esses três momentos do direito de crédito de ICMS, realização da operação mercantil, da prestação do serviço sujeito ao imposto ou importação de mercadorias ou serviços sujeitos ao imposto em tela (suporte fático), escrituração da nota fiscal de entrada nos seus livros de registros fiscais e, por fim, a apuração do imposto devido a realização do crédito e débito.

Resta indubitável que a norma que prescreve a incidência do ICMS não guarda relação com o princípio da não cumulatividade, pois quando ocorre a incidência do imposto, apenas surge a relação jurídica entre o sujeito ativo (Estado) e o passivo (contribuinte), onde o primeiro tem direito de exigir o crédito tributário e o segundo o dever de pagar, não se instaurando nessa relação jurídica o direito subjetivo do contribuinte ao crédito do ICMS.

O princípio da não cumulatividade somente opera e influencia o subsistema do ICMS no momento em que o contribuinte tem o direito subjetivo de lançar o crédito em sua escrita fiscal e o opor contra o Estado, surgindo uma nova relação jurídica em que o contribuinte passa a ser o sujeito ativo que tem o direito subjetivo de abater do imposto devido o montante do ICMS que incidiu na aquisição de mercadorias e serviços tributáveis pelo imposto e, de outro lado, o Estado passa a ser o sujeito passivo que tem o dever de acatar o abatimento e este momento ocorre na apuração do tributo.

Tanto é verdade que o momento de incidência do ICMS é um e o do direito de abater o crédito de ICMS é outro, que o direito subjetivo do contribuinte ao crédito do imposto não está instalado na regra-matriz do ICMS, uma vez que se estivesse, o crédito estaria atrelado à respectiva mercadoria ou mesmo ao serviço que o gerou.

Desta feita, os requisitos para o direito ao crédito de ICMS são que tenha ocorrido a incidência do imposto na operação ou prestação de serviço anterior, devidamente destacado em nota fiscal.

O destaque do ICMS na nota fiscal além de representar o quanto incidiu de imposto na operação ou prestação de serviço, também traduz o valor do crédito de ICMS a que o contribuinte tem direito, estabelecendo o outro requisito para o direito ao crédito do imposto.

Insta ressaltar que o ICMS é considerado um tributo indireto, em razão de que o seu encargo financeiro é repassado ou fica para o adquirente da mercadoria ou da prestação de serviço, sendo este o contribuinte de fato, e o comerciante, fornecedor ou prestador de serviço, o contribuinte de direito, o sujeito passivo do tributo eleito pela norma legal.

Característica dos impostos indiretos é que o ônus financeiro é transferido para terceiro da relação jurídico-tributária, o contribuinte, considerado sujeito passivo de direito, nomeado pela lei, transfere o encargo para outra pessoa, denominada contribuinte de fato.

Neste sentido, o art. 166 do Código Tributário Nacional define tributos indiretos e quem tem direito à restituição dos mesmos devido à característica de transferência do ônus financeiro do tributo para terceira pessoa, dispondo que "a restituição de tributos que comportem, por sua natureza, transferência do respectivo encargo financeiro somente será feita a quem prove haver assumido referido encargo, ou, no caso em tê-lo transferido a terceiro, estar por este expressamente autorizado a recebê-la".

Sendo assim, o ICMS é um tributo que claramente comporta a transferência do encargo financeiro, ao adquirente do produto ou do serviço e apesar de parte da doutrina entender que o conceito de contribuinte de fato e de direito ser irrelevante para o Direito, para o princípio da não cumulatividade é fundamental e de suma importância para a questão do direito ao crédito do ICMS.

O contribuinte de fato por assumir o encargo financeiro do ICMS, quando adquire mercadorias ou contrata serviços sujeitos ao imposto, por suportar este encargo, é quem tem direito ao crédito do ICMS, ou seja, para ter direito ao crédito, faz-se necessário arcar com ônus fiscal do imposto, repassando para o comerciante o valor do tributo que incidiu na operação, pouco importando se recolherá ou não para os cofres públicos o crédito tributário.

Por isso, objetivando a que o contribuinte tenha direito ao crédito do ICMS destacado na nota fiscal, faz-se necessário que este comprove que realizou a operação descrita na nota fiscal comprovando o seu efetivo pagamento.

São necessários três requisitos básicos para surgir o direito ao crédito do ICMS: primeiro, que ocorra uma operação mercantil ou prestação de serviço tributável pelo imposto, segundo, devidamente vertida em linguagem através da nota fiscal destacando o valor do imposto que incidiu na operação ou prestação de serviço, e terceiro, que o adquirente da mercadoria ou do serviço arque com o ônus financeiro do tributo e seja contribuinte do imposto.

O direito ao crédito começa a nascer quando o contribuinte de fato adquire mercadorias, insumos, matérias-primas ou serviços sujeitos ao ICMS, para que possa utilizar o crédito, como moeda escritural para abater do débito, quando de saída de mercadorias. Desse modo, tem-se que para ter direito ao creditamento do imposto destacado na nota fiscal, a ocorrência do crédito do ICMS, que surge quando o contribuinte adquire mercadorias, insumos, matérias-primas e/ou serviços tributáveis pelo imposto e arca com o encargo financeiro do tributo, devidamente destacado em nota fiscal.

Ocorrendo essas três situações, o contribuinte passa a ter o direito de escriturar o crédito do ICMS, sendo também o primeiro momento do princípio da não cumulatividade, que somente será efetivado no momento de apuração do ICMS e pagamento do imposto.

Apuração do ICMS é periódica, mensal e a não cumulatividade opera-se imposto sobre imposto; os impostos que o contribuinte como contribuinte de fato arcou com o ônus na entrada de mercadorias e/ou serviços com o imposto como sujeito passivo (contribuinte de direito) que incidiu sobre suas operações de saída. Com efeito, o creditamento somente se opera nessa fase de apuração e pagamento do ICMS devido no período.

Portanto, o princípio da não cumulatividade é uma garantia constitucional do contribuinte de ICMS; abater seus débitos do imposto com créditos do mesmo, sempre que nas operações e prestações anteriores ocorra a incidência do imposto, devidamente destacado em nota fiscal e o adquirente arque com o ônus financeiro deste, sendo uma norma jurídica de eficácia plena e aplicação imediata.

No entanto, o Supremo Tribunal Federal entendeu que a não cumulatividade é uma norma constitucional de eficácia contida, tanto que no julgamento do RE 601.967/RS, fixou a tese que "não viola o princípio da não cumulatividade (art. 155, § 2º, incisos I e XII, alínea "c", da CF/1988) lei complementar que prorroga a compensação de créditos de ICMS relativos a bens adquiridos para uso e consumo no próprio estabelecimento do contribuinte".

No voto vencedor proferido pelo E. Min Alexandre de Moraes, estabeleceu que o princípio da não cumulatividade do ICMS é uma norma constitucional de eficácia contida, cabendo à edição de lei complementar expor e estabelecer sobre esse direito.

O art. 19 da LC nº 87/96, ao dispor sobre a não cumulatividade, praticamente repete o disposto constitucional, estabelecendo que "o imposto é não cumulativo, compensando-se o que for devido em cada operação relativa à circulação de mercadorias ou prestação de serviços de transporte interestadual e intermunicipal e de comunicação com o montante cobrado nas anteriores pelo mesmo ou por outro Estado".

Por sua vez, o art. 20 da mesma legislação complementar estabelece que assegura o direito ao crédito de ICMS a entrada de mercadorias reais ou simbólicas, inclusive de materiais de uso ou consumo ou do ativo permanente.

Evidencia-se que pela legislação complementar que disciplina o ICMS, ocorrendo a entrada da mercadoria no estabelecimento do contribuinte, foi cobrado e destacado o imposto na operação anterior, tem esse contribuinte direito ao crédito de ICMS.

Assim, ao transferir mercadorias entre estabelecimentos de mesma titularidade, o estabelecimento recebedor da mercadoria, no momento que esse recebe a mercadoria e entra no seu estabelecimento acompanhada de nota fiscal com o ICMS destacado pelo emissor, faz jus ao crédito do imposto.

O contribuinte que recolher o ICMS em transferências de mercadorias entre estabelecimentos de mesma titularidade, garante ao recebedor da mercadoria o direito ao crédito do imposto para abater de seu débito.

O Contribuinte fornecedor da mercadoria para estabelecimento de mesma titularidade, com o advento da decisão do Supremo Tribunal Federal passou a ter a opção de destacar ou não o ICMS na nota fiscal sobre a operação, a partir do momento que optou pelo destaque, garante ao estabelecimento recebedor da mercadoria o direito ao crédito do imposto.

Portanto, as Unidades Federativas não podem exigir ICMS sobre transferência de mercadorias entre estabelecimentos de mesma titularidade, contudo, nos seus respectivos Regulamentos do imposto contêm previsões para o recolhimento do ICMS nessas transferências e estas normas não foram revogadas ou retiradas do sistema jurídico.

Com isso, diante das decisões do Supremo Tribunal Federal supracitadas criou-se um impedimento para os Estados e o Distrito Federal exigirem o ICMS sobre a transferência de mercadorias entre estabelecimentos do mesmo titular, no entanto gerou uma opção para os contribuintes.

Os contribuintes têm a faculdade de não recolher o ICMS sobre transferências de mercadorias entre estabelecimentos de mesma titularidade, tendo em vista que não podem as Fazendas Públicas exigir o imposto estadual nessa situação, bem como não podem deixar de aplicar os regulamentos do ICMS e impedir que o contribuinte destaque o ICMS na nota fiscal de transferência de mercadorias entre estabelecimentos de mesmo titular e recolha o tributo devido, uma vez que as normas previstas nos RICMS estaduais estão válidas e vigentes.

As Fazendas Públicas Estaduais exigiam o ICMS sobre transferência de mercadorias entre estabelecimentos de mesma titularidade, tendo como um dos fundamentos a determinação do art. 11, § 3º, II da Lei Complementar 87/96, que estabelecia que cada estabelecimento do mesmo titular é autônomo para fins de recolhimento do ICMS.

O art. 11, § 3º, II, da Lei Complementar 87/96 determinava o princípio da autonomia dos estabelecimentos para fins de incidência, responsabilidade e recolhimento do ICMS.

Ocorre que, conforme já citado, o Supremo Tribunal Federal, no julgamento da ADC nº 49, declarou inconstitucional o art. 11, § 3º, II, da Lei Complementar 87/96, consequentemente os estabelecimentos do mesmo titular não são autônomos e sim, considera-se que existe apenas uma pessoa jurídica responsável pelo ICMS. Não existe mais a independência e autonomia dos estabelecimentos, acabou o princípio da autonomia dos estabelecimentos para fins de ICMS.

O voto do relator da ADC nº 49, Ministro Edison Fachin, para fundamentar a inconstitucionalidade do art. 11, § 3º, II, da Lei Complementar 87/96, deixa claro que a Suprema Corte entende que a transferência de mercadoria entre estabelecimentos de mesma titularidade é um mero deslocamento de mercadorias, pois se trata de um contribuinte apenas, ou seja, mesmo contribuinte e com isso, seria um mero deslocamento entre seus estabelecimentos, conforme se pode observar em trecho do voto ao citar a decisão proferida no ARE 756.636 AgR, Relator Ministro Dias Toffoli, Primeira Turma, "in verbis":

> A Corte tem-se posicionado no sentido de que o mero deslocamento de mercadorias entre estabelecimentos comerciais do mesmo titular não caracteriza fato gerador do ICMS, ainda que estejam localizados em diferentes unidades federativas.

Aliás, esse entendimento já é antigo, conforme citado pelo Ministro Edison Fachin em seu voto na ADC nº 49, dispondo que "Não é outra compreensão deste Supremo Tribunal Federal desde os tempos em que vigia o ICM, predecessor do atual ICMS. No julgamento do RE 75.026/RS-EDv, Tribunal Pleno, por exemplo, referiu o Ministro Aliomar Baleeiro que aquele imposto pressupunha "negócio jurídico que [transferisse] o domínio da coisa duma para outra pessoa" (grifei) e que era impossível sua cobrança em razão de movimentação da mercadoria entre estabelecimentos da mesma Empresa, em razão de eles serem da mesma pessoa. Ainda nesse sentido: RE 93.523/AM, Segunda Turma, Relator o Ministro Cordeiro Guerra, DJ de 24/9/82".

No voto do relator do citado RE 93.523/AM, Ministro Cordeiro Guerra, restou consignado entendimento que:

> Em plenário decidiu esta Corte:
>
> "Não basta simples deslocamento físico da mercadoria do estabelecimento. Faz-se mister que a saída importe num negócio jurídico ou operação econômica." (ERE 75.026 – idem)
>
> (...)
>
> O simples deslocamento físico da mercadoria, sem circulação econômica ou jurídica não legítima a incidência do ICM.

Sendo assim, quando há transferência de mercadorias entre estabelecimentos de mesmo titular, o que ocorre é um mero deslocamento de mercadorias, como se removesse a mercadoria de um galpão para levar para outro de mesmo titular, do mesmo proprietário. Portanto, não há a saída da mercadoria do contribuinte. A mercadoria continua com o contribuinte e não perde a propriedade do bem em comento, por isso não se trata de hipótese de incidência de ICMS, bem como também não é hipótese de não incidência ou isenção do ICMS, tendo em vista que, ressalta-se, não há a saída da mercadoria do contribuinte ou da pessoa jurídica.

Como esclareceu o próprio STF, trata-se apenas de um mero deslocamento de mercadorias, não ocorre a saída da mercadoria do contribuinte, e sim um mera locomoção de um bem de um lugar para o outro, desse modo, a mercadoria não saiu do contribuinte e consequentemente este não é obrigado a estornar os créditos de ICMS advindos da entrada da mercadoria deslocada para outro estabelecimento de sua propriedade, tendo em vista que somente precisa estornar os créditos de ICMS advindos das entradas de mercadorias se a operação mercantil posteriormente realizada for isenta de ICMS ou se for caso de não incidência do imposto, conforme estabelece o artigo 155, § 2º, inc. II, "b", da CF.

Como não existe mais o princípio da autonomia dos estabelecimentos, a transferência de mercadorias ou o mero deslocamento de mercadorias entre estabelecimentos do mesmo titular, não ocorre a saída da mercadoria do contribuinte, por isso não há que se falar em hipótese de não incidência de ICMS nesse momento e consequentemente em anulação do crédito do imposto relativo às operações anteriores.

A mercadoria precisa sair do contribuinte e ir para estabelecimento de outro contribuinte, para que seja verificado se ocorreu a incidência, não incidência ou isenção do ICMS e consequentemente verificar se é o caso de anulação dos créditos do imposto referente à entrada da mercadoria ou não.

Para que se verifique a hipótese de anulação do crédito da operação anterior prevista na alínea "b" do inciso II do § 2º do art. 155 da Constituição Federal é importante que a saída subsequente importe num negócio jurídico ou operação econômica.

As transferências internas de mercadorias entre os estabelecimentos do mesmo contribuinte são meros deslocamentos de mercadorias, deslocamentos físicos, não há mudança de propriedade, não há saída de mercadorias, portanto não entra nas hipóteses constitucionais de anulação do crédito de ICMS referente às operações anteriores.

Nesse sentido, já decidiu o Supremo Tribunal Federal no julgamento do Recurso Extraordinário nº 1.141.756, com reconhecimento de repercussão geral, fixando o Tema nº 1.052: "Observadas as balizas da Lei Complementar nº 87/1996, é constitucional o creditamento de Imposto sobre

Operações relativas à Circulação de Mercadorias - ICMS cobrado na entrada, por prestadora de serviço de telefonia móvel, considerado aparelho celular posteriormente cedido mediante comodato".

O STF, no julgamento em comento, entendeu que nas operações de comodato, como não são propriamente operações de circulação de mercadorias com cunho mercantil, pois não ocorre a transferência de propriedade e com isso não precisa o contribuinte cancelar os créditos de ICMS referentes às aquisições dos celulares, no caso as operadoras de telefonia móvel, conforme ementa abaixo vazada:

> ICMS - CREDITAMENTO - EMPRESA PRESTADORA DE SERVIÇOS DE TELEFONIA MÓVEL - APARELHO CELULAR - CESSÃO EM COMODATO - POSSIBILIDADE. Observadas as balizas da Lei Complementar nº 87/1996, é constitucional o creditamento de Imposto sobre Operações relativas à Circulação de Mercadorias - ICMS cobrado na entrada, por prestadora de serviço de telefonia móvel, considerado aparelho celular posteriormente cedido, mediante comodato.

Justamente a situação em tela, na transferência de mercadorias entre estabelecimentos de mesma titularidade não ocorreu a mudança de propriedade das mercadorias como na operação de cessão de bens em comodato, que não ocorre a transferência da propriedade, não há a saída da mercadoria para fins de operação de circulação com mudança de propriedade, apenas o empréstimo do bem cedido para o cliente. Não se confundindo com as operações de isenção e não incidência de ICMS que acarretam a anulação dos créditos de ICMS das operações anteriores, créditos esses advindos das entradas das mercadorias, conforme decisão do Supremo Tribunal Federal.

Nota-se que, o contribuinte, ao dar saída de mercadoria em operação que não incide o ICMS ou isenta do imposto, é obrigado pela Constituição Federal a estornar os créditos referentes à aquisição dessa mercadoria.

Contudo, quando a operação posterior da mercadoria do contribuinte não for uma situação sujeita à mudança de propriedade, inexistindo etapa posterior a integrar a cadeia produtiva e de transferência de produto ao consumidor final, não acarreta anulação dos créditos de ICMS da entrada da mercadoria, consoante voto do Ministro Relator Marco Aurélio, "in verbis":

> Considerado o teor do verbete nº 573 da Súmula do Supremo 1, a saída física de máquinas, utensílios e implementos, a título de comodato, não constitui fato gerador de ICMS. Inexiste etapa a integrar as sucessivas transferências do produtor ao consumidor. Ausente operação de saída, descabe cogitar de situação reveladora de exoneração tributária – isenção ou não incidência –, a fim de impedir-se o aproveitamento dos créditos, conforme as balizas versadas no preceito. Ainda que cedidos para uso, os aparelhos celulares permanecem no patrimônio da pessoa jurídica, na condição de destinatária final. Daí que o direito ao crédito deve ser aferido à luz da incorporação dos bens ao ativo imobilizado.

Desse modo, a simples transferência de mercadorias entre estabelecimentos de mesma titularidade não se trata de operação a integrar a sucessivas saídas de transferência do produto ao consumidor, portanto, não precisam ser cancelados os créditos tributários referentes às respectivas entradas dessas mercadorias, em razão de que as mercadorias continuam no patrimônio da pessoa jurídica.

Como o Supremo Tribunal Federal fixou que a transferência de mercadorias entre estabelecimentos de mesma titularidade não se caracteriza como hipótese de não incidência ou isenção do ICMS, o contribuinte não entra na situação de vedação ao crédito prevista no § 1º do art. 20 da Lei Complementar nº 87/96, que estabelece que "não dão direito a crédito as entradas de mercadorias ou utilização de serviços resultantes de operações ou prestações isentas ou não tributadas, ou que se refiram a mercadorias ou serviços alheios à atividade do estabelecimento."

O Contribuinte tem assim direito ao crédito de ICMS, consequentemente, o estabelecimento da pessoa jurídica de direito privado ou do mesmo contribuinte que recebe a mercadoria dar entrada na mercadoria com o destaque do ICMS na nota fiscal de recebimento, para fins de controle da mercadoria, do crédito do imposto e do princípio da não cumulatividade, que tem com um dos seus objetivos manter a neutralidade fiscal e também nos termos do art. 25 da LC nº 87/96.

Apesar de ser um contribuinte ou uma pessoa jurídica apenas (o Supremo Tribunal Federal considerou inconstitucional o princípio da autonomia dos estabelecimentos) e a mercadoria ao ser transferida para outro estabelecimento de mesma titularidade não sai da propriedade da pessoa jurídica, o estabelecimento da contribuinte que realizar a operação mercantil será o responsável pelo recolhimento do ICMS. Sendo apenas uma empresa, pouco importa se a mercadoria entrou por uma filial e saiu pela matriz ou vice-versa, onde a mercadoria for dentro da empresa o crédito deve ir atrás para evitar o efeito cascata do imposto na venda da mercadoria e em respeito ao princípio da neutralidade fiscal.

No julgamento da ADC nº 49, o Supremo Tribunal Federal julgou inconstitucional o princípio da autonomia dos estabelecimentos do mesmo titular, previsto no art. 11, § 3º, II da Lei Complementar nº 87/96, para fins de incidência de ICMS sobre transferência de mercadoria entre estabelecimentos de mesma titularidade.

No entanto, cada estabelecimento do mesmo contribuinte ainda tem suas responsabilidades tributárias, como a apuração dos créditos e débitos de ICMS, conforme disposto no art. 25 da LC nº 87/96.

Portanto, os estabelecimentos do mesmo contribuinte ainda têm autonomia relativa para fins de apuração e controle do ICMS. Desta feita, se o estabelecimento que adquiriu a mercadoria, ao deslocar essa mesma mercadoria para outro estabelecimento do mesmo contribuinte não transferir conjuntamente com o respectivo crédito de ICMS, a pessoa jurídica terá seu direito ao crédito do imposto desrespeitado, pois foi cobrado o ICMS na operação anterior e com isso pode ser debitado da posterior, em respeito ao princípio da não cumulatividade e da neutralidade fiscal.

Sendo ICMS um tributo sobre o consumo que tem como natureza jurídica ser um imposto indireto, tendo em vista que seu encargo financeiro é repassado ou fica para o adquirente da mercadoria ou da prestação de serviço sujeita ao imposto, tentando causar uma neutralidade fiscal em toda cadeia produtiva, para que o produto chegue ao consumidor final mais desonerado produto e com um custo menor possível.

Ressalta-se, uma característica dos impostos indiretos é que o ônus financeiro é repassado para terceiro da relação jurídico-tributária, no caso, o consumidor final que arcar com todo ônus financeiro do tributo que incidiu em todas as etapas da cadeia produtiva. O princípio da não cumulatividade objetiva desonerar a cadeia produtiva e diminuir o ônus financeiro repassado para o consumidor final, sendo o ICMS um tributo que claramente comporta a transferência do encargo financeiro, ao adquirente do produto, para o princípio da não cumulatividade é fundamental e de suma importância o direito ao crédito do ICMS.

Assim, a mercadoria adquirida pelo contribuinte com ICMS destacado na nota fiscal, para onde ela for deslocada ou transferida entre os estabelecimentos da pessoa jurídica o crédito irá atrás ou em conjunto.

Se a mercadoria for transferida entre estabelecimentos do mesmo contribuinte sem o destaque de ICMS da nota fiscal que irá acompanhar a transferência da mercadoria, poderá ocorrer um aumento indevido no ônus financeiro do imposto, em razão de que se a mercadoria entrar no estabelecimento desacompanhada de seu crédito de ICMS, o contribuinte indevidamente recolherá o imposto cheio, sem o direito de abater com o seu respectivo crédito, ferindo assim o princípio da não cumulatividade.

Como o contribuinte ao adquirir a mercadoria com a incidência do imposto tem direito ao crédito de ICMS destacado na nota fiscal, ao deslocar a mercadoria entre seus estabelecimentos não ocorrer com a transferência do respectivo do imposto, quando vender a mercadoria estará tendo um prejuízo fiscal, aumentando o custo da mercadoria e repassando maior ônus financeiro para o consumidor final desrespeitando assim o princípio da não cumulatividade.

O princípio da não cumulatividade objetiva também proteger o princípio da neutralidade fiscal, inerente aos tributos que incidem sobre o consumo e advém dos primados da livre-iniciativa e da livre-concorrência previstos no art. 170, IV e parágrafo único, da Constituição Federal.

O Supremo Tribunal Federal comunga com o mesmo entendimento que o princípio da não cumulatividade protege o valor da neutralidade fiscal, conforme se pode observar no já citado voto do Ministro Marco Aurélio, no julgamento do Recurso Extraordinário nº 1.141.756, que em trecho do voto estabelece que o direito ao crédito de ICMS busca a neutralidade fiscal na cadeia produtiva, "in verbis":

> O enfoque sinaliza não exaurido, pelo constituinte de 1988, o alcance da não cumulatividade, ensejando campo à regulamentação via lei complementar, observada a moldura delineada no texto constitucional. Ao exercê-la, o legislador buscou prestigiar a neutralidade fiscal na cadeia de produção, adotando o critério do crédito financeiro em vez do físico, nos termos do artigo 20 da Lei de regência: Art. 20. Para a compensação a que se refere o artigo anterior, é assegurado ao sujeito passivo o direito de

> creditar-se do imposto anteriormente cobrado em operações de que tenha resultado a entrada de mercadoria, real ou simbólica, no estabelecimento, inclusive a destinada ao seu uso ou consumo ou ao ativo permanente, ou o recebimento de serviços de transporte interestadual e intermunicipal ou de comunicação.

O princípio da neutralidade fiscal busca que o impacto tributário, no setor econômico e produtivo, não pode ser decisivo para que o contribuinte tome as decisões da sua atividade empresarial. O tributo tem que ser o mais neutro possível na cadeia produtiva, para que não influencie o mercado, a livre-iniciativa e a livre-concorrência. Pela neutralidade fiscal, não pode a carga tributária interferir nas decisões administrativas e econômicas da sua atividade empresarial.

A neutralidade fiscal no ICMS ocorre através do princípio da não cumulatividade e o direito ao crédito do imposto, se ocorrer a restrição do direito ao crédito de ICMS na transferência de mercadoria entre estabelecimentos do mesmo titular, o contribuinte terá dificuldades em tomar decisão na transferência da mercadoria e deslocamento entre seus estabelecimentos e por qual realizará a operação mercantil.

Mais um motivo para que na transferência de mercadorias entre estabelecimentos de mesma titularidade, deve a mercadoria ser acompanhada com nota fiscal, com a finalidade de que sejam respeitados os princípios da não cumulatividade, da neutralidade fiscal e as determinações do art. 20 da Lei Complementar nº 87/96.

Quanto à transferência de mercadorias entre estabelecimentos de mesma titularidade dentro da própria Unidade Federativa ou transferência interna é fácil resolver a questão, pois basta o contribuinte optar pela apuração centralizada do ICMS, a questão fica para a transferência de mercadorias entre estabelecimentos do mesmo titular interestadual, conforme apontado, a única questão que não pode ocorrer é o estorno ou anulação do crédito do imposto referente à entrada da mercadoria posteriormente transferida.

Basta os Estados e o Distrito Federal regulamentarem a transferência dos créditos de ICMS nas transferências de mercadorias entre estabelecimentos de mesma titularidade, o que deveriam ter feito desde a instituição do ICMS.

Portanto, para fins de crédito de ICMS, o Supremo Tribunal Federal, ao declarar que não incide ICMS sobre a transferência de bens entre estabelecimentos de mesma titularidade, não entrou na situação prevista no art. 155, § 2º, II, alínea "a" da CF, tendo em vista que considerou no julgamento que se trata de simples deslocamento da mercadoria dentro do próprio contribuinte, que não ocorre a saída da mercadoria e mudança de propriedade para fins tributários, com efeito não há uma operação posterior e consequentemente não acarreta a anulação do crédito de ICMS referente à mercadoria transferida.

Tem assim o contribuinte o direito da manutenção do crédito de ICMS quando transfere mercadorias entre seus próprios estabelecimentos, devendo o crédito do imposto acompanhar o deslocamento da mercadoria dentro da empresa, e assim essa pode utilizá-lo para abater dos débitos do próprio imposto, em respeito ao princípio da não cumulatividade e da neutralidade fiscal.

No final da conclusão dessa edição do livro, o Supremo Tribunal Federal concluiu o julgamento dos Embargos de Declaração opostos na ADC nº 49 e reconhecei o direito de manutenção e transferência dos créditos de ICMS, mas modulou os efeitos da decisão a partir do exercício financeiro de 2020, conforme decisão do julgamento, *"verbis"*:

> Decisão: O Tribunal, por maioria, julgou procedentes os presentes embargos para modular os efeitos da decisão a fim de que tenha eficácia pró-futuro a partir do exercício financeiro de 2024, ressalvados os processos administrativos e judiciais pendentes

de conclusão até a data de publicação da ata de julgamento da decisão de mérito, e, exaurido o prazo sem que os Estados disciplinem a transferência de créditos de ICMS entre estabelecimentos de mesmo titular, fica reconhecido o direito dos sujeitos passivos de transferirem tais créditos, concluindo, ao final, por conhecer dos embargos e dar-lhes parcial provimento para declarar a inconstitucionalidade parcial, sem redução de texto, do art. 11, § 3º, II, da Lei Complementar nº 87/1996, excluindo do seu âmbito de incidência apenas a hipótese de cobrança do ICMS sobre as transferências de mercadorias entre estabelecimentos de mesmo titular. Tudo nos termos do voto do Relator, vencidos, em parte, os Ministros Dias Toffoli (ausente ocasional).

13

PRECATÓRIOS COMO CRÉDITO PARA COMPENSAR COM O ICMS

Estabelece o art. 100 da Constituição Federal, com redação dada pela Emenda Constitucional nº 62/2009, que "os pagamentos devidos pelas Fazendas Públicas Federal, Estaduais, Distrital e Municipais, em virtude de sentença judiciária, far-se-ão exclusivamente na ordem cronológica de apresentação dos precatórios e à conta dos créditos respectivos, proibida a designação de casos ou de pessoas nas dotações orçamentárias e nos créditos adicionais abertos para este fim".

Precatórios são ordem judiciais para pagamento dos débitos dos entes políticos, advindos de condenações de sentenças judiciais, transitadas em julgado, conforme disposto no art. 100 da Constituição Federal, assim são créditos líquidos e certos, dos sujeitos de direito contra as Fazendas Públicas.

Segundo Gustavo Bachega "*precatórios são requisições de pagamento expedidas pelo Poder Judiciário para cobrar de Municípios, Estados e da União Federal, assim como de suas autarquias e fundações, o pagamento de valores devidos após condenação judicial definitiva"*[36].

E continua: *"se fosse "traduzir" precatório numa única frase, diria que é o reconhecimento judicial de uma dívida que a Fazenda Pública tem com o autor da ação judicial, seja ele pessoa física ou jurídica".*[37]

A Emenda Constitucional nº 113/2021, deu nova redação ao § 11 do art. 100 da Carta Magna instituindo que a possibilidade do credor de algum ente político, compensar precatório próprio ou de terceiros para quitação de débitos inscritos em dívida ativa ou parcelado com esse ente, nos termos da lei do ente federativo:

> § 11. É facultada ao credor, conforme estabelecido em lei do ente federativo devedor, com autoaplicabilidade para a União, a oferta de créditos líquidos e certos que originalmente lhe são próprios ou adquiridos de terceiros reconhecidos pelo ente federativo ou por decisão judicial transitada em julgado para:
>
> I - quitação de débitos parcelados ou débitos inscritos em dívida ativa do ente federativo devedor, inclusive em transação resolutiva de litígio, e, subsidiariamente, débitos com a administração autárquica e fundacional do mesmo ente; (Incluído pela Emenda Constitucional nº 113, de 2021)
>
> II - compra de imóveis públicos de propriedade do mesmo ente disponibilizados para venda;
>
> III - pagamento de outorga de delegações de serviços públicos e demais espécies de concessão negocial promovidas pelo mesmo ente;
>
> IV - aquisição, inclusive minoritária, de participação societária, disponibilizada para venda, do respectivo ente federativo; ou
>
> V - compra de direitos, disponibilizados para cessão, do respectivo ente federativo, inclusive, no caso da União, da antecipação de valores a serem recebidos a título do excedente em óleo em contratos de partilha de petróleo.

---

36. "Precatório na Prática". Revista dos Tribunais. 2022. p. 51

37. "Op. Cit". p. 51

Pelo atual texto do art. 100 da Constituição Federal, as determinações constitucionais de compensação com precatórios com débitos federais entre o contribuinte e a União Federal é autoaplicável, inclusive já foram editadas Portarias regulamentando o procedimento, a forma e os requisitos necessários. Para realizar a compensação de precatório com os Estados e os Municípios faz-se necessário que os débitos tributários estejam parcelados ou inscritos em dívida ativa e que tenha previsão legal do respectivo ente federativo.

Sempre houve esse desejo do contribuinte de realizar a compensação de precatórios próprios ou de terceiros com débitos de natureza tributária, assim quando surgiu, no âmbito constitucional, a possibilidade de compensação de precatórios com débitos de natureza tributária, ocorria um aquecimento no mercado de precatórios.

Com isso começaram a surgir algumas autuações fiscais, em especial no Estado de São Paulo, que tinham como objeto a compensação de precatórios com ICMS através da sistemática da não cumulatividade. Contribuintes passaram a escriturar precatórios estaduais como créditos do imposto para abatimento do ICMS, na própria escrita fiscal.

Ora, princípio da não cumulatividade estabelece a sistemática de "imposto contra imposto" que reflete no quanto de imposto incidiu na aquisição de mercadorias e serviços com o quanto devido de ICMS nas saídas de mercadorias ou realização de serviços em determinado período; com efeito, a Constituição Federal outorgou ao contribuinte o direito de abater o ICMS devido com os seus créditos do próprio imposto.

A sistemática da não cumulatividade estabelece o direito subjetivo do contribuinte oponível contra o Estado de abater do imposto devido o montante do ICMS que incidiu na aquisição de mercadorias e serviços tributáveis pelo imposto, instituindo a relação crédito e débito.

Receberam a denominação de crédito os valores referentes ao ICMS que incidiram nas operações de entrada de mercadorias ou prestações de serviços contratados pelo contribuinte e assim utilizados corriqueiramente até que a Constituição Federal reconheceu ou recepcionou o termo, uma vez que o inciso II , alíneas "a" e "b", do § 2º do art. 155 da CF, com essa denominação "crédito" intitulou o montante do imposto "cobrado" nas operações ou prestações anteriores, como podemos perceber quando a expressão é utilizada no texto constitucional que "não implicará crédito para compensação com o montante devido nas operações ou prestações seguintes", e "acarretará a anulação do crédito relativo às operações anteriores" .

Gera uma pequena confusão com a figura do crédito tributário, porém esta é uma figura distinta que nasce no exato momento que surge a obrigação tributária, relatada em linguagem competente para identificá-la, sendo o direito, correspondendo ao direito subjetivo do sujeito ativo de exigir o objeto da obrigação tributária, que tem de outro lado o dever jurídico do sujeito passivo de pagar.

Já o crédito do ICMS advém da aquisição de mercadorias e serviços que sofreram a incidência do imposto; são as entradas que fazem nascer o crédito, que poderá ser abatido quando o sujeito passivo realizar seu dever jurídico de pagar o ICMS, que é denominado débito.

Os créditos do ICMS decorrem da incidência do imposto sobre operações anteriores. São créditos que gozam da prerrogativa constitucional de constituírem moeda de pagamento do imposto devido na operação subsequente e os fatos jurídicos que lhes dão legitimidade são as operações de circulação de mercadorias ou prestações de serviços tributáveis pelo ICMS anteriores, noticiadas pelos enunciados na condição de antecedente de norma individual e concreta, posto que previstos em norma geral e abstrata.

No entanto, o direito ao crédito somente é verificado no momento da apuração do ICMS ou no dito creditamento e conforme as condições previstas na Constituição Federal e na Lei Complementar 87/96.

O Crédito do ICMS é uma moeda que o contribuinte pode utilizar para se debitar do imposto devido, utilizando sua escrita fiscal. Lançando seus créditos e débitos na chamada "conta gráfica", sendo esta uma conta corrente do ICMS, em que no seu livro registro de entradas o contribuinte escritura todas as notas fiscais de compra com destaque do crédito de ICMS e no seu livro registro de saídas, escritura as notas fiscais de operações que tiveram débito do ICMS, e no final do período de apuração, que geralmente é mensal, faz o encontro dos créditos e débitos no livro registro de Apuração do ICMS, e no final recolhe o imposto no prazo corresponde se o débito for maior que o crédito.

Na prática, para um comerciante ou prestador de serviço, primeiro surge o crédito do ICMS, uma vez que necessita adquirir mercadorias, insumos e/ou matérias-primas para desenvolver seu produto, formar estoque ou colocar à disposição do cliente a prestação de serviço, para posteriormente realizar operações mercantis ou prestações de serviços.

Temos, portanto, que do mesmo suporte fático surgem duas relações jurídicas, qual seja, quando da realização da operação mercantil ou prestação de serviço tributável pelo ICMS, devidamente vertida em linguagem competente, surge a obrigação tributária que o fisco, como sujeito passivo, tem o direito subjetivo de exigir o imposto e o fornecedor ou prestador do serviço o dever de pagar, e também ocorre a relação jurídica do direito a crédito do adquirente da mercadoria ou do serviço, na qual este aparece com sujeito ativo com direito subjetivo de exigir a compensação de seus créditos com os seus débitos, e o Estado de outro lado, como sujeito passivo tem a obrigação de aceitar.

No caso do crédito do ICMS, somente é constituído quando vertido em linguagem competente, ou seja, devidamente destacado o imposto no respectivo documento fiscal para que o contribuinte tenha condições de escriturar a nota fiscal em seu livro de entradas e o crédito referente em seu livro de apuração.

Realmente, somente se pode falar da incidência do ICMS na operação anterior, se a operação mercantil ou a prestação do serviço de transporte ou comunicação é vertida em linguagem competente.

A norma constitucional que prevê o primado da não cumulatividade estabelece que o direito ao abatimento do imposto ou o creditamento do ICMS ocorre com a compensação do que for devido pelo sujeito passivo da obrigação tributária com o montante que ele, como contribuinte de fato, suportou com o ônus financeiro do imposto nas operações ou prestações anteriores.

Portanto, para que incida o direito constitucional do abatimento previsto no princípio da não cumulatividade, o contribuinte tem que ter créditos de ICMS; primeiramente, incide a norma que dá direito ao contribuinte de ter os créditos do imposto referente às aquisições de mercadorias e prestações de serviços.

Tem-se que pelo princípio constitucional da não cumulatividade do ICMS de forma alguma a aquisição de precatório poderia ser utilizado para abatimento do ICMS devido, pois não estão presentes nenhum dos requisitos para o abatimento do imposto no momento da apuração de créditos e débitos.

Com isso, o simples fato do contribuinte emitir uma nota fiscal própria de entrada de precatório em sua contabilidade, não lhe daria direito ao crédito para abater do débito do ICMS, pois não houve incidência do imposto na operação anterior, ou melhor, esta nota fiscal de entrada não refletiu nenhuma operação sujeita à incidência do ICMS, desse modo, não garantindo direito a crédito para abater do débito do imposto em comento.

13.1 Da previsão legal

O art. 155, § 2º, inc. XII, alínea "c" da Constituição Federal estabelece que compete à legislação complementar disciplinar sobre a compensação do ICMS, portanto poderia ser concedido benefício fiscal de o contribuinte abater seus débitos de ICMS com precatórios próprios ou de terceiros pelo regime da não cumulatividade do Imposto.

No entanto, a Lei Complementar 87/96, que disciplina sobre o ICMS nos termos da Constituição Federal assim não o fez. Os arts. 19 e 20 da LC 87/96, dispõem sobre a não cumulatividade e o direito ao crédito de ICMS e nada estabelecem sobre outras formas de compensação e muito menos precatórios.

Por sua vez, a legislação estadual paulista, Lei nº 6.374/89 também não permite a compensação de precatórios com ICMS; em seus arts. 36, 38 e 39 estabelecem as formas e condições para o aproveitamento do crédito do imposto para compensar com o débito, quais sejam: que tenha ocorrido a incidência do imposto na operação ou prestação de serviço anterior; o imposto que dará crédito deve estar devidamente calculado e destacado em documento fiscal hábil e situação regular perante o fisco do contribuinte emissor do documento fiscal.

O art. 44 da Lei 6.374/89 determina que "o Poder Executivo poderá conceder e vedar crédito do imposto, bem como dispensar e exigir seu estorno, segundo o que for estabelecido em acordo celebrado com outros Estados ou com o Distrito Federal, observado, quando for o caso, o disposto em lei complementar federal". Seguindo a determinação legal, o art. 63 do RICMS/2000 estabelece outras possibilidades do contribuinte de realizar a compensação do ICMS, sem autorização da autoridade administrativa ou da Secretaria da Fazenda do Estado de São Paulo, denominado outros créditos, além dos advindos do princípio da não cumulatividade, "in verbis":

> Artigo 63 - Poderá, ainda, o contribuinte creditar-se independentemente de autorização (Lei 6.374/89, arts. 38, § 4º, 39 e 44, e Convênio ICMS-4/97, cláusula primeira):
>
> I - do valor do imposto debitado por ocasião da saída da mercadoria, no período em que tiver ocorrido a sua entrada no estabelecimento, e observadas as disposições dos artigos 452 a 454, nas seguintes hipóteses:
>
> a) devolução de mercadoria, em virtude de garantia ou troca, efetuada por produtor ou por qualquer pessoa natural ou jurídica não considerada contribuinte ou não obrigada à emissão de documentos fiscais;
>
> b) retorno de mercadoria por qualquer motivo não entregue ao destinatário;
>
> c) devolução de mercadoria, efetuada por estabelecimento de contribuinte sujeito às normas do Regime Especial Unificado de Arrecadação de Tributos e Contribuições devidos pelas Microempresas e Empresas de Pequeno Porte - "Simples Nacional", ou por estabelecimento sujeito a regime especial de tributação sempre que for vedado o destaque do valor do imposto no documento fiscal emitido por esses estabelecimentos; (Redação dada à alínea pelo Decreto 52.104, de 29-08-2007; DOE 30-08-2007)
>
> II - do valor do imposto pago indevidamente, em virtude de erro de fato ocorrido na escrituração dos livros fiscais ou no preparo da guia de recolhimento, mediante lançamento, no período de sua constatação, no livro Registro de Apuração do ICMS, no

quadro "Crédito do Imposto - Outros Créditos", anotando a origem do erro;

III - do valor do imposto correspondente à diferença, a seu favor, verificada entre a importância recolhida e a apurada em decorrência de desenquadramento do regime de estimativa, no período de sua apuração, observado o disposto na alínea "a" do inciso II do artigo 92;

IV - do valor do crédito recebido em devolução ou transferência, efetuada em hipótese expressamente autorizada e com observância da disciplina estabelecida pela legislação, no período de seu recebimento;

V - do valor do imposto indevidamente pago, inclusive em caso de reforma, anulação, revogação ou rescisão de decisão condenatória, quando a restituição tiver sido requerida administrativamente e, por motivo a que o interessado não tiver dado causa, a decisão não tiver sido proferida no prazo de 45 (quarenta e cinco) dias, contados da data do respectivo pedido, observado o disposto nos §§ 1º a 3º;

VI - do valor recolhido antecipadamente, a título de imposto, nos termos do art. 60 da Lei 6.374, de 1º-03-89, no caso de não ocorrer o fato gerador;

VII - do valor do imposto indevidamente pago em razão de destaque a maior em documento fiscal, até o limite estabelecido pela Secretaria da Fazenda, mediante lançamento no livro Registro de Apuração do ICMS, no quadro "Crédito do Imposto - Outros Créditos", com a expressão "Recuperação de ICMS - Art. 63, VII, do RICMS", observado o disposto no § 4º;

VIII do valor do imposto destacado na Nota Fiscal relativa à aquisição do bem pela empresa arrendadora, por ocasião da entrada no estabelecimento de bem objeto de arrendamento mercantil, observadas às regras pertinentes ao crédito, inclusive sobre vedação e estorno, contidas neste regulamento, e o disposto no § 5º.

IX - do valor do imposto relativo às mercadorias existentes no estoque, no caso de enquadramento no Regime Periódico de Apuração – RPA em decorrência: (Redação dada ao inciso pelo Decreto 63.171, de 23-01-2018; DOE 24-01-2018)

a) da exclusão do Regime Especial Unificado de Arrecadação de Tributos e Contribuições devidos pelas Microempresas e Empresas de Pequeno Porte - Simples Nacional; ou

> b) do impedimento de o contribuinte recolher o ICMS na forma prevista no regime mencionado na alínea "a" por ultrapassar o sublimite de receita bruta estabelecido na Lei Complementar 123, de 14 de dezembro de 2006;
>
> X - do valor correspondente às parcelas restantes do imposto relativo à entrada de mercadoria destinada à integração no ativo permanente ocorrida anteriormente à exclusão do Regime Especial Unificado de Arrecadação de Tributos e Contribuições devidos pelas Microempresas e Empresas de Pequeno Porte - Simples Nacional, nas condições do § 10 do artigo 61. (Inciso acrescentado pelo Decreto 53.356, de 26-08-2008; DOE 27-08-2008; Efeitos desde 1º de julho de 2007)
>
> XI - do valor do imposto indicado no campo "Informações Complementares" ou no corpo da Nota Fiscal relativa à mercadoria adquirida de contribuinte sujeito às normas do Regime Especial Unificado de Arrecadação de Tributos e Contribuições devidos pelas Microempresas e Empresas de Pequeno Porte - "Simples Nacional", desde que a mercadoria seja destinada à industrialização ou à comercialização, observado o disposto nos §§ 7º e 8º (Lei Complementar federal 123/06, art. 23, §§ 1º e 2º). (Inciso acrescentado pelo Decreto 54.136, de 17-03-2009; DOE 18-03-2009; Efeitos para os fatos geradores ocorridos a partir de 1° de janeiro de 2009)

Desse modo, as normas supra preveem exaustivamente as hipóteses de crédito para compensar com o ICMS, inclusive situações além da não cumulatividade e nenhuma estabelece a possibilidade de compensação do imposto com precatórios.

O art. 64 do RICMS/2000 somente permite a escrituração de créditos nas hipóteses de não cumulatividade nos termos do art. 61 do mesmo, do citado art. 63 e também no caso de créditos outorgados conforme art. 62 (assunto que trataremos mais à frente).

Portanto, a escrituração de precatório como crédito para abatimento do ICMS e sua utilização para compensação com próprio imposto não tem previsão e respaldo legal.

Poderia considerar que o encontro de contas entre precatório expedido e o ICMS devido seria a utilização do instituto da compensação tributária como modalidade de extinção do crédito tributário ou no caso do imposto devido. A compensação é instituto que tem como requisito que o sujeito seja ao mesmo tempo credor e devedor de outra pessoa.

Ocorre que essa forma de extinção do crédito tributário está devidamente prevista no Código Tributário Nacional, considerada a legislação complementar competente para disciplinar sobre as formas de extinção do crédito tributário, nos termos do art. 146, III, alínea "b", da Constituição Federal.

O Código Tributário Nacional que prevê em seu art. 156, II, que a compensação é uma das modalidades de extinção do crédito tributário.

O art. 170 do mesmo Codex estabelece que a compensação de créditos tributários com créditos líquidos e certos, vencidos ou vincendos do sujeito passivo ou contribuinte contra a Fazenda pública se tiver previsão legal para tanto e nas condições e garantias que estipular ou ainda atribuir a autoridade administrativa a autorização para compensar, "in verbis":

> Art. 170. A lei pode, nas condições e sob as garantias que estipular, ou cuja estipulação em cada caso atribuir à autoridade administrativa, autorizar a compensação de créditos tributários com créditos líquidos e certos, vencidos ou vincendos, do sujeito passivo contra a Fazenda pública.

Precatórios são ordens judiciais para pagamento dos débitos dos entes políticos, advindos de condenações de sentenças judiciais, transitadas em julgado, conforme disposto no art. 100 da Constituição Federal, assim são créditos líquidos e certos, vencidos ou vincendos, do sujeito passivo contra a Fazenda pública.

Ocorre que não existia e não foi promulgada lei no Estado de São Paulo, nos exercícios de 2012 a 2016, que autorizava a compensação de precatórios com débitos de ICMS, para extinguir a obrigação tributária.

Ao contrário, existia, na época, o Comunicado CAT nº 46 de 11.10.2006, publicado no DOE-SP em 12. 10.2006, editado elo Coordenador da Administração Tributária da Secretaria da Fazenda do Estado de São Paulo, justamente informado a impossibilidade de compensação de débitos fiscais de ICMS com precatórios judiciais, devido à ausência de previsão legal, nos seguintes termos:

> Comunicado CAT-46 de 11-10-2006
>
> (DOE de 12-10-2006)
>
> Esclarece sobre a impossibilidade de compensação de débitos fiscais relativos ao ICMS com precatórios judiciais.
>
> O Coordenador da Administração Tributária, considerando que os contribuintes têm sido indevidamente orientados a escriturar precatórios judiciais como crédito para efeito de compensação com débitos fiscais relativos ao ICMS, esclarece que:
>
> 1 - a compensação, como forma de extinção do crédito tributário, deve estar prevista em lei que discipline a matéria, conforme disposto no artigo 170 do Código Tributário Nacional (Lei 5.172/66);
>
> 2 - a legislação paulista prevê como hipótese de compensação de ICMS aquela que visa *(sic)* assegurar a não cumulatividade desse tributo, ou seja, a compensação mediante crédito do imposto anteriormente cobrado, conforme disposto no artigo 38 da Lei 6.374/89;
>
> 3 - o contribuinte, ao escriturar precatórios judiciais de qualquer natureza a título de crédito para apuração do ICMS, sejam estes precatórios próprios ou adquiridos de terceiros, estará sujeito às penalidades previstas em lei;
>
> 4 - a multa aplicável a esse tipo de infração é de 100% (cem por cento) do valor do crédito indevidamente escriturado, conforme previsto no artigo 85, inciso II, alínea "j", da Lei 6.374/89.

Ante o exposto, não há previsão legal para realizar a compensação de débitos de ICMS com precatórios judiciais próprios ou de terceiros, bem como não existe norma permitindo o procedimento adotado para escriturar e lançar os precatórios como créditos em sua escrita fiscal para abater dos débitos de ICMS junto à Fazenda do Estado de São Paulo.

14

A INDUSTRIALIZAÇÃO SOB ENCOMENDA ENTRE ESTABELECIMENTOS DE MESMA TITULARIDADE E A NÃO CUMULATIVIDADE DO ICMS

O ICMS – imposto sobre operações de circulação de mercadorias, prestação de serviço de transporte intermunicipal e interestadual e de comunicação ainda que se iniciem no exterior incide sobre toda a cadeia produtiva, desde a produção da matéria- prima até o produto final chegar ao consumidor.

No mundo moderno e devido à dinâmica do mercado, são muito comuns as operações triangulares entres as empresas e contribuintes, sendo essas devidamente reconhecidas pelo ordenamento jurídico pátrio.

Entre as operações triangulares, tem-se a industrialização sob encomenda, operação na qual o encomendante da industrialização envia insumos e matérias-primas para o estabelecimento industrializador e este, após finalizar a industrialização contratada, remete o produto acabado para o autor encomendante.

As sociedades empresariais muitas vezes terceirizam parte de suas atividades e entre elas, a industrialização da sua produção ou parte dela, o que é conhecido e denominado como industrialização por encomenda ou por conta em ordem de terceiro, na qual o encomendante envia insumos ou mercadorias diretamente para o estabelecimento industrializador.

O Código Tributário Nacional, em seu art. 46, parágrafo único, define industrialização como "o produto que tenha sido submetido a qualquer operação que lhe modifique a natureza ou a finalidade, ou aperfeiçoe para o consumo".

O RICMS de São Paulo, em seu art. 4°, I, define industrialização como qualquer operação que modifique a natureza, o funcionamento, o acabamento, a apresentação ou a finalidade do produto ou o aperfeiçoe para consumo, "in verbis":

> "I - industrialização, qualquer operação que modifique a natureza, o funcionamento, o acabamento, a apresentação ou a finalidade do produto ou o aperfeiçoe para consumo, tal como:
>
> a) a que, executada sobre matéria-prima ou produto intermediário, resulte na obtenção de espécie nova (transformação);
>
> b) que importe em modificação, aperfeiçoamento ou, de qualquer forma, alteração do funcionamento, da utilização, do acabamento ou da aparência do produto (beneficiamento);
>
> c) que consista na reunião de produtos, peças ou partes e de que resulte um novo produto ou unidade autônoma (montagem);
>
> d) a que importe em alteração da apresentação do produto pela colocação de embalagem, ainda que em substituição à original, salvo quando a embalagem aplicada destinar-se apenas ao transporte da mercadoria (acondicionamento ou reacondicionamento);

> e) a que, executada sobre o produto usado ou partes remanescentes de produto deteriorado ou inutilizado, o renove ou restaure para utilização (renovação ou recondicionamento);"

Como no processo de industrialização sob encomenda, o autor da encomenda envia mercadorias para industrialização em outro estabelecimento industrializador e este implementa serviços, muitas vezes agrega insumos no processo de industrialização do produto, ficam alguns questionamentos sobre a incidência do ICMS nessa operação triangular.

A Consultoria Tributária da Secretaria da Fazenda do Estado de São Paulo entende que não existe operação de industrialização sob encomenda entre estabelecimentos de mesma titularidade, quando a filial situada em São Paulo e a matriz em outra unidade da federação, considerando que não há previsão legal, deve, nesses casos, considerar como transferência de mercadoria entre estabelecimentos, tratando-se de uma operação tributada e a base de cálculo está definida no art. 13, § 4º da Lei Complementar 87/96, conforme a Resposta à Consulta Tributária 20084/2019, abaixo transcrita.:

> ICMS – remessa de matéria-prima para industrialização em estabelecimento do mesmo titular, localizado em outra Unidade da Federação, com posterior retorno do produto acabado à filial paulista.
>
> I. A remessa, por estabelecimento paulista, de matéria-prima para industrialização em estabelecimento do mesmo titular, localizado em outra Unidade da Federação, configura transferência entre filiais.
>
> II. As operações de remessa e retorno, realizadas a título de transferência, devem ser regularmente tributadas, utilizando a base de cálculo definida no artigo 13, § 4º da Lei Complementar 87/1996.
>
> III. Na Nota Fiscal de remessa de matéria-prima da filial paulista, para a matriz estabelecida em outra Unidade da Federação, deve ser utilizado o CFOP 6.152 (transferência de mercadoria

> adquirida ou recebida de terceiros), enquanto o produto acabado deve ser transferido à filial paulista indicando o CFOP 6.151 (transferência de produção do estabelecimento)

Contudo, o Supremo Tribunal Federal fixou a tese, no tema 1.099 ao julgar o Agravo no Recurso Extraordinário nº 1.255.885, que "Não incide ICMS no deslocamento de bens de um estabelecimento para outro do mesmo contribuinte localizados em estados distintos, visto não haver a transferência da titularidade ou a realização de ato de mercancia".

O mesmo Supremo Tribunal Federal declarou inconstitucional o art. 13, § 4º da Lei Complementar 87/96 no julgamento da Ação Declaratória nº 49.

Desse modo, a resposta à consulta em comento não tem fundamento jurídico válido, estando em dissonância com o entendimento jurisprudencial pacificado pela Suprema Corte.

Com efeito, o estabelecimento que remeter os insumos para industrialização em outro estabelecimento do mesmo titular não precisa recolher o ICMS, conforme determinado na resposta à consulta em comento.

O Supremo Tribunal Federal julgou inconstitucional também o princípio da autonomia dos estabelecimentos, para fins de incidência de ICMS entre estabelecimentos de mesma titularidade, assim fixando que existe ainda uma autonomia relativa entre os estabelecimentos de mesma titularidade, como a determinação do art. 25 da Lei Complementar 87/96, que para fins de apuração do ICMS, os débitos e créditos do imposto devem ser apurados por cada estabelecimento.

Não vejo impedimentos para aplicar aos estabelecimentos de mesma titularidade as regras que dispõem sobre as operações de industrialização sob encomenda, as quais têm caráter nacional e obriga todos os entes políticos a respeitá-las.

A União Federal, os Estados e o Distrito Federal editaram o Convênio Sinief s/nº, de 15/12/1970, que instituiu o Sistema Nacional Integrado de Informações Econômicas-Fiscais, para que ocorra simplificação das obrigações tributárias relativas ao IPI e ao ICMS por parte do contribuinte, bem como com objetivo da obtenção e permuta de informação de natureza econômica e fiscal entre os entes políticos.

Entre outras finalidades, estava a de unificar os livros e documentos fiscais a serem utilizados pelos contribuintes do Imposto sobre Produtos Industrializados - IPI e do ICMS, bem como fossem incorporadas as determinações do Convênio Sinief s/nº/1970, nas respectivas legislações tributárias.

O Convênio Sinief s/nº/70 objetiva unificar as obrigações acessórias do IPI e do ICMS, tendo em vista que são dois tributos indiretos, que incidem sobre o consumo e em toda a cadeia produtiva, assim estabelece a forma de emissão das notas fiscais e obrigações acessórias devido à semelhança dos tributos.

O art. 42 do mencionado convênio disciplina a operação de industrialização sob encomenda, que o estabelecimento encomendante adquire o insumo e envia direto para o estabelecimento industrializador, dispondo que:

> Art. 42. Nas operações em que um estabelecimento mandar industrializar mercadorias, com fornecimento de matérias-primas, produtos intermediários e materiais de embalagens, adquiridos de outro, os quais, sem transitar pelo estabelecimento adquirente, forem entregues pelo fornecedor diretamente ao industrializador, observar-se-á o disposto neste artigo.
>
> § 1º O estabelecimento fornecedor deverá:
>
> 1. emitir Nota Fiscal em nome do estabelecimento adquirente, da qual, além das exigências previstas no art. 19, constarão também nome, endereço e números de inscrição, estadual e no CGC, do estabelecimento em que os produtos serão entregues, bem como a circunstância de que se destinam à industrialização;

2. efetuar na Nota Fiscal referida no item anterior o lançamento do Imposto sobre Produtos Industrializados e o destaque do Imposto de Circulação de Mercadorias, quando devidos, que serão aproveitados como Crédito pelo adquirente, se for o caso;

3. emitir Nota Fiscal, sem destaque de impostos, para acompanhar o transporte das mercadorias ao estabelecimento industrializador, mencionando, além das exigências previstas no art. 19, número, série e subsérie e data da Nota Fiscal referida no item 1 e nome, endereço e números de inscrição, estadual e no CGC, do adquirente, por cuja conta e ordem a mercadoria será industrializada.

§ 2º O estabelecimento industrializador deverá:

1. emitir Nota Fiscal, na saída do produto industrializado com destino ao adquirente, autor da encomenda, da qual, além das exigências previstas no art. 19, constarão o nome, endereço e números de inscrição, estadual e no CGC, do fornecedor e número, série e subsérie e data da Nota Fiscal por este emitida, bem como o valor da mercadoria recebida para industrialização e o valor total cobrado do autor da encomenda, destacando destes, o valor das mercadorias empregadas;

2. efetuar na Nota Fiscal referida no item anterior, sobre o valor total cobrado do autor da encomenda, o lançamento do Imposto sobre Produtos Industrializados e o destaque do Imposto de Circulação de Mercadorias, se exigidos, que serão aproveitados como crédito pelo autor da encomenda, se for o caso.

A norma supra reconhece a operação triangular e determina que, na industrialização sob encomenda, o adquirente pede para o fornecedor remeter os insumos diretamente para o estabelecimento industrializador, deve o fornecedor do insumo emitir uma nota fiscal para o estabelecimento adquirente com destaque do ICMS, constando os dados do adquirente, do industrializador e que os insumos se destinam à industrialização. Cabe ainda ao fornecedor emitir uma segunda nota fiscal sem destaque do imposto, para simplesmente acompanhar o transporte da mercadoria ao estabelecimento industrializador, constando os dados do industrializados e da nota fiscal anterior (da aquisição dos insumos) com os dados do adquirente, por cuja conta e ordem a mercadoria será industrializada.

Tal medida é assim descrita em razão de que, na primeira operação de aquisição dos insumos entre o fornecedor e o adquirente incide o ICMS sobre a operação mercantil. Já na segunda operação da remessa do insumo do adquirente para o estabelecimento industrializador, como não há mudança de propriedade ou titularidade, não há a incidência do ICMS, por isso é emitida uma nota fiscal sem destaque do imposto, apenas de remessa dos insumos para industrialização.

Por sua vez, o estabelecimento industrializador, ao realizar a industrialização encomendada, emite nota fiscal de saída do produto industrializado com destino ao estabelecimento encomendante e adquirente dos insumos, constando no documento fiscal os dados do fornecedor e da nota fiscal emitida, com o valor da mercadoria recebida para industrialização e o valor total cobrado do adquirente (autor da encomenda), destacando destes o valor das mercadorias empregadas e dos serviços realizados, e ainda destacar nessa nota fiscal o valor total cobrado do autor encomendante, não incluindo o valor dos insumos, já tributados pelo fornecedor.

Como a industrialização sob encomenda é realizada no meio da cadeia produtiva e há acréscimo de material e agrega valor aos insumos enviados, ocorre a incidência do ICMS sobre a mercadoria empregada e o valor agregado no produto industrializado, excluindo o insumo enviado pelo encomendante.

O art. 402 do RICMS de São Paulo disciplina a remessa simples de mercadoria para industrialização em outro estabelecimento, prevendo que na saída da mercadoria do estabelecimento encomendante para o industrializador tem a incidência do ICMS, porém fica suspensa a incidência do imposto se a industrialização ocorrer no prazo de 180 dias renováveis por mais 180 dias, nos termos dos arts. 409[38] e 410[39] também do Regulamento paulista, "in verbis":

> Artigo 402 - O lançamento do imposto incidente na saída de mercadoria com destino a outro estabelecimento ou a trabalhador autônomo ou avulso que prestar serviço pessoal, num e noutro caso, para industrialização, observado o disposto nos artigos 409 e 410, fica suspenso, devendo ser efetivado no momento em que, após o retorno dos produtos industrializados ao estabelecimento de origem, autor da encomenda, por este for promovida a subsequente saída dos mesmos produtos (Lei 6.374/89, art. 8º, XVIII, e § 10, na redação da Lei 9.176/95, art. 1º, I e 59 e Convênio AE-15/74, com a alteração dos Convênios ICM-35/82 e ICMS-34/90).
>
> § 1º - Ressalvado o disposto no § 2º, a suspensão compreende:
>
> 1 - a saída que, antes do retorno dos produtos ao estabelecimento autor da encomenda, por ordem deste for promovida pelo estabelecimento industrializador com destino a outro, também industrializador;
>
> 2 - a saída promovida pelo estabelecimento industrializador em retorno ao do autor da encomenda.
>
> § 2º - Salvo disposição em contrário, na saída de mercadoria em retorno ao estabelecimento que a tiver remetido nas condições deste artigo, o estabelecimento que tiver procedido à industrialização calculará e recolherá o imposto sobre o valor acrescido.
>
> § 3º - Para efeito do parágrafo anterior, entende-se por valor acrescido o total cobrado pelo estabelecimento industrializador, nele incluídos o valor dos serviços prestados e o das mercadorias empregadas no processo industrial.

---

38. Artigo 409 - Constitui condição da suspensão e do diferimento previstos neste capítulo o retorno dos produtos industrializados ao estabelecimento de origem, dentro do prazo de 180 (cento e oitenta) dias contados da data da saída da mercadoria do estabelecimento autor da encomenda, prorrogável, a critério do fisco, por igual período, e admitida, ainda, excepcionalmente, uma segunda prorrogação, por mais 180 (cento e oitenta) dias (Lei 6.374/89, art. 8º, XVIII, na redação da Lei 9.176/95, art. 1º, I).

39. Artigo 410 - Salvo prorrogação autorizada pelo fisco, decorrido o prazo de que trata o artigo anterior sem que ocorra o retorno da mercadoria ou dos produtos industrializados, será exigido o imposto devido por ocasião da saída, sujeitando-se o recolhimento espontâneo à atualização monetária e aos acréscimos legais.

> § 4º - Ressalvados os casos de regime especial, concedido com anuência de outro Estado, o disposto neste capítulo não se aplica às operações interestaduais efetuadas com sucata de metais e com produtos primários de origem animal, vegetal ou mineral.

A norma supra desrespeita as normas de incidência do ICMS, pois conforme determinado pelo Supremo Tribunal Federal, o imposto somente incide sobre operação mercantil, quando ocorre a atividade de mercancia e a mudança de titularidade da mercadoria. Porém, para evitar a incidência do imposto, a norma suspende o ICMS se retornar o produto industrializado em 180 dias para o estabelecimento encomendante, devendo o imposto incidir quando ocorrer a saída dos mesmos produtos do estabelecimento de origem.

Consoante prescrito no § 4º do art. 402 do RICMS/2000, a industrialização sob encomenda pode ser feita entre estabelecimentos situados em unidades federativas distintas, apenas não se aplica para as remessas para industrialização em operações interestaduais efetuadas com sucata de metais e com produtos primários de origem animal, vegetal ou mineral.

Outro ponto que demonstra o equívoco na resposta à consulta da Secretaria da Fazenda do Estado de São Paulo, está que entendeu que o convênio não permitia remessa para industrialização entre estabelecimentos de mesma titularidade e situados unidades federativas distintas.

Ora, a norma supra apenas proíbe a industrialização sob encomenda. na modalidade operação triangular entre fornecedor – adquirente – industrializador, em operações interestaduais quando realizadas com sucatas de metais e com produtos primários de origem animal, vegetal ou mineral.

Logo, as operações com quaisquer outros insumos e estabelecimentos são permitidos. A norma jurídica trabalha com três modais deônticos, quais sejam: obrigatório, proibido e permitido. A norma jurídica obriga determinada conduta, permite determinada conduta ou proíbe determinada conduta. No caso, a norma jurídica é específica apenas em proibir determinada conduta, qual seja, veda a operação interestadual de industrialização sob encomenda, quando os insumos forem sucatas de metais, de origem animal, vegetal ou mineral. Os demais casos de operações interestaduais de industrialização sob encomenda estão permitidos, ou seja, a norma em epígrafe permite as demais operações, inclusive entre estabelecimentos de mesma titularidade situados em unidades federativas distintas.

O industrializador, ao receber os insumos, realizar a industrialização sob encomenda contratada e reenviar a mercadoria para o autor da encomenda, deve emitir nota fiscal que terá como destinatário o estabelecimento de origem (encomendante), que além dos demais requisitos necessários no documento fiscal, deve conter os dados do emissor da nota fiscal e da qual acompanhou a mercadoria recebida em seu estabelecimento, o valor da mercadoria para a industrialização, o valor das mercadorias empregadas e o valor total cobrado do autor encomendante; efetuar, na nota fiscal que emitir, o destaque do ICMS sobre o valor total cobrado do encomendante, não incluindo o valor do insumo recebido, que já fora faturado e tributado pelo fornecedor.

Assim, o autor encomendante dá entrada dos insumos adquiridos na sua contabilidade e credita-se do ICMS destacado na nota fiscal, concomitantemente, envia os insumos para industrialização sob encomenda em outro estabelecimento industrializador e este emite nota fiscal de retorno com todas as descrições da operação, porém somente destaca, na nota, o ICMS incidente sobre o valor cobrado do autor da encomenda, nos termos do art. 404 do

RICMS paulista.[40] No mesmo sentido, o art. 302 do Anexo IX do RICMS mineiro.[41]

O autor encomendante, por sua vez, recebe a mercadoria industrializada e credita-se do ICMS destacado na nota fiscal emitida pelo industrializador.

Corrobora nosso entendimento a Decisão normativa CAT-4/03 da Secretaria da Fazenda de São Paulo, que dispõe sobre a incidência do ICMS e o tratamento tributário na industrialização por conta de terceiro e o retorno da mercadoria ao estabelecimento autor da encomenda, "in verbis":

---

40. Artigo 404 - Na saída de mercadoria em retorno ao estabelecimento de origem, autor da encomenda, que a tiver remetido nas condições previstas no artigo 402, o estabelecimento industrializador deverá (Lei 6.374/89, art. 67, § 1º):
I - emitir Nota Fiscal que terá como destinatário o estabelecimento de origem, autor da encomenda, na qual, além dos demais requisitos, constarão:
a) o número, a série e a data da emissão, o nome, o endereço e os números de inscrição, estadual e no CNPJ, do emitente da Nota Fiscal que acompanhou a mercadoria recebida em seu estabelecimento;
b) o valor da mercadoria recebida para industrialização, o valor das mercadorias empregadas e o valor total cobrado do autor da encomenda;
II - efetuar, na Nota Fiscal que emitir, relativamente ao valor total cobrado do autor da encomenda, o destaque do valor do imposto, ressalvada a aplicação do disposto no artigo 403.

41. Art. 302. O estabelecimento industrializador deverá:
I - emitir nota fiscal, na saída do produto industrializado com destino ao adquirente, autor da encomenda , na qual constarão o nome, o endereço e os números de inscrição, estadual e no Cadastro Nacional de Pessoa Jurídica (CNPJ), do fornecedor e o número, a série e a data da nota fiscal por este emitida, o valor da mercadoria recebida para industrialização e o valor total cobrado do autor da encomenda , destacando deste o valor da mercadoria empregada;
(2376) II - indicar, na nota fiscal referida no inciso anterior, como natureza da operação, "Outras saídas – Retorno simbólico de mercadoria recebida para industrialização ", com suspensão do imposto, sendo utilizados os CFOP 5.925 ou 6.925, conforme o caso;
(2377) III - consignar, na nota fiscal referida no inciso I, a expressão "Industrialização efetuada para outra empresa", com a utilização dos CFOP 5.125 ou 6.125, conforme o caso, destacando o valor do imposto, se devido, sobre o valor total cobrado do autor da encomenda , que será por este aproveitado como crédito, se for o caso.
(2377) Parágrafo único. O estabelecimento industrializador poderá emitir duas notas fiscais, uma para o retorno simbólico da mercadoria, nos termos dos incisos I e II, e outra referente à industrialização , conforme disposto no inciso III.

O Coordenador da Administração Tributária, tendo em vista o disposto no artigo 522 do Regulamento do ICMS, aprovado pelo Decreto 45.490, de 30 de novembro de 2000, decide:

1. Fica aprovada a resposta dada pela Consultoria Tributária, em 13 de novembro de 2003, à Consulta nº 541/03, cujo texto é reproduzido em anexo a esta decisão.

2. Consequentemente, com fundamento no inciso II do artigo 521 do Regulamento do ICMS, ficam reformadas todas as demais respostas dadas pela Consultoria Tributária e que, versando sobre a mesma matéria, concluíram de modo diverso.

3. Esta decisão produzirá efeitos a partir de sua publicação.

"1. A Consulente informa que empresas estabelecidas neste e em outros Estados recebem tambores como embalagens na aquisição de suas matérias-primas e os reutilizam na embalagem de seus produtos.

2. Menciona que, em virtude de diversos tipos de defeitos nesses tambores (amassados, furados, pintura prejudicada, sujos e outros problemas) essas empresas os remetem (à Consulente) para recuperá-los (lavar, soldar, pintar, trocar a tampa, deixando-os prontos para reutilização).

3. Isso posto, indaga:

3.1. se a citada recuperação de tambores se enquadra como prestação de serviço, de acordo com a Lei Complementar nº 116/03, item 14.05, ou é um beneficiamento sujeito às normas do RICMS/00;

3.2. qual é o procedimento que deve adotar quando devolve e cobra o serviço realizado para firmas estabelecidas dentro e fora do Estado;

3.3. se pode destacar um valor global de ICMS quando emite a Nota Fiscal relativa aos materiais utilizados e cobrados no conserto, pois encontra dificuldade em quantificar o material gasto no conserto (soldas, pinturas, tiras de chapas).

4. Para a resposta, partiremos do pressuposto que os citados tambores, após o recondicionamento efetuado pela Consulente, retornam ao estabelecimento do seu cliente, autor da encomenda, que os utilizará como embalagem definitiva dos produtos que comercializa, ou seja, o tambor recondicionado acondicionará o produto vendido pelo seu cliente, não mais retornando ao estabelecimento deste, passando a ser de propriedade do adquirente.

> 5. O recondicionamento de embalagem, efetuado pela Consulente, não se insere no campo de incidência do ISS (subitem 14.05 da Lista de Serviços anexa à Lei Complementar nº 116/03) porque ainda não se completou o ciclo de circulação da mercadoria (tambor), ou seja, a Consulente não presta um serviço constante na citada Lista para usuário final e sim realiza industrialização por conta de terceiro, na previsão da alínea "e" do inciso I do artigo 4º do RICMS/00 e nos artigos 402 e seguintes desse regulamento, estes, tendo como regra-matriz o Convênio AE-15/74, com a alteração dos Convênios ICM-35/82 e ICMS-34/90, e os artigos 42 e 43 do Convênio SINIEF de 15/12/70.
>
> 6. Desse modo, a Consulente, de acordo com a alínea "b" do inciso I do artigo 404 do RICMS/00, combinado com o inciso IV do artigo 127 desse regulamento, e observada a Decisão Normativa CAT-2/03, deve emitir Nota Fiscal discriminando, individualizadamente, as mercadorias empregadas na industrialização por conta de terceiro.
>
> 7. Localizando-se neste Estado o autor da encomenda que não se enquadre nas hipóteses do parágrafo único do artigo 403 do RICMS/00, é aplicável o diferimento do ICMS relativamente ao valor acrescido correspondente aos serviços prestados (artigo 403 desse regulamento). Estando estabelecido em outro Estado, a tributação é sobre o valor total cobrado.

Conforme se pode observar, a Fazenda Pública reconhece a operação triangular entre estabelecimentos situados em outra unidade da federação e que o ICMS incide sobre o valor cobrado pelo estabelecimento industrializador, para realizar a industrialização.

Tem-se, desta feita, uma operação permitida pelo ordenamento jurídico e totalmente distinta da simples transferência de mercadorias entre estabelecimentos de mesma titularidade, pois aqui há agregação de valor na cadeia produtiva e cada estabelecimento deve ser responsável pelo controle de seus créditos e débitos do ICMS, conforme determina o art. 25 da Lei Complementar 87/96 .

Importante salientar que é pacífico o entendimento, que estando a industrialização sob encomenda no clico da cadeia produtiva e trazendo conteúdo econômico à mercadoria, incide ICMS sobre a operação ou prestação, consoante decisão do Supremo Tribunal Federal, ao apreciar a Medida Cautelar em Ação Direta de Inconstitucionalidade sob o nº 4389-DF, Relator Min Joaquim Barbosa, que incide ICMS sobre industrialização por encomenda de embalagens, destinadas à integração ou utilização direta em processo de industrialização ou de circulação, conforme ementa abaixo transcrita:

> CONSTITUCIONAL. TRIBUTÁRIO. CONFLITO ENTRE IMPOSTO SOBRE SERVIÇOS DE QUALQUER NATUREZA E IMPOSTO SOBRE OPERAÇÃO DE CIRCULAÇÃO DE MERCADORIAS E DE SERVIÇOS DE COMUNICAÇÃO E DE TRANSPORTE INTERMUNICIPAL E INTERESTADUAL. PRODUÇÃO DE EMBALAGENS SOB ENCOMENDA PARA POSTERIOR INDUSTRIALIZAÇÃO (SERVIÇOS GRÁFICOS). AÇÃO DIRETA DE INCONSTITUCIONALIDADE AJUIZADA PARA DAR INTERPRETAÇÃO CONFORME AO O ART. 1º, CAPUT E § 2º, DA LEI COMPLEMENTAR 116/2003 E O SUBITEM 13.05 DA LISTA DE SERVIÇOS ANEXA. FIXAÇÃO DA INCIDÊNCIA DO ICMS E NÃO DO ISS. MEDIDA CAUTELAR DEFERIDA. Até o julgamento final e com eficácia apenas para o futuro (*ex nunc*), concede-se medida cautelar para interpretar o art. 1º, caput e § 2º, da Lei Complementar 116/2003 e o subitem 13.05 da lista de serviços anexa, para reconhecer que o ISS não incide sobre operações de industrialização por encomenda de embalagens, destinadas à integração ou utilização direta em processo subsequente de industrialização ou de circulação de mercadoria. Presentes os requisitos constitucionais e legais, incidirá o ICMS.

Do voto do Relator, extrai-se que foi utilizada para valorar a carga tributária incidente a expressão econômica envolvida, para a incidência do ICMS sobre embalagens personalizadas, se a mesma está no ciclo produtivo, ou seja, o conteúdo e as utilidades que embalagem pode ter perante a mercadoria que irá embalar, bem como considerou que o "fato gerador deve ser interpretado de acordo com a expressão econômica da base de cálculo e com o contexto da cadeia produtiva, "in verbis":

Conforme se depreende dos autos, as embalagens têm função técnica na industrialização, ao permitirem a conservação das propriedades físico-químicas dos produtos, bem como o transporte, o manuseio e o armazenamento dos produtos. Por força da legislação, tais embalagens podem ainda exibir informações relevantes aos consumidores e a quaisquer pessoas que com ela terão contato. Trata-se de típico insumo.

Neste momento de juízo inicial, tenho como densamente plausível a caracterização desse tipo de atividade como circulação de mercadorias ("venda"), ainda que fabricadas as embalagens de acordo com especificações do cliente, e não como a contratação de serviço. Aliás, a ênfase na encomenda da industrialização parece-me insuficiente para contrariar a tese oposta. Diante da sempre crescente complexidade técnica das atividades econômicas e da legislação regulatória, não é razoável esperar que todos os tipos de invólucro sejam produzidos de antemão e postos, indistintamente, à disposição das partes interessadas para eventual aquisição. Nem é adequado pretender que as atividades econômicas passem a ser verticalizadas, de modo a levar os agentes de mercado a absorver todas as etapas do ciclo produtivo.

Assim, não há como equiparar a produção gráfica personalizada e encomendada para uso pontual, pessoal ou empresarial, e a produção personalizada e encomendada para fazer parte de complexo processo produtivo destinado a por bens em comércio.

Por fim, há detalhe final que merece ser exposto. A alíquota média do ICMS é de 18%, muito superior à alíquota máxima do ISS, de 5%. A pretensão dos contribuintes tem amparo econômico e se alinha com a harmonia entre carga e benefício econômico que deve orientar a tributação. Se o ICMS incidir, o valor cobrado poderá ser usado para calibrar o tributo devido na operação subsequente, nos termos da regra constitucional da não cumulatividade. Em sentido contrário, ainda que nominalmente inferior, a incidência do ISS agrega-se ao custo da produção e da venda subsequentes, onerando-as sem a possibilidade de compensação. Não se trata de simplesmente de pagar menos, mas de recolher o que efetivamente devido e a quem é o sujeito ativo previsto constitucionalmente.

Ante o exposto, concedo a medida liminar pleiteada, para dar interpretação conforme a Constituição ao art. 1°, caput e § 2°, da Lei Complementar 116/2003 e o subitem 13.05 da lista de serviços anexa, para reconhecer que o ISS não incide sobre operações de industrialização por encomenda de embalagens, destinadas à integração ou utilização direta em processo subsequente de

> industrialização ou de circulação de mercadoria. Presentes os requisitos constitucionais e legais, incidirá o ICMS.
>
> A medida liminar ora concedida perdurará até o julgamento final destas ações diretas de inconstitucionalidade e se aplicará tão somente aos fatos geradores ocorridos após esta sessão (*ex nunc*)".

O Ministro Relator trouxe à baila uma situação econômica para decidir o conflito de competência, que caso não incida ICMS em todos os serviços que estejam no meio ou no ciclo da cadeia produtiva, é possível ocorrer uma verticalização do processo produtivo, pois com o imposto estadual é possível aproveitar o princípio da não cumulatividade e com o ISS incidindo no meio da cadeia produtiva agrega-se custo ao produto final.

Assim, mais um motivo para a incidência do ICMS na industrialização sob em comenda entre estabelecimentos de mesma titularidade e situados em unidades federativas distintas, que deve incidir ICMS em toda industrialização sob encomenda no meio ou no ciclo da cadeia produtiva, para se alinhar entre a carga e benefício econômico que deve orientar a tributação, podendo o contribuinte aplicar o princípio da não cumulatividade, utilizando-se do valor cobrado pela industrialização para calibrar os tributos devidos na operação subsequente.

REFERÊNCIAS

AMARO, Luciano. *Direito tributário brasileiro*. Ed. Saraiva. 17ª ed. 2011.

ARZUA, Heron. Crédito de ICMS e IPI. *Revista de Direito Tributário*, n. 64.

ATALIBA, Geraldo. *Hipótese de incidência tributária*. São Paulo: Malheiros, 1993.

______. *Sistema constitucional tributário*. São Paulo: RT, 1968.

BACHEGA, Gustavo. *Precatório na prática*. Revistas dos Tribunais. 2022.

BALEEIRO. Aliomar. *Direito tributário brasileiro*. 12. Ed. Rio de Janeiro: Forense, 2013

BEIJA, Oswaldo Bispo. ICMS – Crédito Fiscal sobre Material de Uso ou Consumo e de Bem do Ativo Permanente na Constituição Federal e na Lei Complementar" *Revista Dialética de Direito Tributário*, n. 7.

BECKER, Alfredo Augusto. *Carnaval tributário*. 2. ed. São Paulo: Lejus, 1999.

BOBBIO, Norberto. *Teoria da norma jurídica*. 2. ed. Bauru: Edipro, 2003.

BONILHA, Paulo Celso Bergstrm. "IPI e ICM – Fundamentos da Técnica Não cumulativa". São Paulo: Resenha Tributária, 1979.

CANOTILHO, Gomes. *Direito constitucional.* 5. ed. Coimbra: Almedina, 1991.

CARVALHO, Aurora Tomazini de. *Curso de teoria geral do Direito.* O constructivismo lógico-semântico. São Paulo: Noeses, 2009.

CARVALHO, Osvaldo Santos. A "Guerra Fiscal" no âmbito do ICMS. Considerações sobre os benefícios fiscais e financeiros concedidos pelos estados e Distrito Federal. Dissertação para obtenção do título de mestre em Direito Tributário na Faculdade de Direito da Pontifícia Universidade Católica de São Paulo. São Paulo, 2006.

CARVALHO, Paulo Barros. *A regra-matriz do ICM.* Tese para obtenção do título de livre-docente em Direito Tributário na Faculdade de Direito da Pontifícia Universidade Católica de São Paulo. São Paulo,1981.

______. *Direito Tributário:* fundamentos jurídicos da incidência. São Paulo: Saraiva, 2006.

______. *Curso de direito tributário*. São Paulo: Saraiva, 2007.

______. *Direito tributário:* linguagem e método. São Paulo: Noeses, 2008.

______. *Isenções tributárias do IPI, em face do princípio da não cumulatividade. Revista Dialética de Direito Tributário,* n. 33.

_______. Sobre princípios constitucionais tributários. *Revista de Direito Tributário*, n. 55.

CARRAZZA, Roque Antonio. *ICMS*. 11. ed. São Paulo: Malheiros, 2005.

______. *Curso de direito constitucional tributário*. 19. ed. São Paulo: Malheiros, 2007.

COELHO, Sacha Calmon Navarro; Derzi, Misabel. *O princípio da não cumulatividade. Pesquisas Tributárias* n. 10, 2004.

COSTA, Alcides Jorge. *ICM na Constituição e na Lei Complementar*. São Paulo: Resenha Tributária, 1978.

COSTA, Regina Helena. *Curso de direito tributário*. Constituição e Código Tributário Nacional. São Paulo: Saraiva, 2009.

DINIZ, Marcelo de Lima Castro; FORTES, Felipe Cianca. Incentivos Fiscais no STJ. In: MARTINS, Ives Gandra da Silva; ELALI, André; MAGALHÃES, Marcelo. *Incentivos fiscais. Questões pontuais nas esferas federal, estadual e municipal*. São Paulo: MP Editora, 2007.

FERRAZ Jr., Tercio Sampaio. *Introdução ao estudo do direito:* técnica, decisão e dominação. 3. ed. São Paulo: Atlas, 2002.

GAMA, Tácio Lacerda. *Competência tributária. Fundamentos para uma teoria da nulidade*. São Paulo: Noeses, 2009.

GIARDINO, Cleber; ATALIBA, Geraldo. ICM – Abatimento constitucional – Princípio da não cumulatividade, *RDT* 29-30/116.

GIARDINO, Cleber; ATALIBA, Geraldo. ICM e IPI. Direito de crédito, produção e mercadorias isentas ou sujeitas à alíquota zero. RDT, n. 46.

GRECCO, Marco Aurélio. ICMS – glosa unilateral de créditos por operações interestaduais – a posição do Estado de São Paulo – Lei estadual n. 6.374/89 e Comunicado CAT n. 36/2004 – necessidade de prévio acesso ao Poder Judiciário. RDT n. 148.

HART, Hebert L. A. *O conceito de direito*. 3. ed. Lisboa: Fundação Calouse Gulbekian, 1994.

JESUS, Isabela Bonfá de. Direito a crédito de ICMS pelo contribuinte destinatário – princípio constitucional da não Cumulatividade. In: CARRAZZA, Elizabeth (coord.) *ICMS: questões atuais*. Porto Alegre: Quatier Latin, 2007.

KELSEN, Hans. *Teoria pura do direito*. São Paulo: Martins Fontes, 1999.

LINS, Robson Maia. A revogação de isenção de ICMS e a desnecessidade de convênio/Confaz. *RDT* n. 106.

LUHMANN, Niklas. El derecho de la sociedade. 2. ed. México: Herder/Universidad Iberoamericana, 2005.

LUNARDELLI, Pedro Guilherme Accorsi. *A não cumulatividade do ICMS*. São Paulo: Quartier Latin, 2009.

______. A não cumulatividade do ICMS – uma visão crítica da posição do STF. RDT n. 103.

______. "O ICMS e os incentivos fiscais". RDT n. 16.

MACHADO, Hugo de Brito. Aspectos fundamentais do ICMS. 2. ed. São Paulo: Dialética, 1999.

______. *Curso de direito tributário*. 30. ed. São Paulo: Malheiros.

______. O ICMS no fornecimento de energia elétrica: questões da seletividade e da demanda contratada. *RDDT*, 155/48.

______; MACHADO SEGUNDO, Hugo de Brito. *Direito tributário aplicado*. Rio de Janeiro: Forense, 2008.

MALERBI, Diva. Segurança jurídica e tributação. *RDT* 47/206.

MARTINS, Ives Gandra da Silva. Direito a crédito do ICMS por utilização direta e indireta, de insumos no processo de produção de mercadoria sujeita ao tributo. O princípio da supremacia da Constituição. Aplicação do Direito no Tempo. O conteúdo ôntico dos vocábulos "Uso" e "Consumo". RDT n. 157.

MATOS, Aroldo Gomes de. *ICMS:* comentários à legislação nacional. São Paulo: Dialética, 2006.

MELO, José Eduardo Soares de. *Processo, ICMS* – Teoria e Prática. 8. ed. São Paulo: Dialética, 2005.

______. O imposto sobre produtos industrializados (IPI) na Constituição de 1988. São Paulo: Editora Revista dos Tribunais, 1991.

______; Lippo, Luiz Francisco. *A não cumulatividade tributária*. 3. ed. São Paulo: Dialética, 2008.

MIRANDA, Pontes de (1956). *Incidência e aplicação da lei. Revista da Ordem dos Advogados do Brasil – Secção de Pernambuco (OAB/PE)*, Recife n. 1, p. 51-55.

MOREIRA, André Mendes. *A não- cumulatividade dos tributos*. 4. Ed São Paulo. Noeses. 2020.

MÜLLER, Friedrich. *Métodos de trabalho do direito constitucional*. 2. ed. São Paulo: Max Limonad, 2000.

NEVES, Marcelo. *A constitucionalização simbólica*. São Paulo: Martins Fontes, 2007.

________. *Teoria da inconstitucionalidade das leis*. São Paulo: Saraiva, 1988.

NOGUEIRA, Ruy Barbosa. *Curso de direito tributário*. 14ª edição. Ed. Saraiva. 1995.

PAULSEN, Leandro. *Direito tributário* – Constituição e Código *à luz da doutrina e da jurisprudência*. 8. ed. São Paulo: Livraria do Advogado, 2008.

ROSA, José Roberto. Logística do ICMS – considerações sobre o Imposto Estadual. In: SANTI, Eurico Marcos Diniz (coord.). *Curso de Direito Tributário e finanças públicas. Do fato à norma, da realidade ao conceito jurídico*. São Paulo: Saraiva, 2008.

SILVA, José Afonso da. *Curso de direito constitucional*. 20. ed. São Paulo: Malheiros, 2002.

SOARES, Paulo Eduardo Ribeiro. *A Guerra Fiscal e a concessão irregular de benefícios fiscais*. In: CARRAZZA, Elizabeth. *ICMS: Questões atuais*. Porto Alegre: Quatier Latin, 2007.

SOUSA, Rubens Gomes de. *Compêndio de legislação tributária*. 1975.

TIPKE, Klaus; LANG Joachim. *Direito tributário*. Porto Alegre: 2008.

TOMÉ, Fabiana Del Padre. *A prova no direito tributário*. São Paulo: Noeses, 2005.

______. A jurisprudência do STF sobre Guerra Fiscal. In: MARTINS, Ives Gandra da Silva; ELALI, André; MAGALHÃES, Marcelo. *Incentivos fiscais. Questões pontuais nas esferas federal, estadual e municipal*. São Paulo: MP Editora, 2007.

TORRES, Ricardo Lobo. *Tratado de Direito Constitucional Financeiro e Tributário*. Rio de Janeiro/São Paulo/Recife: Renovar, 2007.